LA DIPLOMACIA PARLAMENTARIA

LA DIPLOMACIA PARLAMENTARIA

Herramienta estratégica
para el Poder Ejecutivo

Gonzalo Salimena

teseo

Salimena, Gonzalo
La diplomacia parlamentaria: herramienta estratégica para el Poder Ejecutivo / Gonzalo Salimena. - 1a ed. - Ciudad Autónoma de Buenos Aires: Teseo, 2025. 400 p.; 20 x 13 cm.
ISBN 978-987-723-488-6
1. Diplomacia. 2. Poder Ejecutivo. 3. Islas Malvinas. I. Título
CDD 997.11

Buenos Aires, Argentina
info@editorialteseo.com | **www.editorialteseo.com**
Hecho el depósito que previene la ley 11.723

DOI: 10.55778/ts877234886

EBOOK

TeseoPress Design (www.teseopress.com)

A mi madre, Analía, que me brindó siempre su corazón
y acompañamiento incondicional

Índice

Prólogo

JUAN ARCHIBALDO LANÚS

Celebramos honrados el nuevo libro de Gonzalo Salimena, destacado y reconocido politólogo y doctor en Relaciones Internacionales, académico y docente, distinguido funcionario público y prolífico escritor. Con esta obra, nuevamente, el autor nos ofrece una investigación única y de brillo intelectual.

Se ocupa del desarrollo y análisis de la diplomacia parlamentaria como herramienta estratégica para el Estado, y la explicitación del valor de la diplomacia profesional tan vigente como ciencia y arte en la política internacional. Asimismo, trata de los aportes que brindan a la política nacional e internacional las acciones de las parlamentarias y los parlamentarios, en nuestro país y en las relaciones internacionales y sus actores en el sistema internacional.

Además, este trabajo enriquece el pensamiento teórico y metodológico aplicado para la formulación de la política exterior y la diplomacia, más aún cuando suma a su investigación un estudio de caso, como es la cuestión Malvinas.

En las relaciones internacionales, este estudio realiza una importante contribución sobre la diplomacia parlamentaria en la cuestión Malvinas, que adquiere gran relevancia porque en los últimos años no han abundado iniciativas originales y útiles, ni en el orden académico ni en el político, en favor de una política de Estado para la recuperación de las Islas.

Nos congratula visualizar en esta obra una investigación profunda con un amplio despliegue de conocimientos atinentes a las ciencias políticas y las relaciones internacionales. En particular, el desarrollo sobre las teorías realistas y de interdependencia compleja, teorías utilizadas para el análisis del escenario internacional y la dinámica de la diplomacia parlamentaria.

La conflictividad y el realismo reinantes en la política internacional del presente siglo sin duda han cambiado los formatos de gobernanza de los Estados y del sistema internacional. También han afectado los sistemas y regímenes políticos, particularmente en el mundo occidental y en los sistemas de gobierno democráticos y sus órganos legislativos representativos. Este es uno de los más complejos desafíos del panorama internacional y nos significa un llamado de atención y una invitación a fortalecer las democracias en estado frágil, así como a defender los regímenes políticos representativos y sus parlamentos.

El crecimiento de conflictos interestatales y el impulso de una política internacional que no se apoya en el multilateralismo ni en la cooperación internacional parecen haber facilitado la expansión de regímenes políticos autocráticos. A pesar de ello, nuestro país se mantiene en una posición de defensa de la democracia. Somos parte de un régimen presidencialista y parlamentario tal como fuera concebido constitucionalmente en el nacimiento de nuestro país, y ello nos permite caminar desde una política exterior apoyada en el multilateralismo y en la diplomacia parlamentaria, que constituyen una herramienta creciente del Parlamento en la dinámica del sistema internacional.

Las nuevas tecnologías y la inteligencia artificial sin dudas han colaborado en la complejización del sistema planetario. Con un crecimiento exponencial, perfeccionaron los sistemas de comunicaciones, comerciales y logísticos mundiales, y estos se pudieron desarrollar acompañados por nuevas reglas financieras y comerciales mundiales, que pudieron eventualmente alterar ciertas reglas políticas y de conducta de los sistemas de gobierno de los Estados republicanos presidencialistas y sus parlamentos.

En el orden internacional, los valores de la paz y la seguridad constituyen por naturaleza los principales objetivos de un orden mundial. En este ordenamiento internacional, según el autor, se requiere tener en cuenta una nueva variable de estudio que indica la necesidad de abordar "considerando central a la democracia parlamentaria" y su incidencia interna y externa en los Estados, lo que sin duda constituye un punto de vista sólido de la investigación presente.

El autor acierta al mencionar lo virtuoso del trabajo generado en el Estado por la diplomacia profesional, e indica su naturaleza, sus orígenes y sus objetivos, así como la directa relación de esta con la diplomacia parlamentaria. La diplomacia ha sufrido cambios como instrumento rector de la política exterior, pero ha podido superar desafíos por su naturaleza pacífica, negociadora y prudente, lo que confirma la necesaria continuidad de un actor esencial del Estado ante el conflictivo panorama contemporáneo mundial.

Salimena es un profundo conocedor del realismo político en general y de Hans Morgenthau en particular, al que mucho reivindica, y se apoya de manera elogiosa en la teoría de la interdependencia compleja de Keohane y Nye. Para el autor, estos intelectuales de talla han sabido definir con claridad el estatus del sistema internacional contemporáneo, y sus propuestas están vigentes porque acentúan en sus escritos el concepto de "interdependencia compleja" en el sistema internacional, tanto por los análisis de la seguridad internacional como por los nuevos aportes a la incidencia de la economía mundializada y la necesidad de recrear un sistema de cooperación internacional eficaz.

El libro desarrolla además los avances generados gracias a la diplomacia parlamentaria, que contiene una dinámica propia, y diversas formas y tipologías que actúan como "canal de comunicación social" y un natural oxigenador de las agendas de relaciones internacionales de los Estados.

Plantea así un viaje por las diversas constelaciones y formas que poseen las comisiones de los parlamentos en el mundo y el Parlamento nacional, destacando el rol fundamental de la comisión de relaciones exteriores y las oficinas afectadas a tareas de estudio y desarrollo de las relaciones internacionales del Senado nacional que permitieron contribuir al seguimiento parlamentario de la cuestión Malvinas. Con el involucramiento inclusive de las mismas áreas presidenciales de las cámaras, o de observatorios creados al efecto.

Salimena define este accionar de la diplomacia parlamentaria como "el mejor complemento en relación con Malvinas para las tareas realizadas por la diplomacia tradicional del Poder Ejecutivo", lo que destacamos como una acertada conclusión de la obra.

El rol de la diplomacia parlamentaria ha sido relevante en América Latina por su mayor transparencia en el sistema político y sus aportes clarificadores de las problemáticas de los Estados. En América Latina las cámaras legislativas contribuyeron, en largos años de trabajo y propuestas, a la generación de doctrina en el derecho internacional a partir de importantes principios en favor de la soberanía de los Estados. Esto permitió una creciente concientización de la cuestión Malvinas durante el conflicto del 82, y hasta la actualidad.

Los organismos parlamentarios mundiales y regionales, tales como la Unión Parlamentaria Mundial o el Parlamento Latinoamericano, y tantos otros parlamentos de los sistemas de integración regional, son el resultado de la democratización del sistema parlamentario mundial.

El pensamiento desarrollado en los altos órganos regionales parlamentarios, así como en el ámbito de las Naciones Unidas, para el caso de la causa Malvinas, derivó en importantes resoluciones y decisiones legislativas que han acompañado lineamientos de los poderes ejecutivos de los países de la región, lo cual permitió consolidar iniciativas para el tratamiento de la recuperación de las Malvinas.

El estudio de caso de la cuestión Malvinas significa asimismo una invitación para el trabajo que ya desarrolla la diplomacia parlamentaria en la política exterior argentina. Por ello el libro recorre las decisiones sobre esta problemática por parte de los lineamientos presidenciales de los gobiernos de Alfonsín, Menem, De la Rúa, Macri y Kirchner, comparados con los niveles de incidencia de la diplomacia parlamentaria en la cuestión.

A ello se suma el tratamiento detallado de las resoluciones parlamentarias, desde el conflicto de 1982 hasta la actualidad, emanadas del congreso nacional y también de los órganos legislativos regionales que continuamente apoyan a la Argentina en los reclamos de Malvinas. Destaca especialmente la influencia clave en la Resolución 2.065 de Naciones Unidas, que reconoce la existencia de una disputa de soberanía entre Argentina y el Reino Unido sobre las Islas Malvinas y llama a negociar para encontrar una solución pacífica al problema, teniendo en cuenta los intereses de los habitantes de las islas, no sus deseos.

Del análisis de la diplomacia parlamentaria nacional, resulta un importante involucramiento legislativo en la cuestión Malvinas. El Legislativo propuso el tratamiento en las negociaciones de las comunicaciones, las interconexiones, la cooperación y las normas de explotación de hidrocarburos. Parlamentarios que han buscado acompañar casi permanentemente los lineamientos del Poder Ejecutivo.

La diplomacia parlamentaria requiere de una conjunción de estrategias del Estado que abarque tanto al Poder Ejecutivo como al Legislativo. No es posible un trabajo por separado, y el caso Malvinas es prueba clara de ello.

Esta obra constituye un aporte de importancia al papel que desarrolla la diplomacia parlamentaria y a la defensa del sistema republicano y democrático argentino. El estudio del caso Malvinas conlleva claramente la convocatoria de convivencia entre el Poder Legislativo y el Ejecutivo. Solo con un trabajo conjunto se pueden obtener resultados desde la diplomacia, donde se destaquen los aportes de la diplomacia parlamentaria.

Debemos bregar por la formulación de una política internacional que busque recuperar lo mejor de la diplomacia multilateral y el desarrollo activo de la cooperación internacional, pues ambas políticas garantizan la paz y la seguridad mundial.

Y con ello formular nuestra agenda de política exterior para defender la soberanía y los intereses nacionales. Desde las relaciones internacionales y la conducción de los Estados, son siempre bienvenidas las iniciativas de la diplomacia parlamentaria, como iniciativas y como elementos de concientización de las causas nacionales.

Este libro es un aporte inédito y valioso que nos hace conocer la diplomacia parlamentaria y su acción en defensa de las causas nacionales y congratularnos con ellas. A la vez, nos invita a involucrarnos en la política internacional que se desarrolla desde los poderes del Estado. Pero, sobre todo, es una obra símbolo de defensa de la democracia como sistema de vida y forma de gobierno, de la república en su verdadera esencia.

Buenos Aires, 30 de mayo de 2025

Reflexiones del autor

Me gustaría dirigirme a ustedes en estas líneas, comentándoles lo que ha significado para mí en estos años haber investigado en profundidad sobre la diplomacia parlamentaria y sus características, pero especialmente sobre sus ventajas, que potenciadas podrían transformarse en una herramienta estratégica para el accionar del Poder Ejecutivo en un ecosistema internacional *global, complejo* e *interdependiente*.

Comenzar a trabajar en un ámbito de vacancia de una disciplina conlleva una enorme dificultad. Está todo por construirse y discutirse, definiciones conceptuales, categorías y dimensiones, correlaciones entre variables y explicaciones; en síntesis, se trata de edificar conocimiento en el ámbito de la disciplina en cuestión. Ese es el camino que decidí transitar lentamente a partir de mi tesis doctoral, con mucha cautela y seriedad desde el momento en que elegí acercarme al tema a analizar en sus comienzos, y luego cuando decidí realizar una mayor inmersión en el campo a través de estadías posdoctorales que llevé a cabo en el exterior tanto en España como en Italia. El tema seleccionado fue mi tesis doctoral en Relaciones Internacionales. Como bien saben, las tesis doctorales son trabajos de investigación que deben cumplir tanto con el rasgo de la distintividad, así como con la construcción de conocimiento en un área en particular, y eso es principalmente lo que intenté aportar, con un enfoque de abordaje desde el ámbito legislativo que a mi entender enriquecía la perspectiva seleccionada, ya que los trabajos que se presentaban al respecto o no existían o eran de difícil acceso, a lo que se sumaba una visión centralizada de Malvinas desde el Poder Ejecutivo y nuestra cultura política, lo cual era entendible desde el sistema político presidencial argentino. A su vez, la selección de la unidad de análisis coincidió con transformaciones en la inserción internacional argentina y en la estructura organizacional del ámbito en el cual me desempeño: el Senado de la Nación. En relación con la primera, suponía una manera de interactuar con el mundo diferente, de mayor diversificación de vínculos políticos, económicos y comerciales, que promoverían una visión de las relaciones internacionales plural. Respecto al segundo, lo enunciado con anterioridad tuvo un impacto en el Senado de la Nación y se reflejó en la aparición de la Dirección General de Diplomacia Parlamentaria, que nucleaba gran parte de los vínculos y las actividades que llevaba adelante la Cámara de Senadores. Ello no solo era trascendente en relación con denominar estas prácticas en esos términos, sino con reconocer que estas forman parte de la costumbre de la Cámara, pero no habían caído bajo esa denominación. De esta manera se planteaba un nuevo escenario y, por ende, un camino por transitar.

Mi puesto de trabajo en el ámbito de la Presidencia Provisional del Senado de la Nación me permitió tomar conocimiento de las transformaciones que acaecían en materia de relaciones internacionales. Ello, sin lugar a dudas, contribuyó mucho en la elaboración de mi trabajo y en mi formación profesional. De esta manera, en los meses siguientes, realicé una profunda recolección y selección de información, que requirió de un gran esfuerzo cualitativo personal, no solo por lo que significó el tiempo que le dedicaba a la investigación y a cotejar información, sino también por la responsabilidad de realizar un trabajo serio lo más objetivo posible que aportara conocimiento y una visión alternativa a la unidad de análisis tradicional.

Gran parte de ese trabajo lo encaminé en mis estadías de investigación en la Universidad Complutense de Madrid (UCM) en el año 2016, ya que no logré encontrar en nuestro ámbito doméstico varios trabajos de referencia que aporten los elementos que estaba buscando. Pero también enfrentaba nuevas dificultades, me refiero a si las definiciones conceptuales y las características de la diplomacia parlamentaria que los autores españoles referenciaban podrían adaptarse a mi trabajo y al Congreso nacional argentino. Había que ganar en flexibilidad y generalidad, para perder en precisión y poder avanzar en la construcción del objetivo.

De esta manera, concluí la investigación y pude defender mi trabajo doctoral, sin saber que estaba abriendo la puerta a algo nuevo que me llevaría por senderos que jamás pensé transitar. Así, una vez finalizado el trabajo de investigación, decidí ahondar más en el tema, ya que había recopilado mucha información y nuevos acontecimientos nos atravesaban en relación con las Malvinas que podrían ser vistos desde la diplomacia parlamentaria, como en el caso del ADN de los caídos en el conflicto del Atlántico Sur. Así fue que profundicé mi investigación nuevamente en la Universidad Complutense de Madrid en el año 2018-2019 y *a posteriori* en el marco del posdoctorado en Derechos Humanos y Nuevas Tecnologías de la Universidad Di Reggio Calabria del año 2022. Tuve la oportunidad de contribuir nuevamente al campo con una nueva publicación en la reconocida revista *Relaciones Internacionales* del IRI-UNLP titulada "La contribución de la diplomacia parlamentaria al derecho internacional humanitario: el caso del ADN de los caídos en Malvinas". Estas investigaciones contaron con un complemento indispensable en la vida académica: las publicaciones en libros y revistas, tales como en el Honorable Congreso de Perú (2023), en su revista *Cuadernos Parlamentarios*, n.º 29, donde publiqué "La diplomacia parlamentaria como herramienta estratégica del Poder Ejecutivo", en la revista *Casus Belli* (2021) de la Facultad del Ejército (FE) y de la Universidad de la Defensa Nacional (UNDEF), donde publiqué "La Diplomacia Parlamentaria en el Senado de la Nación" (el caso de Malvinas), y finalmente en los libros Malvinas y el Atlántico Sur (2020), donde escribí "La diplomacia parlamentaria de Malvinas en el Senado de la Nación, el caso de la Comisión de Relaciones Exteriores y Culto", y en la obra *Contrapuntos para comprender las relaciones internacionales en el siglo XXI* (2020), donde tracé una mirada de la disciplina en el capítulo llamado "Pensar las relaciones internacionales desde la diplomacia parlamentaria".

Hubo ámbitos donde pude explicar y transmitir mis ideas, y, en esos intercambios con los alumnos y oyentes, atesoré disparadores para nuevas reflexiones sobre la política exterior y la diplomacia parlamentaria, como por ejemplo durante la invitación que me realizó el año pasado la Universidad de La Sapienza de Roma (2024), en el marco del Doctorado en Derechos Humanos, donde diserté sobre la contribución de la diplomacia parlamentaria al derecho internacional humanitario. El Senado de la Nación (2024) también fue un espacio donde pude exponer mi visión. El año pasado en el salón azul, en el marco de la Diplomatura Universitaria de Formación Continua en Derecho y Gestión Parlamentaria del Senado, brindé una charla sobre diplomacia parlamentaria y relaciones internacionales, así como también una clase hacia el final del año sobre el mismo tema en ese ámbito. Años anteriores participé en varias ponencias, como por ejemplo en el Instituto Gioja de la UBA (2021), en las jornadas de Malvinas que organizó GIPEA (2022), y como expositor en el 40.º aniversario del conflicto del Atlántico Sur llevado a cabo por la Escuela Superior de Guerra (2022).

El mundo se está transformando a una velocidad impensada. El conflicto se asienta como una constante, conjuntamente con la interdependencia económica y las rivalidades geopolíticas. Las formas de interactuar de los Estados se van adaptando a nuevos entornos complejos y mutan constantemente. ¿Cuál es la contribución que puede aportar la diplomacia parlamentaria al Poder Ejecutivo en la inserción internacional de los Estados en un actual contexto de inseguridad y conflictividad? La diplomacia parlamentaria es una herramienta estratégica que puede transformarse en una instancia clave para aminorar tensiones y producir acercamientos entre Estados y otros agentes no estatales, proyectando una reducción de la incertidumbre.

Las características que pregona este instrumento estratégico son generalmente conocidas, pero algunas de ellas, sobre las que pude ahondar un poco más, porque se han destacado por sobre el resto en mis investigaciones, creo que aportan una fuente poco conocida y, de esta manera, se transformaron en elementos claves para el mundo de hoy. Me refiero particularmente a tres:

1. "Adaptación a diversos entornos;
2. Instancia previa de diálogo al Poder Ejecutivo;
3. Informalidad en su metodología"[1] (Salimena, 2022: 14).

Estos tres elementos característicos, a mi entender, posicionan a la diplomacia parlamentaria como un instrumento que puede aportar elementos concretos para afrontar las amenazas y los riesgos que vivimos y que el mundo requiere mitigar. El foco de atención debe estar en cómo articular estrategias y tácticas conjuntas entre el Poder Ejecutivo y el Legislativo para desplegarlas en la práctica. Ahí reside el quid de la cuestión. No es un tema menor, considerando que, en el caso de nuestra política exterior, hay factores domésticos históricos, culturales y constitucionales que condicionan y centralizan el manejo de la política exterior quitando de la escena a otros actores domésticos.

Sin embargo, el entorno internacional fluctuante y la demanda interna creciente de participación de los actores involucrados en la política exterior exigen una participación creciente de estos. El sistema presidencial condiciona el posible desarrollo de la diplomacia parlamentaria, pero no lo limita, es decir, la complementariedad que hay entre ambas y la construcción de una agenda compartida, pero con autonomía a la vez para el Poder Legislativo, inyectan

---

1 Este punto se relaciona con lo que algunos autores de la diplomacia parlamentaria describieron como una de sus características claves: la informalidad. Un factor vital para la diplomacia parlamentaria que se vincula con la capacidad de adaptación a los diversos entornos.

un elemento que puede disminuir los potenciadores de riesgos, como la interdependencia y la globalización.

Quiero destacar que la cuestión de la complementariedad no es un tema menor para la discusión entre la diplomacia tradicional y la del Poder Legislativo. Están aquellos que sostienen que no necesariamente esto es así y que puede no haber una complementación, en este caso el Congreso, el cual gozaría de cierta autonomía y confección de una agenda de relaciones internacionales independiente del Poder Ejecutivo. Eso es *relativamente cierto*, ya sea por temas de ingeniería constitucional o por prácticas políticas. No lo discutiré aquí, sino más adelante, pero debe decirse que las acciones que lleve a cabo en materia de política exterior el Congreso no pueden oponerse u obstaculizar la diplomacia tradicional; de lo contrario, tendríamos una paradiplomacia, entendida esta en términos tradicionales como una diplomacia paralela a la oficial.

Lo que presentamos a continuación son investigaciones que se han desarrollado en contextos diversos en los últimos años. La primera de ellas y más extensa fue mi tesis doctoral, donde intento reforzar cuatro constructos teóricos a lo largo de la investigación. Luego presento una serie de *papers* académicos en donde pude continuar con la línea de investigación planteada desglosando cuestiones centrales tales como definición y componentes de esta, categorías, características y análisis de casos. De esta manera, pueden ser entendidos como líneas que profundizan y complementan el conocimiento adquirido en la tesis, pero que a la vez conllevan reflexiones críticas que tienen como finalidad generar conocimiento dentro del campo que ayude a avanzar a construir mayores cimientos. El ejemplo claro lo constituye la definición misma de "diplomacia parlamentaria", la cual debió ser reformulada en investigaciones posteriores y adaptada a las prácticas del Congreso de la Nación, al igual que algunas de las características estudiadas, que, en el caso analizado, presentan algunas diferencias con las presentadas en general por algunos autores del campo.

En relación con la cuestión Malvinas, se seleccionó este eje temático no solo por ser uno de los principales intereses vitales de la política exterior argentina y, por ende, un elemento estructural en nuestra agenda, sino porque resulta ser un tema que nos atraviesa socialmente a todos los argentinos, y a los diversos partidos políticos. En este sentido, las tareas del Congreso en relación con este tema resultan no ser tan conocidas como las desarrolladas por el Ejecutivo; sin embargo, no por ello son menos importantes. La riqueza tanto de los debates mantenidos en el marco de la Comisión de Relaciones Exteriores y Culto, como de los encuentros establecidos en el marco de los organismos internacionales y regionales, y la confección del Grupo Parlamentario de Amistad argentino-británico (GPA) a partir del año 2016 muestran una pluralidad de interacciones y ramificaciones de la diplomacia parlamentaria que complementaron tareas del Poder Ejecutivo, así como también dejaron entrever en algún período en particular un manejo de la agenda de Malvinas con un fuerte empuje desde el ámbito del Poder Legislativo. Todo ello nos conducirá a pensar en la diplomacia parlamentaria como una herramienta estratégica para el Poder Ejecutivo, que puede mejorar la imagen del país en el exterior al proyectar seriedad y defensa concertada de los intereses nacionales.

Parte I.
Tesis doctoral

Introducción general a la diplomacia parlamentaria

1. Introducción

Hablar de diplomacia parlamentaria en el mundo globalizado e interdependiente de hoy parece un tema recurrente y cotidiano que nos remite al diálogo y la concertación entre diversas fuerzas políticas dentro del Parlamento y externamente con el Poder Ejecutivo. Sin embargo, las prácticas legislativas que nos remiten a la diplomacia parlamentaria son relativamente recientes y se modifican en función de las nuevas prácticas parlamentarias, la región y el sistema político al que se pertenezca, sea este presidencial o no. Es así como el Parlamento vio modificada su función de ser un mero órgano de control del Poder Ejecutivo para participar más activamente en la política exterior. Cabe aclarar que esto no implica mayores atribuciones directas en su formulación y ejecución, aunque sí debe haber una mayor coordinación al respecto con las tareas llevadas a cabo por el Poder Ejecutivo, que es realmente el que, en un sistema presidencial, posee los atributos para llevarla adelante.

La relación que se configura entre los Poderes Ejecutivo y Legislativo en un sistema presidencial como el argentino le da cierta ventaja en la reciprocidad al primero por sobre el segundo. Las razones históricas y la influencia de Juan Bautista Alberdi son notorias para la comprensión de este fenómeno político que subsiste hasta nuestros días. Decimos esto ya que parece que las diversas reformas constitucionales (la última, en el año 1994) acentúan esta asimetría entre quienes ejercen el poder a favor de la práctica del Poder Ejecutivo.

Sin embargo, si bien podría haber una cierta supremacía del Ejecutivo, no por ello la tarea del Legislativo se tiene que ver opacada, ya que este cuenta con herramientas propias mediante las que se puede llevar una tarea de defensa de los intereses nacionales y que se pueden complementar con las que el Ejecutivo lleva a cabo a través de la diplomacia clásica.

Producto de una creciente globalización e interdependencia, el mundo se ha transformado, y se ha incrementado la participación de actores estatales en la política exterior. La consecuencia natural se manifiesta en la ampliación de la participación de las instituciones públicas y de los poderes del Estado en el proceso político; esto implica que las acciones de los Estados no solo están moldeadas por una estructura, sino por un proceso político que constantemente la erosiona.

La diplomacia parlamentaria viene desarrollando espacios de diálogo y una política activa por parte del Congreso y del Senado de la Nación en las relaciones internacionales que requieren (como ampliaremos en el marco teórico) de mayores compromisos multipartidarios. Tal es el caso de su tarea en relación con el tema de Malvinas. Desde el retorno de la democracia, en 1983, la cuestión se transformó en el interés nacional por excelencia, y todos los poderes, por diferentes medios, llevaron a cabo acciones relacionadas con él. En el caso del Poder Legislativo y, en particular, del Senado de la Nación, su accionar se traslució en innumerables proyectos de declaración, de resolución y de ley, como también en acciones concretas de la diplomacia parlamentaria y sus diferentes fisonomías.

"Durante la década del ochenta, hubo una actividad relevante en la materia llevada a cabo por el Poder Ejecutivo nacional, que implicó fundamentalmente el reemplazo de la estrategia de negociación bilateral por la multilateral" (Cari, 1999: 4) de los organismos internacionales. Allí se expusieron la problemática y la postura argentina al respecto, siempre retomando las resoluciones impartidas por Naciones Unidas. Las relaciones diplomáticas -deterioradas como producto de la guerra- se dejaron en manos de Brasil; por lo tanto, durante esta década no hubo relaciones diplomáticas oficiales entre ambos Estados.

La situación lograría una transformación significativa con la llegada del Dr. Carlos Menem a la presidencia, hacia finales de la década del ochenta. Allí se expuso, como parte de un contexto internacional proclive al neoliberalismo y a los regímenes económicos internacionales, una nueva inserción internacional del país, que requería del abandono de posibles hipótesis de conflicto. En este marco se insertaron los Acuerdos de Madrid, que significaron una bisagra en las relaciones bilaterales entre Argentina y el Reino Unido de Gran Bretaña e Irlanda del Norte. "Estos acuerdos implicaron el restablecimiento de las relaciones diplomáticas entre ambos Estados y el primer paso concreto de la política exterior de esa administración con respecto a Malvinas" (Cari, 1999: 5).

La restitución de los vínculos llevó a una ampliación de la agenda de temas bilaterales en la esfera política y económica, a la vez que los contactos se incrementaron no solo por parte del Poder Ejecutivo, sino que se incluyeron otros actores políticos, como el Parlamento. Es así como el Senado de la Nación comenzó a tener un protagonismo creciente en política exterior de Malvinas que encontró su máxima expresión quizás -en términos de participación y concertación parlamentaria- en la Declaración de Ushuaia de 2012. Allí se puede afirmar que el Parlamento tomó cierta iniciativa en relación con Malvinas, dejando de lado por un momento la conducción de este tema por parte del Poder Ejecutivo nacional, presentándose un elemento innovador en política exterior nacional. De esta manera, hay una pregunta que se nos plantea como recurrente y que nos conduce a la búsqueda de una respuesta posible: ¿cuál ha sido el rol que desempeñó la diplomacia parlamentaria dentro del sistema presidencial argentino en relación con la problemática de Malvinas en el Senado de la Nación, desde la firma de los Acuerdos de Madrid hasta el año 2016?

La respuesta a esta pregunta es compleja al saber que nos sumergimos en un campo de vacancia en el campo de la diplomacia parlamentaria, que no presenta gran cantidad de trabajos que nos permitan realizar un relevamiento profundo del estado del arte de la unidad de análisis, por lo que se desemboca en varias respuestas plausibles. Sin embargo, contamos con un relevamiento de fuentes primarias y secundarias que pueden ayudar a dar una respuesta al planteo. Comenzaremos por ver brevemente la evolución del término "diplomacia parlamentaria", a fin de que nos ayude a dar cuenta de su acepción terminológica actual.

2. La evolución del concepto y formas de diplomacia parlamentaria

A principios de siglo XX y luego de ambas guerras mundiales, numerosos autores comenzaron a hablar de diplomacia parlamentaria, una disciplina relativamente novedosa para la época en el campo de las relaciones internacionales, a partir de la creación de organizaciones internacionales como la Sociedad de las Naciones o la Organización de las Naciones Unidas. Estos organismos se constituían por una gran asamblea deliberativa, en la cual las diferentes delegaciones nacionales exponían sobre temas de relevancia en la comunidad internacional, sobre todo ligados a la paz y la guerra.

Lo cierto era que se las llamaba en estos términos porque "la forma utilizada por la organización recurría a procedimientos parlamentarios" (Morgenthau, 1986: 622), que son el hilo conductor de este tipo de organizaciones internacionales. Por lo tanto, una primera aproximación nos habla de la diplomacia parlamentaria ligada a las tareas llevadas a cabo dentro de los organismos internacionales por parte de diplomáticos tradicionales. Sin embargo, el término adquirió otra connotación a partir de una serie de transformaciones profundas ocurridas en la política internacional desde finales de la década del sesenta y a principios de la del setenta.

A partir de los cambios en el sistema internacional, las relaciones entre los Estados se vieron afectadas por una mayor apertura de las comunicaciones y de la interdependencia, entre otros factores. Como resultado de ese proceso, "la agenda internacional de las relaciones interestatales tenía una ausencia de jerarquía en los temas" (Keohane y Nye, 1988: 41); es decir que se diversificó al introducir una gran variedad de contenidos que antes no habían tenido relevancia, como cuestiones económicas o temas sociales. A la vez, otros actores estatales se incluyeron como parte del proceso político, si bien no como decisores, sí como influyentes, lo que transformó la agenda internacional, dominada hasta entonces por temas exclusivamente ligados al poder duro o a la seguridad.

Es así como parte de esas modificaciones afectaron no solo las relaciones interestatales, sino también las intraestatales; es decir, hacia dentro del Estado, lo cual multiplicó el número de actores que demandaban una mayor participación en la política internacional como parte de una mayor democratización de la política.

En este contexto, el ámbito legislativo participaba en las relaciones internacionales desde un lugar meramente de control y de la ratificación de acuerdos interestatales. A partir de estos acontecimientos, la diplomacia parlamentaria introdujo una serie de acciones relativamente nuevas, relacionadas con una mayor participación en los asuntos internacionales, que complementaban las tareas llevadas a cabo por el Poder Ejecutivo y promovían el diálogo entre diversas culturas democráticas.

Desde este punto de vista, la diplomacia parlamentaria está tomando una connotación diferente a la planteada inicialmente, dado que se relaciona más con las actividades que los parlamentos llevaban a cabo con otros parlamentos, con las actividades que los parlamentarios de un país determinado llevan a cabo en organizaciones internacionales de renombre que los agrupan, como la Unión Interparlamentaria Mundial (UIP), y con la conformación de grupos de amistad como una forma de bilateralizar los vínculos entre Estados que desean afianzar sus relaciones internacionales.

En la actualidad, queda claro que, cuando aludimos a la diplomacia parlamentaria y a sus correspondientes actividades, hacemos referencia a un procedimiento relativamente nuevo en las relaciones internacionales y ampliamente reconocido por la comunidad internacional como una actividad que fomenta el diálogo sobre los valores democráticos y que puede complementar la tarea del Poder Ejecutivo.

Para definir el concepto de "diplomacia parlamentaria", en primer término, debemos comenzar por hacer referencia a qué entendemos por "diplomacia", ya que se trata de dos actividades del Estado que son llevadas a cabo por diferentes órganos estatales. Una primera definición del concepto de "diplomacia clásica" puede ser "la conducción y el desarrollo de contactos y las negociaciones entre los Estados, incluida la amplia gama de vínculos e intercambios relativos a los principales temas de agenda" (De Icaza, 1999: 4-5). La definición deja en claro que, si la diplomacia clásica se considera como una actividad exclusiva de los Estados, nació a partir de la configuración de un sistema interestatal europeo surgido de la paz de Westfalia de 1648. Sin embargo, la definición no nos señala qué relación hay entre la diplomacia y la política exterior.

Otra definición nos dice que "la diplomacia comprende en un sentido amplio toda la esfera de acción de la política exterior" (Morgenthau, 1986: 613). Si seguimos esta definición, los factores básicos que incluirían a la política exterior serían los siguientes:

- "determinación de sus objetivos y metas;

- evaluación de objetivos de otras naciones y su poder real y potencial;
- determinación de la compatibilidad de los objetivos entre sí;
- empleo de los medios para la consecución de objetivos" (Morgenthau, 1986: 614).

La enumeración anterior representa una visión realista de los factores básicos de la política exterior, que debe ser complementada para su correcto abordaje con el concepto de "interés", ya que, si este no se encontrara identificado, no podríamos hablar de política exterior. Cabe agregar que suele haber una confusión entre los conceptos "interés" y "objetivos", aunque los segundos pueden considerarse una operacionalización de los primeros.

"Entre los intereses nacionales compartidos que podríamos resaltar, se incluyen los siguientes: poder, riqueza, seguridad y libertad, entre otros" (Von Chrismar, 2010: 47-50). A su vez, los intereses se pueden agrupar en *vitales y secundarios*. Los primeros se relacionan en forma directa con la supervivencia del Estado, y, en consecuencia, este último podría llegar a emplear la fuerza por ellos (en una situación extrema). Puede incluirse entre ellos a la preservación del territorio y al resguardo de su prestigio frente a un descrédito. Malvinas puede considerarse como un objetivo permanente e irrenunciable para el Estado argentino, que tomó relevancia como tal en la disposición transitoria primera de la Convención Constituyente de 1994, donde se ratificó la legítima e imprescriptible soberanía de ese territorio, a la vez que la misma disposición aclara que el logro de ese interés vital se realizará sin recurrir al uso de la fuerza, sino por medios pacíficos.

Por su parte, los intereses secundarios son aquellos que no se vinculan con la supervivencia; por consiguiente, no sería de importancia emplear la fuerza para conseguirlos, y constituyen parte de lo que algunos autores llaman "intereses transables"; es decir, que pueden formar parte de una negociación entre Estados. Sin embargo, puede suceder que muchas veces los intereses que son seleccionados para la formulación de la política exterior no pueden plasmarse concretamente. Por eso resulta de relevancia el proceso por el cual se compatibilizan la calidad de medios y los recursos del Estado, que resultan ser su potencialidad y que conforman sus *capacidades*.

Por lo tanto, llegados a este punto, podemos definir a la política exterior "como un conjunto de acciones que el Estado produce en el ambiente internacional, en función de intereses y capacidades" (Dallanegra Pedraza, 1981: 7).

Volviendo sobre la cuestión inicial, podemos decir que hay un común denominador en el ámbito académico sobre dos grandes períodos por los cuales atravesó la diplomacia clásica. El primero de ellos se asocia a una fase que abarca desde la Antigüedad hasta el siglo XV, aproximadamente. "En esa etapa, la diplomacia poseía un carácter *ambulante*; esto se refería a una práctica realizada por representantes designados de forma excepcional, con una falta de organización y de normas básicas que regularan su funcionamiento" (Calduch Cervera, 1993: 1). La segunda fase abarcaría desde la constitución de un sistema de Estados europeos en el siglo XV hasta la actualidad. "La característica para esta fase se centra en el carácter permanente de las relaciones diplomáticas" (Calduch Cervera, 1993: 2). Sin embargo, es de destacar que la diplomacia continuó su evolución adoptando como características adicionales el *secretismo* de los asuntos de Estado y la *consolidación de normas del derecho diplomático*.

La Primera Guerra Mundial marcó una declinación de la diplomacia tradicional, estimulada por las comunicaciones modernas y las nuevas tecnologías, cuyos impactos fueron los siguientes:

-la diplomacia pasó de ser secreta a ser *pública y abierta*;
-surgió un mayor control de la política exterior por parte de la *opinión pública*;

> -la *independencia* de los agentes diplomáticos, y también sus privilegiadas funciones como observadores, informadores y representantes de sus países ante otros Estados, se vieron sustancialmente mermadas como consecuencia de los nuevos sistemas de transporte, que facilitaron la ejecución directa de una parte importante de la diplomacia, por los propios gobiernos y los más altos cargos del Estado;
> -la progresiva *transformación, ampliación y especialización de las funciones diplomáticas,* unidas al sustancial aumento del número de Estados y de otros sujetos del derecho internacional ante los que deben desempeñarse dichas tareas -incremento del número de organizaciones internacionales gubernamentales (OIG)-, ha debilitado el protagonismo de la diplomacia permanente -de tipo clásico- y de sus agentes, lo que propició la aparición de misiones diplomáticas especiales, así como de nuevos diplomáticos constituidos por funcionarios técnicos o especialistas (Calduch Cervera, 1993: 5).

La diplomacia clásica es ejercida por el Poder Ejecutivo, y es este el encargado de su planificación y ejecución en un sistema presidencial. Por lo tanto, es el gobierno electo el que debe llevar adelante la diplomacia tradicional. En algunos casos, se puede constituir un gabinete de un solo partido, o en una coalición gobernante que incluya a dos o más. En este último caso, podría haber una diplomacia cuya conducción y ejecución sean compartidas con otro partido político.

Esta característica es esencial para distinguir a la diplomacia clásica de la diplomacia parlamentaria, ya que esta última se diferencia por su composición pluralista.

Volviendo a la temática elegida, podemos afirmar que la diplomacia parlamentaria de Malvinas en el Senado de la Nación no cuenta con antecedentes que nos permitan hablar de conocimientos empíricos previos o de desarrollos teóricos.

El fenómeno de la diplomacia parlamentaria en Argentina aparece como relativamente reciente, no solo en relación con las prácticas parlamentarias mismas, sino también respecto de su denominación. Es así como el calificativo adquirió relevancia en la estructura organizacional del Senado de la Nación no hace más de dos años atrás. Pese a ello, podría considerarse que hubo prácticas previas durante las décadas del ochenta y del noventa que se relacionaban con técnicas de la diplomacia parlamentaria, aunque en ese momento no existía tal denominación. Tal es el caso de algunas tareas realizadas en el seno de la Comisión de Relaciones Exteriores y Culto del Senado de la Nación.

Comenzaremos por plasmar una definición del término para luego explayarnos más sobre la unidad de análisis.

Un primer trabajo publicado que nos puede ayudar a definir y caracterizar la diplomacia parlamentaria que sigue la tradición española es el de Piedad García Escudero Márquez (2008) titulado "Diplomacia y cooperación parlamentarias: las cortes generales". Allí es posible encontrar una primera definición y caracterización que nos permite delimitar con claridad el fenómeno de la diplomacia parlamentaria.

La autora define la diplomacia parlamentaria como "toda actuación desarrollada por los parlamentos en materia de política exterior y en su relación con otras cámaras extranjeras" (Marín, 2002: 47), lo que comprende tanto "la intervención del Parlamento y de sus órganos en la definición, el control y la ejecución de la política exterior del Estado, como la intensa actividad internacional de las cámaras" (Trillo Figueroa, 1999: 18). Una definición más nos puede aportar un cierto sincretismo: para el excanciller y senador mexicano Fernando Solana,

> es la intervención o participación del Congreso y de sus órganos en la definición, el control y la ejecución de la política exterior del Estado, así como para designar el principio de las relaciones institucionales e informales que vinculan a los congresos y a sus miembros (Solana, 2000: 227).

García Escudero Márquez (2008) presenta una serie de características que podemos destacar:

1. "informalidad de los métodos utilizados;
2. pluralismo representativo;
3. complementación de la diplomacia clásica del Ejecutivo;
4. acceso a cuestiones que no puede abordar el gobierno;
5. instrumento de control del Poder Legislativo;
6. compromiso con los ideales democráticos" (García Escudero Márquez, 2008: 5-6).

Por otra parte, Juan Pablo Calderón Patiño, en su trabajo *Los retos de la diplomacia clásica y la función de la diplomacia parlamentaria*, realiza una caracterización muy similar a la de García Escudero Márquez:

> 1. pluralidad en la representación;
> 2. complementación con la acción exterior del Estado, cuya dirección compete al Ejecutivo, con el que se mantiene una estrecha colaboración;
> 3. informalidad;
> 4. llega allí donde en ocasiones no puede hacerlo la diplomacia gubernamental;
> 5. mayor control del Ejecutivo;
> 6. especial compromiso con los principios democráticos;
> 7. especial simbología (dado que sus miembros son elegidos democráticamente);
> 8. permanencia (ante el cambio de gobiernos, el Parlamento en un régimen democrático conserva la pluralidad y diversidad política);
> 9. significativa distribución a la causa de la paz y la estabilidad en el mundo (activa participación en foros y organizaciones multilaterales) (Calderón Patiño, 2005: 201).

Otro trabajo que nos aporta valor para la presente investigación es el de Miguel Ángel Giménez Martínez, "Los inicios de la diplomacia parlamentaria en España durante la Legislatura Constituyente (1977-1979)". Allí, el autor la define como "un complejo entramado de relaciones institucionales informales que vinculan a las cámaras legislativas y a sus miembros" (Giménez Martínez, 2014: 406).

El autor complementa esta definición con dos puntos más. El primero de ellos sostiene que, en un sentido amplio, también "abarca las competencias constitucionales propias del Legislativo en política exterior, así como la labor de control de la acción del gobierno en este campo" (Giménez Martínez, 2014: 406). Con esta noción se suele "aludir de forma más estricta a la actuación desarrollada por los parlamentos en su relación con otras cámaras extranjeras" (Marín, 2002: 47). Lo expuesto hasta aquí nos habla de una complementación de las diversas terminologías con la finalidad de expandir las actividades o tareas de la cámara que tiendan a incluir la mayor cantidad posible de ellas relacionadas con Malvinas. Sin embargo, llegados a este punto, debemos aclarar que, en el caso argentino, si bien hay un control por parte del Poder Legislativo de la política exterior dado por la Constitución Nacional, no podemos hacer mención de la ejecución y de la definición como atribuciones del Poder Legislativo, sino como atribuciones exclusivas del Poder Ejecutivo. El primero puede acompañar o estar de acuerdo o no con una política exterior, pero no puede actuar como ejecutor o elaborador de dicha política; es decir que podría tener influencia, pero no actuar como un decisor estricto.

Como se explicó al principio del marco teórico, la diplomacia parlamentaria aparece como una práctica relativamente nueva, pero es posible encontrar dentro de la región latinoamericana una serie de trabajos recientes que nos aportan una visión sobre ella relacionada con su historia, su cultura y sus prácticas políticas.

Un primer trabajo sobre la temática lo realizó Leonides Ortiz Sánchez en el año 2006 y se titula "La diplomacia parlamentaria en México". Allí, el autor enumera una serie de características de la diplomacia parlamentaria, a la vez que señala que sus prácticas se relacionan con las formas o técnicas presentes en la corriente española. Aquí se las conoce con el nombre de "espacios", y son las siguientes:

- "visitas parlamentarias;
- grupos de amistad;
- relaciones interparlamentarias;
- foros parlamentarios formales" (Ortiz Sánchez, 2008: 21-23).

Cabe destacar que, en la clasificación de este trabajo, se incluye tanto a la Comisión de Relaciones Exteriores de la Cámara de Diputados, como a la del Senado de México como antecedentes de la diplomacia parlamentaria.

Otro trabajo más reciente es el presentado en el Congreso de México en el año 2011, titulado "Diplomacia Parlamentaria: abordajes conceptuales y expresiones en el Reglamento de la Cámara de Diputados", de María Paz Muñoz y Jorge González Chávez.

Esta investigación retoma la tradición española sobre diplomacia parlamentaria (ya considerada previamente aquí) y le agrega algunas definiciones un poco más abarcadoras, pero que hacen a las prácticas políticas del Congreso mexicano, que incluyen aspectos del Reglamento de la Cámara de Diputados de ese país. Tomaremos este último trabajo como una de las referencias fundamentales de la diplomacia parlamentaria en la región latinoamericana, ya que en él es posible observar una continuación de los lineamientos generales presentados en el trabajo de Leonides Ortiz Sánchez mencionado anteriormente; sin embargo, es notable la evolución en la temática en cuanto su definición conceptual y sus expresiones que quedaron plasmadas en el Reglamento de la Cámara de Diputados.

Una reciente publicación del Senado chileno relativa a la diplomacia parlamentaria retoma la definición de García Escudero Márquez. Es posible entonces sugerir que en América Latina esta disciplina se nutre de la tradición española y la toma como referencia, ya que en España es un tema que se viene desarrollando con bastante periodicidad a partir de la década del setenta aproximadamente; esto indica que hay una cultura compartida.

En 2011, se publicó un trabajo realizado por Andrés Malamud y Stelios Stavridis, "Parliaments and Parliamentarians as International Actors", en el que se habla de instituciones parlamentarias involucradas en los asuntos internacionales y de las diferentes formas que adquieren:

- "la influencia en la política exterior que se ejerce a través de los parlamentos;
- la conducción de relaciones diplomáticas paralelas, conocidas como 'diplomacia parlamentaria';
- el establecimiento de parlamentos como cuerpos internacionales representativos, en general, organizaciones regionales" (Malamud y Stavridis, 2011: 101).

Para los autores, el concepto de "diplomacia parlamentaria" es más un término académico que suele ser confundido con "cooperación parlamentaria" o con "control parlamentario" (Malamud y Stavridis, 2011: 101). En este sentido, según ellos, la diplomacia parlamentaria tiene varios niveles y puede ser formal o informal, y estar directa o indirectamente involucrada en los asuntos internacionales. Entre las funciones más relevantes, en el trabajo se mencionan las siguientes:

- "involucramiento en situaciones de conflicto y violaciones a los derechos humanos;
- monitoreo electoral, grupos de amistad y tribunales de ética" (Malamud y Stavridis, 2011: 104-105).

En cuanto a los parlamentos supranacionales internacionales, en cada región, resaltan los siguientes:

- Parlamento Europeo;
- Parlamento Latinoamericano (PARLATINO);
- Parlamento de América Central (PARLACEN);
- Parlamento Andino (PARLANDINO);
- Parlamento Sudamericano (PARLASUR);
- Parlamento Panfricano (PAP);

- Asamblea Legislativa del Este de África (EALA);
- Comité Interparlamentario del Este de África (Unión Monetaria);
- Parlamento de la Comunidad Económica del Oeste de los Estados Africanos (ECOWAS).

Nuevamente en el ámbito académico, una tesis publicada en la Universidad de Santiago de Compostela (USC) por José Guillermo García Chourio con el título de *Las actividades internacionales de las Cortes Generales (1978-2011): un ejemplo de Parlamentarismo Internacional de los Órganos Legislativos* nos aporta una síntesis relevante sobre los enfoques utilizados en relación con el concepto que nos ocupa. Allí el autor plantea tres puntos clave del concepto de "diplomacia parlamentaria", la *noción* de "diplomacia parlamentaria", el *ámbito de aplicación* y la *dimensión*. En relación con la noción, como se pudo ver en el estado del arte, el concepto evolucionó desde una perspectiva realista hacia la actividad que desarrollan los parlamentos en el plano internacional.

Respecto del ámbito de aplicación, entendemos que es extensivo y de multinivel. Preferimos la extensión al reduccionismo, porque así es posible considerar una mayor cantidad de actividades de los parlamentos, que estos llevan a cabo mediante diversos mecanismos, tanto formales como informales. Aquí tiene un impacto trascendental el proceso político de democratización de las relaciones exteriores, que permitió el involucramiento de otros actores democráticos en el proceso político. Finalmente, la última dimensión que utilizaremos será la *omnicomprensiva,* ya que abarca una amplia cantidad de facultades correspondientes al Poder Legislativo y una pluralidad de procedimientos parlamentarios.

Tabla 1. Concepto de "diplomacia parlamentaria"

Noción de concepto		Ámbito de aplicación del concepto		Dimensión del concepto	
Evolucionista	Descriptiva	Minimalista	Extensiva	Omnicomprensiva	Restrictiva
-Resignificación de la concepción clásica de diplomacia parlamentaria. -Desplazamiento del concepto hacia el espacio de las instituciones parlamentarias. -Alcance explicativo y preciso de la actividad internacional de los parlamentos.	-Connotación figurativa del concepto de diplomacia en el ámbito parlamentario. -Concepto innovador sin antecedentes teóricos. -Alcance nominativo y artificial de la actividad internacional de los parlamentos.	-Un solo nivel: las instituciones parlamentarias internacionales. -Procesos de integración regional y supranacional. -Estructuras y mecanismos formales de actuación de los parlamentarios.	-Multinivel: todas las organizaciones de composición parlamentaria. -Procesos de democratización de las relaciones exteriores de los Estados. -Mecanismos formales e informales de actuación de los parlamentarios.	-Actividad parlamentaria en materia de política exterior y de relaciones internacionales del Poder Legislativo. -Responde a la multifuncionalidad de los procedimientos parlamentarios. -Abarca amplias facultades del Poder Legislativo en la política exterior de los Estados.	-Actividades institucionales de perfil internacional de los parlamentos. -Radica en la autonomía funcional del parlamento como organización. -Se limita a iniciativas parlamentarias carentes de eficacia jurídica y de escasa regulación.

Fuente: García Chourio (2016: 31).

3. Las formas de la diplomacia parlamentaria

Estas definiciones y las formas de diplomacia parlamentaria que se describieron con anterioridad son las que se aproximan más a nuestra tradición política que a la establecida por la literatura anglosajona, por eso es que las tomaremos para nuestra investigación. Llegados a este punto, cabe aclarar que las distintas fuentes denominan de diverso modo a las técnicas de la diplomacia parlamentaria. Es así como, por ejemplo, en la Cámara de Diputados de México y en la Asamblea Nacional de la República de Nicaragua, se habla de "expresiones de la diplomacia parlamentaria", mientras que el Senado de Chile y García Escudero Márquez, de tradición española, prefieren hablar de "técnicas" o de "formas". Finalmente, el académico Juan Pablo Calderón Patiño sugiere hablar de formas de interactuar de la diplomacia parlamentaria. En el presente trabajo, utilizaremos todas ellas como sinónimos, ya que nos remiten al mismo significado.

La diplomacia parlamentaria argentina no contempla la totalidad de las formas de diplomacia planteadas por otros autores, así que nos remitiremos a las que consideraremos más importantes y que se encuentran en pleno desarrollo dentro del Poder Legislativo argentino:

1. "relaciones interparlamentarias;
2. relaciones bilaterales parlamentarias (grupos de amistad);
3. las actividades de los presidentes de Cámaras" (Giménez Martínez, 2014: 407).

Estas tres técnicas de diplomacia parlamentaria definidas por García Escudero Márquez son las que se ajustan más a nuestra delimitación de la disciplina. Haciendo una revisión breve de ellas y tomando a la vez las definiciones anteriores, en Argentina nos encontramos con relaciones interparlamentarias que se realizaron fundamentalmente a través del organismo de la Unión Interparlamentaria Mundial (UIP), que implicaron vínculos entre parlamentarios argentinos con los de otros países. Sin embargo, consideramos que la clasificación debe ser modificada, ya que, en las prácticas parlamentarias latinoamericanas, es posible ver que se habla de foros parlamentarios formales en vez de referirse a relaciones interparlamentarias. Esta última denominación nos permite diferenciar más claramente el grado de formalidad o de informalidad, ya que "los primeros fueron creados sobre una base multilateral y con un alto grado de institucionalización" (Calderón Patiño, 2005: 202). Bajo esta denominación incluiremos a la UIP, al PARLATINO y al EUROLAT.

Las reuniones se llevaron a cabo durante todo el período analizado con bastante frecuencia, y, en algunas de ellas, se tuvo como eje la cuestión de las Malvinas. Cabe aclarar aquí que el Senado de la Nación no cuenta hasta el día de hoy con todos los registros de los viajes realizados por las delegaciones argentinas, sobre todo las de la década del noventa hasta mediados de 2010, lo cual dificulta la tarea de contar con material para poder realizar una exposición cronológica de cómo se actuó en algunos foros parlamentarios formales con respecto a Malvinas. En este sentido, las fuentes y los documentos del propio Senado de la Nación o las fuentes primarias fuera de ese ámbito a las que se puede recurrir son muy escasos.

La segunda forma de la diplomacia parlamentaria argentina se practicó durante el período analizado a partir de mediados de la década del noventa, y en algunos casos los grupos de amistad no se constituyeron con cierta regularidad. Tal es el caso del grupo de amistad argentino-británico relacionado con temas económicos y políticos, además del tema de Malvinas. A partir del año 2015, se puede ver con mayor claridad una cierta periodicidad en las reuniones bilaterales, que tomaron un mayor impulso. No es que previamente no hubiera habido reuniones, pero se solían desarrollar más como visitas de delegaciones que no tenían una permanencia en el tiempo.

Con las modificaciones realizadas recientemente en la estructura organizacional del Senado de la Nación, el tema adquirió un nuevo envión, y se constituyeron numerosos grupos parlamentarios de amistad bajo la Dirección General de Diplomacia Parlamentaria. Esta forma nos representará un interés en particular, para visualizar cuáles fueron las actividades llevadas a cabo entre Argentina y el Reino Unido en materia de Malvinas. Contamos para ello con documentos primarios, como informes de la Dirección General de Diplomacia Parlamentaria y la agenda de los parlamentarios que participaron de las reuniones bilaterales más recientes. Allí podremos ver con mayor precisión cómo fue planteado el tema Malvinas por parte de la diplomacia parlamentaria argentina y las tratativas en relación con el tema.

Finalmente, nos encontramos con la última forma, que se refiere a las actividades de los presidentes de las cámaras (en nuestro caso, el presidente de Cámara de Senadores y, en su ausencia, el presidente provisional del Senado de la Nación). Hay algunas actividades realizadas por ambos con delegaciones o grupos de amistad que visitaron el Senado de la Nación recientemente, por lo cual en algunas circunstancias veremos que las actividades de los presidentes de cámara se mezclan con otras técnicas de la diplomacia parlamentaria.

Sobre estas tres tipologías de diplomacia parlamentaria, el Senado de la Nación sustentó sus actividades más importantes relativas a Malvinas. Sin embargo, pese a que la clasificación tomada nos parece la adecuada para la investigación, debemos introducir otra modificación con el fin de poder abarcar la mayor cantidad de actividades desarrolladas por el Parlamento en torno a Malvinas y a las prácticas propias del Senado de la Nación. Nos referimos a las actividades llevadas a cabo por la Comisión de Relaciones Exteriores y Culto del Senado de la Nación respecto del tema.

Una de las tareas de la comisión es dictaminar sobre las relaciones de la República con los Estados extranjeros, tratados, convenciones, declaraciones de guerra, comercio exterior, derecho internacional, y sobre relaciones exteriores del Senado de la Nación con los organismos parlamentarios internacionales y con los parlamentos de los demás países. "Podrá también constituir Agrupaciones Parlamentarias de Amistad con los parlamentarios de otros países" (Reglamento de la Cámara de Senadores de la Nación, 2015: 23). La comisión, por lo tanto, pudo haber tenido tareas relacionadas con la diplomacia parlamentaria pese a que se sostiene lo contrario. A su vez, tuvo a su cargo el tratamiento de la cuestión de Malvinas, aunque no bajo un procedimiento estrictamente relacionado con la diplomacia parlamentaria, sino meramente parlamentario a través de proyectos de declaración, de resolución o de ley que habitualmente lleva a cabo la comisión.

Llegados a este punto, es importante aclarar que "un marco teórico no es igual que teoría; por lo tanto, no todos los estudios que incluyen un marco teórico tienen que fundamentarse en una teoría" (Hernández Sampieri, 2003: 65); sin embargo, en el presente trabajo, creemos que la teoría que mejor puede encuadrarse a los cambios en las relaciones internacionales -y que refleja un impacto sobre la diplomacia parlamentaria- es la de interdependencia compleja, de Keohane y Nye.

La década del setenta fue un momento de cambios en la política internacional, y esto también tuvo su impacto sobre las teorías de las relaciones internacionales. La tradición realista de la política internacional no pudo dar respuesta a las transformaciones en el sistema internacional, entre las que cabe destacar "el crecimiento de intercambios sociales y económicos, que crearon un mundo sin fronteras, y el surgimiento de actores no territoriales, como las corporaciones internacionales y las organizaciones internacionales" (Keohane y Nye, 1988: 15). La política internacional emprendía una serie de cambios que podían ser englobados bajo la denominación de una palabra: “interdependencia”.

La acepción del término se refiere a “los efectos recíprocos entre países o entre actores en diferentes países” (Keohane y Nye, 1988: 22), aunque los autores aclaran que interdependencia no es igual a interconexión. Lo cierto es que estas transformaciones eran producto de una globalización creciente que afectaba a las comunicaciones y las relaciones entre los Estados, aunque no solo remitía a ellas, sino hacia el interior del Estado, lo que propicia una mayor participación de otros actores domésticos en la política internacional.

El surgimiento de una diplomacia parlamentaria puede ser relacionado con estos cambios, algunos de los cuales llegaron más tempranamente a algunos Estados que a otros, pero que finalmente arribaron a todas las regiones, lo que permite hablar de una transformación sistémica.

Las características principales de la interdependencia compleja son tres:

> 1. canales múltiples que conectan a la sociedad;
> 2. la agenda de las relaciones interestatales está conformada por múltiples temas que no están jerarquizados de manera clara o definida;
> 3. cuando predomina la interdependencia compleja, la fuerza militar no es empleada por los gobiernos contra otros gobiernos. Sin embargo, puede ser importante en esas relaciones de los gobiernos con otros situados fuera de esa región o en otras cuestiones (Keohane y Nye, 1988: 41).

Las características enunciadas nos permitirán introducirnos en los cambios acaecidos a partir de la década del setenta y ver la influencia que tuvieron sobre el surgimiento de una diplomacia parlamentaria, aunque lo anteriormente descripto nos obliga a dirigir nuestra mirada a otras variables de índole política; nos referimos a la configuración de un sistema presidencial en Argentina y, dentro de ese sistema, a la relación de poder entre quienes lo ejercen: el Poder Ejecutivo y el Poder Legislativo.

Contamos con una larga tradición dentro de la política comparada y de la ciencia política para recurrir a autores denominados "clásicos" en la disciplina, o a aquellos que caen bajo la denominación establecida por Munck y Snyder (2008) de "maestros de la ciencia política", es decir, una persona experta en el campo de esta ciencia que crea y explora un tema poco conocido y que produce avances en la materia. Entre ellos aparece Arend Lijphart. El pensador, en su famosa obra *Las democracias contemporáneas,* analiza y define el presidencialismo a través de dos variables. Sin embargo, *a posteriori,* en otro artículo, del año 1989, con el título de "Presidencialismo y democracia mayoritaria: observaciones teóricas", propone la inclusión de un nuevo criterio al añadir que hay una tercera diferencia esencial, que explica gran parte de la propensión mayoritaria de la democracia presidencial: el presidente es un Ejecutivo de una sola persona, en tanto que un primer ministro y un gobierno forman un cuerpo ejecutivo colectivo (Lijphart, 1990: 150). Claramente, las contribuciones realizadas hacen que podamos categorizarlo dentro de los términos de la obra de Munck y Snyder.

El caso de Giovanni Sartori es diferente, ya que, aunque no entra en la categoría de "maestro", sus contribuciones a la disciplina han sido notorias. Quizás la que más se destaque es la que realizó en su libro *Ingeniería constitucional comparada,* donde enuncia tres variables para la definición del sistema presidencial y realiza un análisis de cuál es la mejor forma de gobierno, para sostener finalmente que "esta es la que mejor funciona al aplicarse y en ese caso no es posible evadir el contexto" (Sartori, 1994: 169).

En su obra *Presidencialismo y democracia en América Latina,* Scott Mainwaring y Soberg Shugart definen con precisión el presidencialismo y establecen dos variables para determinar la relación existente entre el Poder Legislativo y el Poder Ejecutivo: los poderes constitucionales y los poderes partidarios. "La interacción entre ambos nos permite determinar el grado de influencia que tienen los presidentes" (Mainwaring y Soberg, 2002: 49) y ver si realmente resultan ser todopoderosos o no.

Otro trabajo que nos arroja coincidencias con los autores anteriores en relación con la connotación del presidencialismo es "Presidencialismo y parlamentarismo en perspectiva comparada", de Alfred Stepan y Cindy Skarch (1994). Allí, las variables utilizadas en la definición del término nos hablan de una continuidad respecto de los pensadores anteriores.

A partir de estas connotaciones del sistema presidencial, veremos cuál es la relación entre el Poder Ejecutivo y el Poder Legislativo. La configuración de un determinado sistema político tiene una influencia notoria sobre las relaciones entre ambos, que supone una cierta preeminencia del primero sobre el segundo o viceversa. Tomar en consideración este supuesto implica un análisis de dichas relaciones, de lo que dice la Constitución Nacional al respecto y de qué papel tuvieron las reformas constitucionales en ellas; es decir, si atenuaron el poder del Ejecutivo o incrementaron su poder.

La Constitución Nacional alberdiana de 1853 introduce la figura importante del presidente. La situación regional requería de un fuerte liderazgo político y de una concentración del poder en manos del primer mandatario. Lo cierto es que las sucesivas reformas constitucionales (en total, tres) acentuaron más en la práctica el dominio del Poder Ejecutivo sobre el Legislativo. La última de estas reformas, llevada a cabo en 1994, pareció seguir, en los hechos, esta lógica. Veremos entonces cómo plantea la Constitución Nacional la relación entre ambos poderes, a la vez que volcaremos la opinión de varios constitucionalistas al respecto e incluiremos un dictamen del *Consejo para la Consolidación de la Democracia*, creado durante la administración del Dr. Raúl Alfonsín. Allí se debatía, en pleno gobierno, la necesidad de morigerar el poder presidencial, hasta la posible necesidad de cambiar hacia un régimen parlamentario. El dictamen reviste importancia no solo en el marco del debate de la década del ochenta, sino también porque resulta retomado hacia la reforma constitucional de 1994.

4. Consideraciones generales

El presente trabajo de investigación representa un análisis de un conjunto de hechos fácticos durante un período histórico determinado -en este caso la diplomacia parlamentaria de Malvinas en el Honorable Senado de la Nación desde 1989 hasta el 2016-, lo cual nos condujo a sustentar nuestra investigación fundamentalmente sobre una estrategia metodológica cualitativa.

Tomando como referencia dicha estrategia, recurrimos a poner en consideración el trabajo sobre técnicas de análisis documental. Ello nos permitirá un abordaje del fenómeno de Malvinas desde la estructura interior del Senado de la Nación, y, de esta manera, observar cuáles han sido las principales características de este fenómeno. A partir de este punto, nuestras principales fuentes primarias de datos para el análisis serán las siguientes: discursos de asunción presidencial a la Honorable Asamblea Legislativa y discursos presidenciales de apertura de sesiones ordinarias de cada mandato. Estas fuentes primarias nos permitirán ver cuáles han sido los lineamientos generales en torno a Malvinas que ha tenido cada uno de los gobiernos democráticos y resultan una herramienta de vital importancia para la comprensión de las políticas gubernamentales llevadas a cabo por estos.

Este trabajo (de alguna manera, inédito desde la perspectiva de abordaje) nos permitirá obtener una visión generalizada sobre el tema Malvinas, independientemente de quiénes han sido sus protagonistas, el Poder Ejecutivo o el Poder Legislativo. Las versiones taquigráficas de las sesiones ordinarias y de los discursos de asunción presidencial serán complementadas con las de la Comisión de Relaciones Exteriores y Culto del Senado de la Nación (muchas de ellas, digitalizadas, otras no), documentos de la Cámara de Senadores de la Nación, que nos acercan una visualización de toda la tarea relativa a Malvinas, y además documentación de las actividades de organismos parlamentarios internacionales, grupos de amistad bilateral y actividades de presidentes de cámaras. Todas estas fuentes nos brindan una mirada de Malvinas desde el Senado de la Nación y el Poder Legislativo, con datos e información que nos ayudan a plantear una perspectiva diferenciadora que permite transmitir una mirada desde un ámbito poco elegido para el análisis, ya que nos encontramos en una región donde proliferan miradas a las problemáticas internacionales desde el Poder Ejecutivo.

En cuanto a los límites temporales, que acotan históricamente nuestro objeto de estudio, hemos seleccionado como punto de partida los Acuerdos de Madrid de 1989. La razón radica en que previamente no existían relaciones diplomáticas entre ambos Estados; es a partir de estos acuerdos como puede hablarse del restablecimiento del vínculo. La investigación concluyó hacia enero de 2017 (pese a que se tomó hasta el año 2016), por la razón de poder incluir una reunión bilateral de parlamentarios argentinos en Gran Bretaña, en la cual se tocó el tema de Malvinas. Por último, cabe destacar que la inclusión del Senado de la Nación tiene una doble trascendencia. Por un lado, significa poner en un primer plano un conjunto de tareas llevadas a cabo por esta institución democrática en materia de diplomacia parlamentaria, poco difundidas y conocidas, pero no por ello menos importantes que las llevadas a cabo por otros actores políticos relevantes en la materia; y, por otro, es posible observar un Senado de la Nación que desarrolló mecanismos o procedimientos diplomáticos parlamentarios desde el restablecimiento de la democracia que se fueron desenvolviendo a lo largo del tiempo y que han permitido nuevas prácticas parlamentarias en relación con el tema que nos ocupa.

Por estas razones, el Parlamento -en la figura del Senado de la Nación- tomó un protagonismo novedoso que debe ser resaltado y puesto en valor. Por último, quiero mencionar que, al momento de presentar el trabajo, no se contaba con estudios de caso similares al planteado en el presente enfoque, lo cual dificultó el planteo de una hipótesis de trabajo plausible. Por esta razón, en su lugar se decidió trabajar con un conjunto de constructos teóricos, los cuales buscamos corroborar o refutar a lo largo del trabajo con las respectivas fuentes citadas.

5. Supuestos

1. El Poder Legislativo nacional, específicamente el Senado de la Nación, en la figura de la Comisión de Relaciones Exteriores y Culto, ha desarrollado tareas de diplomacia parlamentaria aun antes de adoptar oficialmente esa denominación, respecto de la cuestión Malvinas.

2. La institucionalización de grupos bilaterales de amistad ha sido el formato predominante, y uno de los cuales permitió desarrollar más la diplomacia parlamentaria llevada adelante por el Senado de la Nación respecto de la cuestión Malvinas.

3. El éxito alcanzado por el Senado de la Nación en el desarrollo de actividades de diplomacia parlamentaria respecto de la cuestión Malvinas se vio favorecido por la adopción -en determinados momentos- de una metodología informal y su abordaje en forma previa al Poder Ejecutivo nacional.

4. La diplomacia parlamentaria de Malvinas llevada a cabo por el Poder Legislativo nacional (Senado de la Nación) se presentó como un complemento útil en relación con Malvinas para las tareas realizadas por la diplomacia tradicional del Poder Ejecutivo.

Apartado I

La diplomacia parlamentaria en el sistema presidencial argentino

1. Introducción al apartado I

1.1. Una definición de "presidencialismo" desde la perspectiva de los maestros[1] de la ciencia política

Como se anticipó en la introducción, la diplomacia parlamentaria denota una política exterior ejercida por el Parlamento. A simple vista, pareciera que esta actividad debería ser propia de aquellos países en los cuales el Parlamento tiene un rol preponderante en materia de política exterior. Sin embargo, en la actualidad podemos indicar que ello no es así, sino que también puede ser hallada en regímenes presidencialistas.

El concepto oculta tras de sí una relación de poder compleja entre los Poderes Ejecutivo y Legislativo en un sistema presidencial. La interacción entre ambos poderes se torna esencial no solo para establecer a qué régimen político estamos haciendo referencia, sino también para arribar a una correcta comprensión de cómo funciona el Poder Legislativo, de qué formas de diplomacia parlamentaria tenemos en

---

1 El concepto de "maestros de la ciencia política" se utiliza en esta investigación para dar cuenta de aquellos que son llamados "padres de ciencia política", y adquiere significación a partir de un trabajo publicado por Munck Gerardo y Snyder Richard, *Passion, Craft and Method in Comparative Politics*, donde, a través de una serie de preguntas a influyentes politólogos que han contribuido a la consolidación de la disciplina, es posible ver el progreso de esta a lo largo del siglo XX.

nuestro Senado de la Nación y de cómo funciona esta en un sistema presidencial como el argentino.

No es la intención, en el presente estudio, realizar un relevamiento histórico extenso acerca de cómo se originó el sistema presidencial argentino y cuáles han sido sus principales fuentes, sino dar cuenta de sus primordiales características y de su funcionamiento, focalizándonos en la relación entre los Poderes Ejecutivo y Legislativo, para luego ver cómo se inserta la diplomacia parlamentaria en un país donde tradicionalmente -al igual que en la mayoría de los sistemas presidenciales- la política exterior fue conducida desde el Poder Ejecutivo, y el Legislativo se circunscribió a realizar tareas de diplomacia parlamentaria destinadas al control y, más recientemente, a la ratificación de tratados internacionales.

Para ello, retomaremos las definiciones de "presidencialismo" y esbozaremos una explicación sobre ellas. A tal efecto, nos remitimos a un conjunto de autores denominados "clásicos" y "maestros" de la política comparada.

¿Cuál es el aporte de estos autores llamados "clásicos" y "maestros" que nos permita tomarlos como referencia dentro de una disciplina? El concepto de "clásico", sin lugar a dudas, dirige nuestra mirada hacia un teórico que sentó las bases de un pensamiento en una disciplina, y que aún, con el paso del tiempo, mantiene determinada vigencia social.

A partir de lo anterior, podemos realizar dos inferencias: por un lado, que los temas planteados por los clásicos poseen un vigor que va más allá de las diversas generaciones; y, por otro, que la realidad actual puede ser pensada en los mismos términos en que lo hicieron los clásicos de la teoría política o de la política comparada; es decir, podemos plantearnos hoy las mismas cuestiones e interrogantes que ellos analizaron. Esbozado en estos términos, el concepto de "lo clásico" tiene una relación con lo que Munck y Snyder grafican claramente en su trabajo "La ciencia política según sus maestros". Allí se enumeran las características que un maestro dentro de una ciencia debe asumir para ser considerado como tal. "La más importante es que se trata de aquella persona que crea una nueva teoría estudiando en un campo que hasta el momento permanecía inexplorado, y revoluciona una teoría ya existente o simplemente la mejora" (Munck y Snyder, 2008: 231).

Un clásico es entonces un maestro que permitió una revolución en una disciplina científica, que creó una comunidad científica y asignó un método de estudio y un campo de investigación. Tomando estos elementos, podemos sostener que Arend Lijphart es un clásico y un maestro de la ciencia política contemporánea en los términos de Munck y Snyder y, por lo tanto, relevante para tomar en las definiciones conceptuales sobre el presidencialismo, así como para analizar las disyuntivas entre Poder Ejecutivo y Poder Legislativo que se trabajarán más adelante en el capítulo. Giovanni Sartori no es considerado en estos términos por los mencionados autores. Sin embargo, para la presente investigación, debemos asumirlo en los mismos términos que a Arend Lijphart. Sus cuantiosos trabajos dentro de la disciplina nos han permitido un acercamiento pertinente no solo a la definición de "presidencialismo" y de sus características, sino en cuanto al análisis regional de América Latina, donde se encuentran la mayoría de los sistemas presidenciales.

Precisamente el referido Lijphart, en su obra *Las democracias contemporáneas*, establece dos modelos de análisis: el modelo mayoritario y el de consenso. En ese esquema se intenta integrar los sistemas presidenciales y parlamentarios, y definirlos por las características opuestas que presentan entre sí. Es así como el autor nos aporta dos elementos constitutivos del presidencialismo que son de vital importancia para el análisis. "El primero es que el presidente es elegido por un *período constitucionalmente prescrito* y no puede ser obligado a dimitir por un voto parlamentario de censura" (Lijphart, 1984: 82). "El segundo es que los presidentes son elegidos por *votación popular*, ya sea directamente o vía colegio electoral, mientras que los primeros ministros son elegidos por el Legislativo" (Lijphart, 1984: 82).

Si bien ambas características parecieran describir con bastante claridad el presidencialismo, parecen no ser suficientes. El mismo Lijphart, en un trabajo posterior a *Las democracias*, titulado *Presidencialismo y democracia mayoritaria: Observaciones teóricas*, deja en claro que las primeras dos características debieron ser complementadas con base en un factor adicional: "... el presidente resulta ser un Ejecutivo de una sola persona, mientras que el ministro y el gobierno forman un cuerpo colectivo ejecutivo" (Lijphart, 1994: 150).

Por su parte, Giovanni Sartori, en su libro *Ingeniería constitucional comparada*, emplea tres criterios similares a los de Lijphart para definir al sistema presidencial. El primero de ellos se refiere a "la elección popular directa o casi directa del jefe de Estado por un *período de tiempo determinado*, aduciendo que esta es una condición necesaria pero no suficiente" (Sartori, 1994: 97). Ello le permite introducir un segundo elemento: en el sistema presidencial, "el gobierno o el *Ejecutivo no son designados o desbancados por un voto parlamentario* del Legislativo" (Sartori, 1994: 98). La falta de suficiencia de los primeros dos criterios adoptados por el reconocido escritor lo lleva a proyectar un tercer elemento. Lijphart hizo mención al Ejecutivo de una persona, pero para Sartori eso equivale a referirse a que el jefe de Estado es también jefe de Gobierno, y "es necesaria" una mayor flexibilidad, según el teórico italiano. Por lo tanto, el tercer criterio se refiere a una "clara línea de autoridad del presidente hacia abajo; es decir, el *presidente es el que conduce el Poder Ejecutivo*" (Sartori, 1994: 99).

Complementaremos las definiciones de los maestros anteriores con las de otros autores que, si bien no tienen este estatus dentro de la disciplina, poseen cierto reconocimiento por sus trabajos. La primera de las dos proviene del libro *Presidencialismo y democracia en América Latina*. Allí, los compiladores, Scott Mainwaring y Matthew Soberg

Shugart, exponen al principio de la obra una definición sobre qué se entiende por democracia presidencialista. Las dos características que toman como punto de partida de su planteo son que el jefe del Ejecutivo es popularmente electo y que los mandatos -tanto los del presidente como los del Legislativo- son fijos. De esta manera, "los rasgos fundamentales del presidencialismo son el origen independiente y la supervivencia separada" (Mainwaring y Shugart, 2002: 22). El último de los aportes se realiza en la obra *Presidencialismo y parlamentarismo en perspectiva comparada*, de Alfred Stepan y Cindy Skach (1994). Allí, la connotación del término se reduce a un sistema de independencia mutua:

- El Poder Legislativo tiene un mandato electoral fijo que es su propia fuente de legitimidad electoral.
- El poder del jefe del Ejecutivo tiene un mandato electoral fijo que es su propia fuente de legitimidad (Stepan y Skach, 1994: 188).

Estas definiciones resultan un buen punto de partida para describir y explicar el funcionamiento del presidencialismo en general y en Argentina en particular, así que comenzaremos por este punto, para luego ver cuál es la interacción entre el Poder Ejecutivo y el Poder Legislativo en materia de política exterior. Finalmente, se analizará cuál es el rol que ocupa la diplomacia parlamentaria dentro de esa relación entre ambos poderes en un sistema presidencial.

La primera de las características que enuncian los autores es la más importante y permite definir el sistema. En América Latina, donde cuantitativamente se encuentra la mayoría de los sistemas presidenciales, la elección popular del primer mandatario es directa. El presidente es elegido por un período de tiempo fijo en el cargo y no puede ser removido, salvo que pueda llevarse a cabo un juicio político en su contra. Es bastante complejo que esto suceda, ya que no solo depende de que los cargos llevados en su contra tengan un sustento basado en evidencias concretas, sino que además deben reunirse mayorías considerables en ambas cámaras legislativas. De hecho, en América Latina, desde el proceso de democratización regional comenzado en la década del ochenta del siglo pasado, se han producido algunos casos de juicio político, como medio por el cual el Poder Legislativo puede desplazar del poder al Ejecutivo, pero estos episodios han sido más la excepción que la regla en la región.

La elección popular directa del primer mandatario le permite al Poder Ejecutivo una determinada

> *estabilidad en términos de duración* (este punto varía en función de lo que establezca cada constitución) y reforzar su posición relativa frente al Poder Legislativo con *cierta independencia*, a la vez que al votante le permite identificar claramente a quién está eligiendo (Linz, 1994: 41),

lo cual establece una línea de responsabilidad de mayor claridad con respecto a un sistema parlamentario. El presidente es, a la vez, el jefe de Estado y el jefe de Gobierno, y la responsabilidad establecida por el cargo que ocupa es clara: es quien conduce el Poder Ejecutivo, y como tal reclama el poder para sí tanto en la conformación de su gabinete y de sus ministros, como en la conducción política que le otorgó el electorado.

La descripción del punto anterior conlleva la segunda característica del sistema presidencial: la separación del Poder Ejecutivo del Poder Legislativo hace que el presidente no necesite de un voto de confianza del Parlamento para permanecer en el cargo y, simultáneamente, que el presidente no pueda disolver el Parlamento; es decir, ambos poderes muestran una independencia mutua. Cada cual tiene su autonomía y monopolio de acción, y su ámbito no puede ser violado por el otro. Sin embargo, "como era posible un aislamiento rígido que conduciría a bloqueos permanentes se establecieron ciertos 'puntos de contacto' determinados mediante la cooperación" (Loewenstein, 1986: 43-44) entre los distintos poderes. Esto significa para Karl Loewenstein, que dentro del sistema presidencial existe la posibilidad de desarrollar una interdependencia por coordinación; es decir que cada detentador de poder tiene su autonomía y puede cooperar en determinados puntos de contacto (Loewenstein, 1986: 44).

Por otro lado, hay autores que hacen referencia a la relación entre ambos poderes como "punto muerto". Este supuesto *punto muerto* entre el Legislativo y el Ejecutivo al que se puede llegar en un sistema presidencial puede relativizarse, ya que los dos cuentan con herramientas que pueden poner en práctica en la interacción política para desequilibrar la balanza a su favor, y así profundizar el conflicto, o intentar una convivencia pragmática con la contraparte. En relación con este último punto, hay que agregar un elemento más al análisis que en algunos casos puede intensificar más aún el enfrentamiento entre ambos poderes: "... la legitimidad democrática dual, que ningún principio democrático puede resolver, ya que ambos poderes representan la voluntad popular" (Linz, 1994: 34-35).

Como se puede ver hasta aquí, el equilibrio, la separación de poderes y la dinámica del juego político producto de la interacción entre los poderes tienen varios matices, dependiendo del tipo de presidencialismo al que estemos haciendo mención.

"El caso norteamericano presenta cierto tipo de particularidades en su funcionamiento, producto de una larga trayectoria en la cual la práctica se fue convirtiendo en un sistema de balances y contrapesos" (Sartori, 1994: 102), que funciona como un real equilibrio de poderes solo dentro de los Estados Unidos. Fuera de él, especialmente en América Latina y en Argentina, nos encontraremos con sistemas que se desviarán en algunos aspectos del sistema puro norteamericano; se presenta, por lo tanto, un amplio abanico dentro del cual es posible una serie de combinaciones distintas.

Ya definido con claridad el presidencialismo en términos generales, pasaremos a continuación a describir y explicar la interacción entre ambos poderes dentro del sistema presidencial argentino.

A tal fin, comenzaremos por describir brevemente la situación latinoamericana. Luego abordaremos el caso argentino pasando por la influencia que tuvo la obra de Juan B. Alberdi en el primer diseño constitucional de 1853. Luego veremos la reforma de 1949 con el peronismo, para culminar con la introducción de la última reforma constitucional, de 1994. Esta última es la que más nos interesa para el presente trabajo, ya que el sistema presidencial que se encuentra configurado en el período analizado –si bien es producto de varias reformas y de situaciones contextuales en las cuales estas se llevaron a cabo– representa una modificación sustancial del diseño institucional presidencialista y afecta las relaciones entre Poder Ejecutivo y Poder Legislativo que se prolongan hasta la actualidad.

2. La relación entre Poder Ejecutivo y Poder Legislativo en un régimen presidencialista: el caso argentino

Como señalamos, "América Latina es la región donde se pueden observar la mayor cantidad de regímenes presidencialistas. Pero como bien sostienen muchos estudiosos de la disciplina, también presentó gran fragilidad e inestabilidad" (Sartori, 1994: 123). Estos atribuyen los problemas que atravesaron los regímenes presidencialistas a una concentración de poder en el ámbito del Ejecutivo, que crea la figura de un presidente con amplios poderes. En dichos regímenes, la ingeniería política, que incluye varios factores, deja en un segundo plano al Poder Legislativo. Dentro de esta argumentación, están quienes sostienen que son "los fuertes poderes legislativos de la Constitución quienes otorgan al

Ejecutivo y al propio sistema el predominio del presidente" (García Montero, 2009: 38).

Otra visión más reciente dentro de la comunidad científica de la ciencia política sostiene que "los presidentes latinoamericanos no poseen toda la suma del poder público y que existe la probabilidad de que el Poder Legislativo intente equilibrar la relación" (Pérez Liñán, 2009: 24). En este sentido, y siguiendo esta línea argumental, "existirían presidentes con gran influencia y parlamentos que actúen en cierto grado en el proceso de toma de decisión" (García Montero, 2009: 37). Aunque quizá todavía esto diste de suceder aún en la región. Las dos antítesis planteadas en forma conjunta nos presentan elementos fundamentales para describir y explicar el funcionamiento del presidencialismo en América Latina y en Argentina, a través de las relaciones entre el Poder Ejecutivo y el Poder Legislativo.

El sistema presidencialista en América Latina, en líneas generales, siguió el ya mencionado modelo estadounidense, que presenta una nítida separación de poderes. Esta real división en la práctica generó situaciones en las cuales había una especie de empate técnico real que dificultaba muchas veces la solución de problemáticas diversas.

América Latina adoptó como sistema político el régimen presidencial norteamericano, pero con ciertos matices en la relación entre Poder Ejecutivo y Poder Legislativo. "La interacción entre ambos se hace esencial para determinar el *carácter* de las relaciones entre el Ejecutivo y el Legislativo" (Shugart y Mainwaring, 2002: 21) y cómo funciona el presidencialismo en Argentina. Siguiendo esta concepción, para analizar el presidencialismo, tomaremos las variables definidas por Shugart y Mainwaring en su libro *Presidencialismo y democracia en América Latina*. En tal sentido, "la fortaleza de los presidentes descansa sobre dos tipos de poderes presidenciales: el poder constitucional y el poder partidario" (Shugart y Mainwaring, 2002: 20). Los poderes constitucionales en un sistema presidencial resultan ser básicamente dos: el veto presidencial (parcial o total) y el decreto ley. Los poderes partidarios pueden ser definidos como "la capacidad de moderar el proceso de confección de la ley que se origina en la posición del presidente ante el sistema de partido" (Shugart y Mainwaring, 2002: 21). Por su parte, el Legislativo cuenta entre sus instrumentos con la posibilidad de iniciar un juicio político contra el presidente. Como se observa, las dos ramas cuentan con herramientas en su lucha por el poder, que podrían anular la una a la otra en un extremo de la disputa o intentar cooperar logrando una connivencia pragmática.

En este contexto, ¿cómo interactúan los Poderes Ejecutivo y Legislativo en un sistema presidencial en América Latina? En términos de legislación, el veto presidencial es un recurso que le permite al Ejecutivo *observar* un proyecto de ley por razones de inconveniencia o inconstitucionalidad. De esta manera, el Ejecutivo puede establecer un freno a una iniciativa que provenga del Legislativo y rechazar en su totalidad una ley que resulte opuesta a sus intereses por cuestiones de inconveniencia o inconstitucionalidad.

Sin embargo, a finales de la década del ochenta en Brasil y a mediados de la siguiente en Argentina, se introdujeron una serie de reformas constitucionales en las cuales se incluyó la posibilidad de un *veto parcial*. Ello implica que se puedan *objetar* uno o varios artículos con los que no se esté de acuerdo en una ley. En este caso, la última reforma constitucional en Argentina nos dice que, frente a un veto parcial del Ejecutivo en un proyecto de ley, este debe volver al ámbito del Congreso Nacional -específicamente, a la Comisión Bicameral Permanente de Trámite Legislativo- para determinar su validez o su invalidez. "El veto se transforma en un *Poder Legislativo reactivo*, que le permite al presidente defender el *statu quo* reaccionando frente al intento del Legislativo de alterarlo" (Shugart y Mainwaring, 2002: 50), si este último tuviera una iniciativa propia que fuese en contra del Ejecutivo. Por lo tanto, el presidente posee un recurso que le permite obstaculizar el cambio que quiera introducir el Legislativo.

Sin embargo, el veto no es la única herramienta que el presidente puede utilizar para restablecer un *statu quo*. Las modificaciones constitucionales no solo abarcaron al veto, sino que incluyeron a los *decretos*, que, en la mayoría de los casos, eran utilizados hasta ese momento de forma *de facto*.

La mayoría de las constituciones latinoamericanas (entre las cuales se encuentra la argentina) guardan la posibilidad de que el Poder Ejecutivo emita decretos de naturaleza regulatoria cuando medien circunstancias de cierta gravedad que no permitan efectuarse mediante el procedimiento normal del trámite legislativo. La emisión de decretos se regula no solo en torno a la circunstancia bajo la cual se pueden emitir, sino según el tipo de normas. Quedan fuera los decretos penales, tributarios, electorales o el régimen de los partidos políticos. "El poder de decreto en sí mismo no permite a los presidentes dominar el proceso legislativo, pero sí modelarlo poderosamente y obtener resultados que el Congreso por sí mismo no hubiese obtenido" (Shugart y Mainwaring, 2002: 55).

Pasaremos a continuación a ver las herramientas del Legislativo. "El juicio político es un procedimiento *político* no legal" (Pérez Liñán, 2009: 26), mediante el cual aquel puede enjuiciar al presidente y a los miembros del Ejecutivo si existieran mal desempeño de sus funciones, delitos o crímenes comunes. En América Latina, la mayoría de las constituciones nacionales lo contemplan como un *recurso de poder* por parte del Legislativo, factible de ser utilizado en el caso de una disputa de poder con el Ejecutivo.

La región nos muestra un modelo de juicio político similar al establecido por la Constitución de Estados Unidos de 1787, donde es la Cámara de Representantes la que iniciaría el proceso, y la Cámara de Senadores la que efectivamente juzgaría al primer mandatario o a miembros del Ejecutivo. Si bien los nombres de las cámaras pueden variar, el proceso muestra una estructura y un proceso similares. Históricamente, hasta la década del ochenta, se presentaron pocos o prácticamente ningún caso de juicio político en América Latina. Sin embargo, este patrón se comenzó a modificar a partir de la década del noventa y principios del 2000, cuando una serie de presidentes -entre los que podemos nombrar a los de Brasil, Ecuador, Colombia y Paraguay (este último, en dos oportunidades)- enfrentaron procesos de juicio político que parecieron poner al Poder Legislativo en una nueva situación de fuerzas. Los casos oscilaron entre acusaciones por mal desempeño de los deberes como funcionario público del presidente y declaraciones de incapacidad.

En algunos de estos casos, el Poder Legislativo logró ser exitoso al desplazar al primer mandatario -tanto por la vía del juicio político, como por las declaraciones de incapacidad-, y, en otros, el proceso de enjuiciamiento mostró retrocesos, puntos muertos o bloqueos.

La Constitución argentina no se distancia de los criterios establecidos en la Constitución de Estados Unidos y sostiene, en su artículo 53, que

> la Cámara de Diputados es la que ejerce el derecho de *acusar* ante el Senado al presidente, al vicepresidente, al jefe de gabinete de ministros, a los ministros y a los miembros de la Suprema Corte en las causas de responsabilidad que intenten contra ellos, por delitos en el ejercicio de sus funciones, por mal desempeño o crímenes comunes" (Constitución Nacional, 1994: 19);

mientras que es "el Senado de la Nación el encargado de *juzgar* en juicio público, con la necesidad de contar con dos tercios de los miembros presentes de la Cámara para ser declarado culpable" (Constitución Nacional, 1994: 21).

Argentina, en el período que va del 1989 al 2016, no presenta antecedentes efectivos de juicio político que hayan prosperado. Sin embargo, resulta interesante ver el juego político entre los diversos actores involucrados, a fin de demostrar la relación entre el Poder Ejecutivo y el Poder Legislativo. En este diseño político institucional, la Comisión de Juicio Político de la Cámara de Diputados de la

Nación es la encargada de recibir las denuncias o las solicitudes de juicio político, y tiene como potestades la de investigar las denuncias o los cargos en su contra y la de dictaminar en consideración a lo investigado, para lo cual debe elaborar un expediente caratulado, foliado y compaginado por el presidente de la comisión. Si este órgano, después de haber investigado, considera que existen evidencias suficientes para continuar con el proceso, se elevará un dictamen al Plenario de la Cámara de Diputados.

La conformación partidaria de la comisión es esencial para determinar si le da curso al proceso o no. Su estructura orgánica consta de un presidente, un vicepresidente primero, un vicepresidente segundo, dos secretarios de comisión y 26 vocales.

En este sentido, "en el caso de un juicio político, la composición partidaria del Congreso interactúa con normas constitucionales clave para facilitar la conformación de un 'escudo legislativo' que proteja al presidente" (Pérez Liñán, 2009: 216). De esta manera, si el núcleo duro y mayoritario del oficialismo permanece leal y disciplinado en ambas cámaras en su accionar y en las votaciones correspondientes, resultaría poco probable que existiera la posibilidad de iniciar un proceso de enjuiciamiento o de que este tuviera éxito. A la vez, hay que subrayar, como se manifestó previamente, que el contexto económico, político y social es determinante a la hora de iniciar el pedido de juicio político.

Entre todos esos factores, los indicadores macroeconómicos juegan un papel trascendental, puesto que permiten establecer la salud de la que goza la economía en general y medir resultados económicos. En una elección presidencial o de medio término[2], el electorado suele mirar con frecuencia los indicadores macroeconómicos para evaluar la tarea del gobierno. De esta manera, "queda claro que el desempeño económico es un indicador fundamental de

2 En el presente trabajo, consideramos una elección de medio término a las elecciones legislativas llevadas a cabo en un período de dos años.

apoyo popular al gobierno" (Beck, 1991: 51-87), que puede desembocar en un apoyo generalizado -en el caso de que la situación económica sea saludable- o, de lo contrario, en un voto dirigido a la oposición. En un sistema presidencial, el inicio de un juicio político puede agravarse debido al cargo que ostenta el presidente, ya que él nuclea muchas de las expectativas del electorado al ser jefe de Estado y jefe de Gobierno, es decir que, en dicho sistema, "la posibilidad de identificar las responsabilidades del que va a gobernar se concentra en *una* sola persona; mientras que en un gobierno parlamentario, la mayoría de las veces es un conjunto de personas, y frecuentemente, sublíderes bien conocidos" (Linz, 1994: 43).

Hasta acá se puede ver que cada uno de los poderes cuenta con herramientas que pueden utilizar para neutralizar al otro. Pero, en un sistema presidencial como el argentino, el Ejecutivo parece que cuenta con fuerte poder constitucional y partidario sobre el Legislativo, siguiendo a Mainwaring y Shugart, lo cual llevaría a preguntarnos cuáles son las razones de este poder constitucional y partidario a favor del Ejecutivo en Argentina. ¿Tuvieron alguna influencia las reformas constitucionales, en especial la última del año 1994 en la díada Ejecutivo-Legislativo?

La primera razón a la que debemos recurrir para no caer en cierto reduccionismo explicativo nos conduce a una variable histórica y cultural. "En general, existe un consenso en la doctrina acerca de que las características fundamentales de nuestro Poder Ejecutivo derivan fundamentalmente de dos vertientes: por una parte, el pensamiento de Alberdi; por otra, la Constitución de Estados Unidos" (Colautti, 1996: 209). La obra de Alberdi *Bases y puntos de partida para la organización política de la República Argentina* revestía de particular importancia, ya que buscaba reunir en ella concepciones opuestas de federalismo y unitarismo.

> La Constitución retoma todos estos antecedentes y conformó un federalismo atenuado, pero la sedición de Buenos Aires

> -es decir, la no aceptación de la situación por parte de esta y su posterior separación de la confederación- convenció a los constitucionalistas de que era necesario dotar de fuertes poderes al gobierno central (Floria y Belsunce, 2009: 546),

lo cual puede ser resumido en la concentración de poder en la figura presidencial. Una frase de Alberdi es lo suficientemente tajante al respecto: "Los nuevos estados de la América antes española necesitan de reyes con el nombre de presidentes" (Botana, 1985: 48). En este sentido, en la Constitución de 1853-1860, el presidente concentraba las atribuciones de jefe de Estado, jefe de gobierno, jefe inmediato y local de la Capital Federal, comandante en jefe de las Fuerzas Armadas y conductor de la política exterior.

"La necesidad de conformar un Ejecutivo fuerte, centralizado en la figura presidencial, reconoce en el criterio alberdiano una tradición histórica latinoamericana" (Rosatti, 2001: 73), aunque también podría decirse que se sustenta sobre una coyuntura histórica compleja, relacionada con la sedición bonaerense, la ausencia de un gobierno federal, la anarquía y la centralización del poder económico y político en la provincia de Buenos Aires.

La puesta en práctica de este diseño constitucional alberdiano fue acompañada por un *nuevo orden*, que fue desarrollado con toda claridad por Natalio Botana en su obra *El orden conservador*. Allí se expone "una fórmula de tipo prescriptiva, que gozó del beneficio de alcanzar una traducción institucional sancionada por el Congreso Constituyente de 1853" (Botana, 1985: 44) y que perduró en el tiempo pese a diversas vicisitudes. "En la fórmula alberdiana, el presidente materializa el poder central, pero no detenta todo el poder provocando una tiranía" (Botana, 1985: 48), aunque, durante el período de aplicación del modelo, se pudo ver una fuerte concentración de poder y de liderazgo en la figura presidencial, que llevó a la constitución de un *unicato* durante la presidencia de Julio Argentino Roca.

La reforma constitucional de 1949 se desarrolló en una coyuntura completamente diferente a la primera. El contexto regional estaba signado por una creciente intervención estatal y por la formación de regímenes populistas[3]. "En esta configuración se continuó dotando de mayor centralidad a la figura presidencial y se consagró un control institucional asimétrico en desmedro del Congreso" (Serrafero, 1999: 122). Si bien ambos procesos transcurren bajo condiciones históricas contextuales únicas e irrepetibles, es posible identificar que el Ejecutivo ha salido fortalecido en su disputa de poder con el Legislativo. "La reforma de 1949 no se trató de un presidencialismo fuerte, sino de un presidencialismo hegemónico que puso en letra constitucional el régimen imperante en aquella época: el peronismo" (Serrafero, 1999: 122).

Lo esbozado con anterioridad nos permitió observar a simple vista "la constitución de un sistema hiperpresidencialista, en el que el presidente absorbe funciones que deberían corresponder al Congreso de la Nación" (Nino, 2005: 72). Esta situación, en algunos casos, se vio agravada por ciertos prerasgos de autoritarismo en el manejo del poder político presidencial. Llegados hasta este punto con los antecedentes desarrollados, deberíamos preguntarnos cómo influenció la reforma constitucional de 1994 en el diseño institucional presidencial y en la relación entre Poder Ejecutivo y Poder Legislativo. ¿Los constituyentes del 94 tenían en mente el fortalecimiento del poder presidencial, o se intentó plasmar un régimen más atenuado?

La respuesta al planteo anterior nos remonta a la década del ochenta. En ese momento, el gobierno del Dr. Raúl Alfonsín creó un órgano asesor que se conoció con el nombre de Consejo para la Consolidación de la Democracia, creado por medio del decreto 2446/85. Entre sus

---

3 Aun cuando no es el eje central de esta investigación, aclaramos que se entenderá el populismo en los mismos términos en que lo hace Ernesto Laclau en su libro *La razón populista*.

personalidades se destacaban Carlos Nino y Daniel Sabsay. Ese Consejo emitió un dictamen que es de suma relevancia y que se tendrá en cuenta posteriormente en la década del noventa, relacionado con la necesidad de atenuar los poderes presidenciales:

> El sistema presidencialista que ahora tenemos concentra en un gran cúmulo de facultades en un órgano unipersonal, como es el presidente de la Nación. Los atributos reales de este funcionario, más los que erróneamente se le atribuyeron como consecuencia de los anteriores, lo convierten para la población en un centro de referencia de grandes expectativas. Esto provoca una considerable personalización del poder. Tal personalización, por cierto, crea el riesgo de abusos autoritarios, ya que a veces el presidente se ve tentado a obviar limitaciones normativas para satisfacer las expectativas depositadas en él y su correlativa convicción de que tiene una misión trascendente [...]. La personalización del poder resultante de la estructura institucional y su correcto ordenamiento mixto, con connotaciones propias del sistema parlamentario, no puede afectar la existencia de liderazgo político que, ejercido dentro del marco de un Estado de derecho, con plena vigencia de las libertades públicas, resulta beneficioso para la afirmación del sentido de lo nacional, su unidad y su fortalecimiento [...]. La división de funciones ejecutivas entre un Jefe de Estado electo popularmente y un jefe de gobierno que surge de un acuerdo tácito o expreso entre el presidente y la Cámara de Diputados descentraliza las atribuciones dispensando las expectativas. El sistema se hace, por consiguiente, menos vulnerable a las contingencias personales de quién ocupa una y otra función. Hay diferentes polos de poder, con lo que las presiones se atenúan [...]. La división de funciones entre la jefatura de Estado y la de gobierno permite distinguir nítidamente la imagen de quién es el símbolo de la unidad nacional y la de quién ejerce el gobierno en nombre de uno o varios partidos y debe de estar permanentemente en la arena política en la puja legítima para preservar el poder (Segundo Dictamen del Consejo para la Consolidación de la Democracia, 1985: 15-16).

El debate se centraba en ese momento en la necesidad –mediante la modificación del sistema presidencial por uno parlamentario– de atenuar el personalismo del presidente, que podía generar ciertos rasgos autoritarios. Si bien ello no se alcanzó a llevar a cabo, "la derivación de este enfoque llevó a que los presidentes Alfonsín y Menem convinieran en impulsar una reforma constitucional que consolidara el sistema democrático y perfeccione el equilibrio de poderes del Estado" (Colautti, 1996: 211).

Nuevamente, para interpretar correctamente, debemos recurrir al momento histórico en el cual transcurrieron los hechos.

> El contexto de la década del noventa nos pone en evidencia que los criterios dominantes de la reforma fueron condicionados por dos objetivos distintos: la preocupación del presidente Menem privilegiando la posibilidad de consolidar su hegemonía y la preocupación simétrica de Alfonsín y los radicales por introducir contenciones institucionales a los afanes del presidente y sus seguidores (Floria y Belsunce, 2009: 991).

Sin apartarnos de este punto,

> también es cierto que se encontraba presente el fantasma de la reforma de 1949, en la que el peronismo había impuesto su fuerza mayoritaria y excluido de las deliberaciones previas a la oposición, con lo cual la legitimidad de la Carta quedaba afectada y había tenido, sin dudas, un efecto aleccionador sobre los contendientes (Novaro, 2003: 67),

que se quería evitar repetir nuevamente.

De la interacción entre los criterios expuestos, surgen dos visiones antitéticas en torno a la reforma constitucional.

> La primera de ellas es la que pertenece al Partido Radical de Alfonsín y sus seguidores, que nos dice que se constitucionalizaron prácticas que ya existían (principalmente, facultades legislativas ejercidas por el presidente) y se le impusieron nuevas condiciones de ejercicio, como producto de lo cual se limitó el campo de actuación (Serrafero, 1999: 126),

y, por otro lado, nos encontramos con aquellos que sostienen que, a partir de esta reforma, el Poder Ejecutivo tiene una injerencia mayor en los asuntos legislativos.

Lo cierto es que, en un primer momento, el proyecto de reforma constitucional era un instrumento para lograr la reelección presidencial. "Este sería el recurso para dar continuidad y cristalizar el cuadro de fuerte concentración de poder en manos del jefe del Ejecutivo que había caracterizado al inestable presidencialismo argentino" (Novaro, 2003: 64). Así fue, finalmente, como el Poder Ejecutivo conservó una serie de puntos vitales. El primero de ellos estuvo constituido por las jefaturas de la presidencia. De las cuatro jefaturas que el presidente tenía hasta ese momento, solo perdió una: la posibilidad de elegir al intendente de la Capital Federal. De las restantes, conservó dos: es el jefe supremo de la nación y el comandante en jefe de las Fuerzas Armadas. Y se agregó una última: es el responsable político de la administración general del país, lo cual le permite nombrar a discrecionalidad funcionarios y empleados públicos. La introducción de la figura del jefe de Gabinete -incluida en el artículo 100 de la Constitución Nacional- no le quita al Ejecutivo nacional su carácter de unipersonalidad.

La figura del jefe de Gabinete no es similar a la de un primer ministro tal como se lo podría encontrar en un sistema parlamentario, ya que no es nombrado por el partido mayoritario del Parlamento[4], sino por el presidente de la nación, y no está sometido, por lo tanto, a un voto de censura parlamentario. Aunque, como encargado de los negocios de la nación y de ejercer la administración general de la nación, debe concurrir al Congreso a dar cuenta de dichas funciones. A su vez, "cabe agregar que no parece factible que el jefe de Gabinete de Ministros pueda ser considerado

4 Hay que resaltar que había versiones que decían que la figura del jefe de Gabinete debía cumplir una funcionalidad similar a un primer ministro, siendo este elegido por el Parlamento.

como una válvula de estabilidad institucional para resguardar el sistema en un caso de crisis" (Rosatti, 2001: 94).

"Tras la reforma, el Congreso ha tenido sus pérdidas y sus ganancias" (Serrafero, 1999: 136). Las atribuciones del Ejecutivo en materia legislativa se vieron incrementadas con la incorporación de los decretos de necesidad y urgencia, los decretos delegados y el veto parcial. En contraposición al Congreso, que pareciera haber perdido ciertas atribuciones, pese a la constitución de una bicameral permanente, de la Auditoria General de la Nación y del defensor del pueblo. "Es notable que, pese a las herramientas con la que cuenta el Poder Legislativo a partir de la reforma referida, el Congreso sufrió una pérdida en manos del Ejecutivo" (Serrafero, 1999: 137). En el mismo sentido, lo manifiesta el actual ministro de la Corte Suprema de Justicia, Horacio Rosatti, cuando sostiene que "no hay una transferencia real de funciones desde el primero al segundo que se pueda cumplir con un objetivo original de compartir el poder" (Rosatti, 2001: 98).

De lo expuesto hasta acá, podemos sacar algunas conclusiones breves con respecto al sistema presidencial argentino y al vínculo entre el Poder Ejecutivo y el Poder Legislativo. La interacción entre los poderes constitucionales y partidarios nos definió el carácter de dicho vínculo; podemos hacer referencia a una cierta preeminencia relativa del Poder Ejecutivo, que se relaciona con prácticas constitucionales, poderes partidarios, cuestiones históricas y prácticas políticas y culturales. Así lo demostraron las diversas reformas constitucionales, particularmente, la última de ellas. Las diferentes prácticas políticas acentuaron un dominio relativo en materia de vetos y decretos, a la vez que los poderes partidarios se incrementaron sensiblemente, ya que el presidente -en la mayoría de los casos- fue el máximo exponente de su partido político y gozó de mayorías parlamentarias, factores que permitieron extender ese dominio sobre el Congreso. Llegados a este punto, deberíamos preguntarnos qué es lo que sucede en materia de política exterior en el sistema presidencial argentino.

3. El Poder Ejecutivo y la política exterior en el sistema presidencial: el surgimiento de la diplomacia parlamentaria

Quedó claro que tanto la Constitución Nacional originaria, como la introducción de las reformas posteriores en sus respectivos contextos históricos influyeron en la formación de un hiperpresidencialismo argentino y de un Poder Ejecutivo que se fue fortaleciendo hasta nuestros días y que goza de cierta autonomía con respecto al Poder Legislativo.

En el marco de esta ingeniería constitucional argentina, la política exterior es planificada, conducida y ejecutada por el Poder Ejecutivo nacional, a través de organismos diseñados para tales fines, como el Ministerio de Relaciones Exteriores y Culto de la Nación, secretarías específicas tales como la Secretaría de Relaciones Exteriores, o la Secretaría de Asuntos Económicos, y subdirecciones o direcciones generales integradas por personal altamente calificado para estas tareas. El manejo de las relaciones exteriores en un sistema presidencial se centraliza en el Poder Ejecutivo, pero incluye a la autoridad política del Congreso a través de un nuevo rol otorgado mediante la reforma constitucional de 1994. Así,

> nuestra Constitución Nacional ha establecido que las relaciones exteriores están confiadas a los poderes políticos del gobierno nacional, es decir, al Poder Ejecutivo y al Poder Legislativo, al atribuirles a cada uno facultades específicas, es decir que las atribuciones conferidas al Poder Ejecutivo serían concluir y firmar tratados, mientras que el Congreso aprueba o desecha tratados concluidos (Castañeda, 2008: 1632).

De esta manera, el Poder Legislativo tendría un papel subordinado y restringido a desechar o aprobar tratados internacionales y a la interpelación que las autoridades que conducen la política exterior, a nivel parlamentario, pueden solicitar. Tal es la posibilidad de citar a embajadores o funcionarios de primera clase para que brinden información y explicaciones sobre un accionar determinado del Poder Ejecutivo en materia de política exterior.

La interpelación hacia funcionarios -que se encuentra regulada en el artículo 71 de la Constitución Nacional- es un mecanismo de control que posee el Poder Legislativo para que el Poder Ejecutivo le brinde información que pueda ser necesaria por algún acontecimiento de trascendencia o para tomar alguna resolución en una materia determinada sobre la cual no posee datos suficientes. El reglamento de la Cámara de Senadores, en su artículo 89, nos dice que "las interpelaciones se realizarán en función de la temática; es decir que cada comisión podrá interpelar con base en su competencia" (Reglamento de la Cámara de Senadores de la Nación, 2016: 31). De esta manera, en el Senado de la Nación, y siguiendo lo establecido en dicho artículo, en política exterior, la encargada de llevar a cabo esta función sería la Comisión de Relaciones Exteriores y Culto del Senado de la Nación, que

> por intermedio del presidente de la comisión y en conjunto con el resto de las autoridades e integrantes puede requerir la presencia de autoridades del Poder Ejecutivo para solicitarles información o explicaciones sobre un acontecimiento que ellos crean que sea relevante (Reglamento de la Cámara de Senadores, 2016: 65).

La reforma de 1994 brindó al Poder Legislativo otra herramienta o potestad adicional: controlar en materia de política exterior mediante el artículo 75, incisos 22 y 24, la firma de tratados internacionales. Allí se sostiene que el Legislativo

> es el encargado de "aprobar o desechar" tratados concluidos con otras naciones, y que los tratados internacionales y los concordatos (acuerdos que se firman entre un Estado sujeto de derecho y la Santa Sede) tienen jerarquía superior a las normas nacionales, lo cual los sitúa por encima de otras leyes (artículo 75 de la Constitución Nacional, inciso 22).

La mayoría de estos tratados que adquirieron una jerarquía superior en la Constitución Nacional son aquellos relacionados con la protección de los derechos humanos. Complementariamente al inciso 22 del art. 75, el inciso 24 se refiere a la aprobación de tratados de integración de organizaciones supranacionales. De acuerdo con las prácticas constitucionales, la iniciativa y la tramitación de estos tratados internacionales le corresponderían al Poder Ejecutivo mediante la coordinación de las tramitaciones de los tratados con los representantes autorizados del Ministerio de Relaciones Exteriores y Culto. Luego del debate y del posible ajuste o no del texto, se pasa a su firma por los titulares del Poder Ejecutivo.

De lo expuesto hasta aquí, se puede inferir que

> hasta ese momento no se había registrado la intervención o participación del Congreso o de algunos de sus órganos (comisiones parlamentarias), por lo que el Poder Legislativo se encontraría ante un hecho consumado; es decir, con el texto concluido y firmado por el Poder Ejecutivo, que era luego remitido al Congreso con un mensaje y un proyecto de ley para su aprobación (Castañeda, 2008: 1633).

Sin embargo, el mecanismo de control del Legislativo no siempre se lleva adelante de manera tan simple como algunos podrían deducir. Para exponer la complejidad que muchas veces el Poder Legislativo enfrenta en su *tarea de control*, podemos recurrir a un caso que nos ayudará a clarificar la cuestión: nos referiremos al acuerdo entre el gobierno de la República Argentina y el Gobierno de la República de Chile para precisar la zona limítrofe entre el monte Fitz Roy y el cerro Daudet. El Poder Ejecutivo envió el proyecto al Congreso para someter a consideración la firma del acuerdo. La comisión parlamentaria que intervino en Diputados fue la de Relaciones Exteriores y Defensa. En el seno de la Cámara, se planteó un debate que tomó estado público acerca de que el texto enviado por el Poder Ejecutivo cedía a Chile una zona rica en recursos naturales.

El estado que tomó la cuestión en la opinión pública nacional obligó a emitir un dictamen que sostenía que el Poder Ejecutivo debía retirar el proyecto del acuerdo con Chile. El proyecto finalmente se retiró, y el Ejecutivo negoció un nuevo acuerdo limítrofe que finalmente se firmó en Buenos Aires. "La situación nos inclina a reflexionar que podría aceptarse que habría existido, entre la conclusión y la firma, un eventual espacio procesal para el control previo, como si fuera un diagnóstico preventivo" (Castañeda, 2008: 1636). Este control previo favorece funciones de control parlamentario, y el rol del Congreso en temas esenciales que hacen a las relaciones diplomáticas parlamentarias.

Volviendo al tema que tiene como eje central a la política exterior en un sistema presidencial, el Poder Ejecutivo lidera la conducción y la toma de decisiones de una diplomacia moderna, que presenta una serie de características diferentes con respecto a la diplomacia tradicional o clásica. "La Primera Guerra mundial planteó un descrédito de la diplomacia tradicional que se conecta con uno de los aspectos particulares de la técnica diplomática: *el secreto*" (Morgenthau, 1986: 622). De esta manera, la responsabilidad por las acciones bélicas de la guerra recayó sobre la clase política que conducía la diplomacia tradicional, la aristocracia, sus intrigas y el secretismo.

Como resultante, se pasó a una diplomacia con carácter más *público*, producto de un proceso de masificación de la política, y sustentado sobre la formación de cuadros políticos meritocráticos. Otra característica que nos habla de la erosión de la diplomacia tradicional se refiere a la influencia de las *comunicaciones modernas*, lo que llevó a que no fuera necesario encauzar la política exterior exclusivamente a través de embajadas y personal diplomático. De esta manera, "las comunicaciones modernas y las nuevas tecnologías permitieron el contacto directo de los gobernantes" (García Escudero Márquez, 2008: 4). "El resultado es una significativa ampliación de los canales tradicionales de comunicación y acuerdo" (Pría, 2008: 164). Sin embargo, se hace complejo entender estas variables si no se encuentran insertas dentro del marco de la *globalización internacional y de la creciente interdependencia.*

El concepto de "interdependencia" es de crucial comprensión para el abordaje de estas transformaciones. "Interdependencia implica efectos recíprocos entre países o actores en diferentes países" (Keohane y Nye, 1988: 21). "Las relaciones internacionales se desenvuelven en un contexto complejo de interdependencia en las distintas sociedades nacionales entre aspectos sociales, políticos, económicos y tecnológicos, que presentan una progresiva sectorialización y especialización de los intereses de la política exterior" (Tomassini, 2000: 172).

Este contexto internacional dinámico -producto de la interacción entre factores como la globalización, la interdependencia, la democratización- y el rol de la tecnología afectaron a la política exterior y su agenda. Es decir que "la agenda de las relaciones interestatales está conformada por múltiples temas que no están ubicados en una jerarquía clara o sólida" (Keohane y Nye, 1988: 41). Ello implica la aparición de nuevas áreas temáticas, tales como las comunicaciones, la economía y temas sociales o políticos, producto del ascenso de la denominada "baja política" en la agenda de las relaciones internacionales. Esta coyuntura no solo agregó nuevos ejes temáticos y sectorialización de intereses, sino el surgimiento de nuevos actores hacia el interior del Estado, que reclamaban un protagonismo mayor en la elaboración y ejecución de la política exterior.

"En un sistema político presidencialista, la política exterior ha sido tradicionalmente un ámbito al cual el Poder

Ejecutivo ha pretendido monopolizar evitando la injerencia o el control de los parlamentos" (Remiro Brotóns, 1984: 13-14), y Argentina no ha sido una excepción a esta regla. Sin embargo, pareciera que esto podría estar modificándose. El Congreso, en general, pareciera haber tenido y tener una misión de control subordinada y secundaria en materia de política exterior. Ambas cuestiones pueden tener algo de verdad. "El Ejecutivo permanece en el centro de la política exterior, pero ya no es un jugador exclusivo" (Malamud y Stavridis, 2011: 101). La situación resultante de la globalización y la creciente interdependencia están transformando la forma de relacionarse de los Estados, principales actores protagonistas de la política exterior. "A la vez que hay evidencia empírica que confirma que los parlamentarios son conscientes de sus nuevos roles en la política internacional" (Malamud y Stavridis, 2011: 102).

La interacción entre estos factores externos e internos descriptos nos permite hacer referencia a un nuevo procedimiento en la política doméstica e internacional, que tendrá un papel de primer orden en el siglo XXI: *la diplomacia parlamentaria*.

Algunos Estados vienen practicando una diplomacia parlamentaria activa en materia de política exterior, en cuanto realizan intercambios parlamentarios con otros Estados. Para otros, en cambio, parece ser un fenómeno relativamente nuevo. Esta novedosa forma *de diplomacia moderna, relacionada con la actividad del Parlamento con el ámbito externo,* requiere que comencemos por establecer una connotación apropiada del término para este estudio, para luego pasar a hablar de sus características, su fisonomía y su funcionamiento en Argentina en el período en cuestión. La acepción terminológica presenta una gran variedad de connotaciones que se pueden prestar a confusión. Además, debemos decir que no todo lo que un Parlamento lleva a cabo en materia de política exterior puede caer bajo la denominación de diplomacia parlamentaria.

Una primera definición del término se asoció con la creación de organismos internacionales multilaterales. El surgimiento data de principios del siglo XX y se encuentra relacionado con la necesidad de canalizar los problemas que azotaban a la comunidad internacional debido al flagelo de la guerra. En este contexto, fueron creadas organizaciones internacionales de la talla de la Sociedad de Naciones y luego, hacia 1945, Naciones Unidas. “Estas organizaciones se caracterizaban por tener en su seno una nueva forma de relaciones diplomáticas: la diplomacia mediante procedimientos parlamentarios, que puso los problemas internacionales más inmediatos en su agenda deliberativa” (Morgenthau, 1986: 622-623).

No era ciertamente un método nuevo en materia diplomática, ya que contaba con antecedentes tales como las conferencias de paz de La Haya de 1899 y 1907; sin embargo, parecían tomar un nuevo impulso. Además, cabe aclarar -desde una perspectiva teórica- que los organismos internacionales son depositarios de soberanía por parte de los Estados; es decir que tienen una existencia y un accionar en el ámbito de las relaciones internacionales por medio de los Estados, y estos últimos siguen siendo los actores más importantes en la política internacional, ya que son los reservorios últimos de decisión en política exterior. Pese a ello, los organismos internacionales continúan siendo un marco multilateral de relevancia en materia de política internacional para el planteo de controversias territoriales, como podría ser Malvinas.

Hecha esta aclaración, si bien la diplomacia parlamentaria comenzó a relacionarse con el ámbito de las prácticas de los organismos internacionales, adoptó nuevos rumbos en los últimos 26 años de la finalización de la Guerra Fría -que coincidió con el proceso de apertura democrática generalizada del cual América Latina fue parte desde la década del ochenta-. Por otra parte, su terminología se acercó más hacia la actividad llevada a cabo por los respectivos parlamentos domésticos en materia de política exterior.

Siguiendo con esta acepción terminológica, el trabajo de García Escudero Márquez realizado en España, *La diplomacia y cooperación parlamentarias: las cortes generales*, define la diplomacia parlamentaria como la

> actuación llevada a cabo por los parlamentos en materia de política exterior y en su relación con las cámaras extranjeras (Marín, 2002: 47), por lo tanto comprendería la intervención o participación del Parlamento y de sus órganos en la definición, control y ejecución de la política exterior del Estado, como la intensa actividad internacional de las Cámaras (Trillo Figueroa, 1999: 18).

Para Escudero Márquez, la diplomacia parlamentaria presenta, en la actualidad, las siguientes características:

- Informalidad:
- Pluralismo representativo;
- Permanencia;
- Control sobre el Poder Ejecutivo;
- Complementación de la diplomacia clásica del Ejecutivo;
- Acceso a cuestiones que el gobierno no puede abordar en sus relaciones formales;
- Compromiso con los ideales democráticos;
- No sólo se tiene en cuenta el interés del propio Estado, sino el de la comunidad internacional (García Escudero Márquez, 2008: 5-6).

Para la autora, la diplomacia parlamentaria puede adquirir diversas formas (o técnicas, según su criterio), relacionadas con el grado de desarrollo en el cual se encuentre la organización. Siguiendo lo expuesto, establece la siguiente tipología:

- Apoyo a la política gubernamental;
- Relaciones pueblo a pueblo;

- Actividad institucional de los órganos del Parlamento. Bajo esta forma aparecen las tareas relacionadas con la Comisión de Asuntos Exteriores, que incluirían no sólo las tareas parlamentarias o la tramitación de convenios internacionales, sino intercambios con comisiones homólogas de otros parlamentos, a la vez del frecuente contacto con embajadores de otros países (García Escudero Márquez: 2008: 8);
- Funciones del Parlamento en materia internacional;
- Misiones de observación electoral;
- Relaciones interparlamentarias bilaterales: los grupos de amistad;
- Otras actividades de cooperación con parlamentos (García Escudero Márquez, 2008: 7-10).

Las técnicas enumeradas por la autora incluyen la labor desarrollada en la materia por la Comisión de Asuntos Exteriores, que se puede considerar un antecedente de diplomacia parlamentaria, tanto por las tareas desarrolladas, como por ser la primera en llevar a cabo algunas de ellas.

Otra definición dentro de la tradición de pensamiento española la aporta Giménez Martínez en su trabajo "Los inicios de la Diplomacia Parlamentaria en España durante la Legislatura Constituyente (1977-1979)", donde el autor vincula la connotación del término a "un complejo entramado de relaciones institucionales informales entre las cámaras legislativas y sus miembros, que abarcan en un sentido amplio las competencias constitucionales propias del Legislativo en política exterior, como la labor de control del gobierno" (Giménez Martínez, 2014: 406). Ambas definiciones resultan bastante similares, aunque presentan una pequeña diferencia entre sí que vale resaltar. En el caso de la última terminología, se habla de relaciones institucionales informales como parte integrante de la definición, mientras que Escudero Márquez la destaca, pero como parte de las características de la diplomacia parlamentaria.

Con relación a sus características, Giménez Martínez no aporta una enumeración clara y precisa. No habla, a diferencia de García Escudero Márquez, de formas o técnicas de la diplomacia parlamentaria, sino que se limita a hacer mención a que las acciones de las cámaras se materializan a través de múltiples y variadas fórmulas, que para el autor son:

- Relaciones interparlamentarias;
- Grupos de amistad;
- Actividades de los presidentes de Cámara (Giménez Martínez, 2014: 407).

En Latinoamérica, uno de los primeros Estados que desarrollaron la temática fue México. Allí puede verse un grado de avance notorio en relación con otros Estados de la región. En este sentido, el trabajo presentado por la Cámara de Diputados de México en 2011, titulado "Diplomacia Parlamentaria: abordajes conceptuales y expresiones en el Reglamento de la Cámara de Diputados", presenta una serie de definiciones sobre el término "diplomacia parlamentaria" desde la perspectiva mexicana. Una primera definición presentada allí -que concuerda con las ofrecidas por los pensadores españoles- es la que nos brinda el excanciller y senador mexicano Fernando Solana,

> intervención o participación del Congreso y sus órganos en la definición, control y ejecución de la política exterior del Estado, así como para designar el principio de las relaciones institucionales informales, que vinculan a los Congresos y a sus miembros (Solana, 2000: 27).

En el mismo trabajo, encontramos una definición plasmada en el Reglamento de la Cámara de Diputados de México. Allí, en el artículo 269, se define a la diplomacia parlamentaria como "la actividad desarrollada por la Cámara, por sí o como parte del Congreso de la Unión, que realizan diputadas y los diputados con sus contrapartes del mundo en el ámbito de las relaciones internacionales" (Muñoz y González Chávez, 2011: 28).

Se puede inferir que, en el Reglamento de la Cámara de Diputados de México -donde se retoman las definiciones de la diplomacia parlamentaria española ya citadas-, hay una influencia española. En relación con las *expresiones* (en México se las denomina así, no "formas" o "técnicas", como las llaman los españoles), en su artículo 272, se citan las siguientes:

- Las que realicen los presidentes de Cámara o, en su caso, algunos de los vicepresidentes en representación de la Cámara en el ámbito internacional;
- Las que desempeñe la Comisión de Relaciones Exteriores;
- Las que desempeñan las delegaciones permanentes de diputados y diputadas ante organismos parlamentarios multilaterales mundiales, regionales, temáticos y bilaterales;
- Las que consuetudinariamente se han puesto en práctica por las delegaciones de diputados y diputadas en reuniones interparlamentarias;
- Grupos de amistad (Muñoz y González Chávez, 2011: 28).

Al igual que en el caso español, aquí aparecen la Comisión de Relaciones Exteriores, las actividades desarrolladas por los presidentes de Cámara y los grupos de amistad, como expresiones de diplomacia parlamentaria para la Cámara de Diputados de México. Sin embargo, emerge una diferenciación, sustentada en prácticas consuetudinarias mexicanas propias. Posteriormente, y como una forma de sistematizar todas las expresiones de la diplomacia parlamentaria, se enumeran las siguientes:

- Grupos de amistad;
- Reuniones interparlamentarias;
- Organismos parlamentarios internacionales

- Organismos regionales
- Organismos multilaterales.

Otro trabajo mexicano, pero esta vez del ámbito académico, es el de Calderón Patiño *Los retos de la diplomacia clásica y la función de la diplomacia parlamentaria*, que nos aporta una serie de características bastante similares a las que plantea García Escudero Márquez en su trabajo:

- Pluralidad en la representación;
- Complementación con la acción exterior del Estado, cuya dirección compete al Ejecutivo, y con quien se mantiene una estrecha colaboración;
- Informalidad;
- Llega allí donde en ocasiones no puede la diplomacia gubernamental;
- Mayor control del Ejecutivo;
- Especial compromiso con los principios democráticos;
- Especial simbología (dado que sus miembros son elegidos democráticamente);
- Permanencia (ante el cambio de gobiernos, el Parlamento, en un régimen democrático, conserva la pluralidad y diversidad política);
- Significativa distribución a la causa de la paz y la estabilidad en el mundo (activa participación en foros y organizaciones multilaterales) (Calderón Patiño, 2005: 201).

Calderón Patiño habla luego de las "formas de interactuar de la diplomacia parlamentaria que permitieron su desarrollo" (Calderón Patiño, 2005: 201) y que son aceptadas por los parlamentos nacionales:

- Encuentros de delegaciones parlamentarias a nivel bilateral;
- Delegaciones parlamentarias permanentes en las asambleas de organizaciones internacionales;
- Grupos de amistad;

- Actividad de los presidentes de la Cámara;
- Cooperación parlamentaria;
- Foros parlamentarios formales;
- Foros parlamentarios informales (Calderón Patiño, 2005: 201-203).

También dentro de la región latinoamericana, el Senado de Chile, en 2014, presentó un trabajo sobre la diplomacia parlamentaria de similares características al mexicano. Al principio de la obra, se retoma el concepto esbozado por García Escudero Márquez, lo que nos deja ver presente en este caso, nuevamente, la influencia española.

Ya en el apartado específico denominado "La diplomacia parlamentaria: orígenes, contenido y evolución", se presentan una pluralidad de definiciones del término, entre las que se puede destacar la que presenta el trabajo de la Cámara de Diputados de México, lo que nos habla de la importancia que este ha tenido para el caso chileno. Sin embargo, se introduce una definición más precisa, que realiza un aporte trascendental, al poner en escena el nuevo rol del Congreso en la materia. Así, el término, en su acepción más precisa, dice que

> la diplomacia parlamentaria es la actividad internacional regular y coherente que los parlamentos desarrollan para alcanzar objetivos públicos determinados. Es una diplomacia sui generis en la que no hay representación de los gobiernos ni poder de negociación en su nombre, cuya aparición es una muestra evidente de la influencia creciente que los parlamentos ejercen en el desarrollo de las relaciones internacionales del Estado (Vallejos de la Barra, 2004: 53).

Hacia el final del capítulo se exponen las formas que adopta la diplomacia parlamentaria chilena, entre ellas:

- Visitas interparlamentarias;
- Redes de parlamentarios;
- Relaciones interparlamentarias bilaterales;

- Encuentros interparlamentarios multilaterales de carácter temático;
- Asambleas parlamentarias internacionales (Burgos Quezada y Riffo Muñoz, 2014: 60-64).

Para finalizar y aportar un caso más a los ya desarrollados, presentaremos la diplomacia parlamentaria de la Asamblea Nacional de la República de Nicaragua, que establece un marco legal para el ejercicio de la disciplina, contemplado en la ley orgánica n.º 606, que en su artículo 33 dice lo siguiente: "El Plenario de la Asamblea Nacional, por competencia expresa que se le asigna la Constitución política tiene las siguientes atribuciones, ejercer la Diplomacia Parlamentaria a través de mecanismos establecidos" (Ley Orgánica del Poder Legislativo de Nicaragua, artículo 33).

El marco legal le permite a la diplomacia parlamentaria gozar de un mayor grado de institucionalización y de prácticas permanentes. Y como formas establece las siguientes:

- Foros parlamentarios internacionales;
- Grupo parlamentarios de amistad;
- Comisión de asuntos exteriores;
- Convenios de colaboración bilateral interparlamentarios entre la Asamblea Nacional con parlamentos de otros países y organizaciones internacionales (Diplomacia Parlamentaria de la Asamblea Nacional de la República de Nicaragua, 2015: 6).

Esta categorización que realiza la Asamblea Nacional introduce nuevamente a la Comisión de Relaciones Exteriores como una expresión de diplomacia parlamentaria. A lo largo de las clasificaciones y de los antecedentes expuestos, la comisión se presenta como un primer antecedente de la disciplina. Sin embargo, podemos resaltar que en algunos casos puntuales la comisión puede aparecer como un antecedente y en otros casos como una técnica o expresión de la diplomacia parlamentaria.

A los efectos de las definiciones y de las formas o técnicas expuestas de la diplomacia parlamentaria, tomaremos todas ellas a fin de abarcar la mayor cantidad de actividades posibles llevadas a cabo por el Parlamento en relación con la política exterior. La esencia de esta estrategia nos conduce a trabajar en la complementariedad de dichas definiciones y formas o técnicas.

Volviendo sobre las características centrales de la diplomacia parlamentaria, dijimos que el Parlamento participa en la política exterior de diferentes maneras. El primer mecanismo ya fue descripto y hace referencia al *control* que lleva a cabo el Congreso frente al Poder Ejecutivo mediante la interpelación de funcionarios del ámbito diplomático, así como de otros organismos del Ejecutivo; y el otro es la ratificación de tratados internacionales, que deben ser debatidos en el Congreso de la Nación.

Otra de las características que los diferentes autores exponen se refiere a las *relaciones entre parlamentos*, entre cámaras legislativas, mediante una metodología que profesa el intercambio de experiencias y el diálogo *informal* y *distendido*.

> Es una metodología novedosa y en muchos casos efectiva, que permite un primer acercamiento informal entre los parlamentos para buscar un canal de *diálogo común*, que se asiente sobre el intercambio de experiencias, de ideas y la búsqueda de soluciones a los eventuales conflictos de intereses que se puedan suscitar (Giménez Martínez, 2014: 406).

Sin embargo, pese a lo expuesto, debemos poner en consideración que, más allá de ciertas gestiones informales que pudiera hacer un parlamentario a título personal o por encargo de un gobierno, "se debe recordar que las actividades de diplomacia parlamentaria propiamente dichas tienen un carácter oficial o institucional, con mandato o autorización de las cámaras parlamentarias, y debe mantener coherencia y coordinación respecto de la diplomacia tradicional" (Burgos Quezada y Riffo Muñoz, 2014: 54).

Estas características propias que fue adquiriendo la diplomacia parlamentaria son producto de prácticas y experiencias legislativas (algunas más recientes que otras) que la diplomacia llevó adelante dentro de un marco democrático legislativo desde la llegada de la democracia hasta nuestros días.

El restablecimiento de la democracia en América Latina a partir de los años ochenta del siglo pasado y que se consolidó a principios de los años noventa con la caída del muro de Berlín y de la Unión Soviética profundizó los canales de comunicación del Parlamento, lo que implicó un incremento de la participación y el interés por algunas problemáticas de la política internacional. Los crecientes contactos entre parlamentarios de diferentes países entre sí y entre parlamentarios con organismos parlamentarios, y las tareas realizadas por la Comisión de Relaciones Exteriores y Culto permitieron el crecimiento exponencial de experiencias entre legisladores y la formación de agendas bilaterales y multilaterales. Es claro que este proceso no fue automático, sino paulatino y gradual, y respondió -como ya mencionamos- a cambios externos e internos.

Estas prácticas legislativas, que se incrementaron a partir de la democratización, dieron origen a diversas formas de diplomacia parlamentaria, que son variadas y múltiples, dependiendo en muchos casos de la región y de las prácticas parlamentarias. Otras son más recientes y pueden enmarcarse dentro de un mayor grado de institucionalización y profundización de vínculos bilaterales o multilaterales de integración regional e internacional.

Lo cierto es que -como ya señalamos también- se puede notar una cierta influencia española en América Latina, tanto en la literatura (como se pudo ver en el marco teórico), como en la fisonomía que la diplomacia parlamentaria adquiere en la región, que es retomada, por ejemplo, en los casos de México y Chile, por nombrar algunos, aunque con ciertos matices que nos permiten diferenciarlos pese a encontrarnos con una cultura y una experiencia comunes.

Sin embargo, podemos hablar de técnicas o interacciones comunes entre la experiencia española y la latinoamericana. La corriente española a nivel general habla de tres tipos de interacciones:

1. grupos parlamentarios de amistad;
2. relaciones interparlamentarias; y
3. actividades de los presidentes de cámara.

Esta última, en el caso de García Escudero Márquez, cae bajo la denominación de "apoyo a la política gubernamental" -en palabras de la autora-, pero engloba las mismas actividades.

En Latinoamérica, se retoma esta misma clasificación, pero se introducen algunas modificaciones. Por ejemplo, la Cámara de Diputado de México hace referencia a organismos regionales, a los que Calderón Patiño denomina "foros formales"; y el Senado chileno, asambleas parlamentarias. Esta interacción parlamentaria parece tomar un impulso propio y vigoroso en las figuras del PARLATINO y el EUROLAT. Pasaremos a continuación a describir las tres técnicas de la diplomacia parlamentaria:

- *Relaciones interparlamentarias.* En este punto, se hace referencia a los encuentros entre delegaciones permanentes u ocasionales, dentro del marco de foros parlamentarios u organismos internacionales. Uno de los organismos más conocidos en este tipo de categorización sería la Unión Interparlamentaria Mundial (UIP).
- *Grupos de amistad.* Aquí se suelen integrar parlamentarios de Estados involucrados en mantener relaciones permanentes y duraderas, buscando un fortalecimiento de estas sobre la base de la cooperación para el logro de objetivos compartidos en lo cultural, comercial e institucional, entre otros.
- *Actividades de los presidentes de cámara.* En este punto, no sólo nos referimos a la posibilidad de que la máxima

autoridad de cámara pueda representar a un Estado en un organismo internacional, sino a la de realizar tareas diplomáticas en búsqueda de inversiones o promociones turísticas o culturales (Giménez Martínez, 2014: 407).

Si bien esta clasificación suele ser la más común entre los autores y es la que vamos a utilizar en el trabajo, debemos introducirle una modificación que consideramos pertinente. Calderón Patiño realiza un aporte considerable a esta clasificación, con la introducción de una técnica parlamentaria que se conoce con el nombre de "cooperación parlamentaria", mediante la cual "se busca consolidar los mecanismos de representación además de darles un valor profundamente activo en el quehacer democrático y ciudadano" (Trillo Figueroa, 1999). Lo que nos interesa en esta última fisonomía que incorporamos es una técnica de la diplomacia parlamentaria que se conoce con el nombre de "foros parlamentarios formales".

"Dichos foros son institucionalizados y creados sobre una base multilateral y de plena participación de cada país miembro" (Calderón Patiño, 2005: 202-203). Existen foros reconocidos a nivel regional que desempeñan una participación activa en relación con diversos temas, como son el PARLATINO y el EUROLAT. El primero de ellos se creó hacia finales de la década del ochenta y es uno de los principales organismos regionales donde se debaten cuestiones que hacen a las políticas regionales latinoamericanas, mientras que el segundo fue creado más recientemente, hacia mediados de 2006, y es un foro europeo-latinoamericano en el que se exponen cuestiones de interés que hacen a ambos bloques. En síntesis, esta denominación que realiza Calderón Patiño nos parece más apropiada que la de "relaciones interparlamentarias", ya que la definición de esta última no precisa si la cooperación en los foros se realiza formal o informalmente.

En Argentina nos encontramos con que las prácticas parlamentarias del Senado de la Nación se han vinculado con las tres tipologías señaladas. Las relaciones con organismos de naturaleza interparlamentaria han sido una constante a lo largo del período 1989-2016, y se destacan como una de las formas más antiguas y vigentes de diplomacia parlamentaria por parte de dicha cámara.

Se han constituido delegaciones formales que asistían a diferentes organismos para participar de las reuniones periódicas en las que se realizan exposiciones sobre problemáticas de distinta naturaleza, entre las que se incluye el tema de Malvinas. La segunda técnica de la diplomacia parlamentaria nos remite a la formación de grupos parlamentarios de amistad, que hicieron su primera aparición hacia mediados de la década del noventa. Son relativamente más recientes en la estructura parlamentaria y sufrieron un proceso de modernización institucional que se puso en práctica a partir del decreto DP 0262/16, donde se institucionalizan como una práctica diplomática con carácter permanente y central. Es así como se constituyeron grupos bilaterales parlamentarios entre los cuales podemos nombrar al de Reino Unido e Irlanda del Norte. Finalmente, en el caso de las actividades de los presidentes de Cámara, la diplomacia parlamentaria sostiene una pluralidad de actividades relacionadas con temas que van desde lo económico hasta cuestiones culturales.

La cuestión de Malvinas en este último tipo es más reducida que en los otros, ya que no está tan institucionalizado como los grupos de amistad y no cuenta con cierta periodicidad, en comparación con el resto de las prácticas parlamentarias y los lazos que se pueden plantear desde el Poder Ejecutivo. En este punto, cabe aclarar que la Comisión de Relaciones Exteriores y Culto del Senado de la Nación establece, en su reglamento, que puede dictaminar sobre las relaciones con los organismos parlamentarios internacionales y con los parlamentos de otros países, a la vez que puede constituir grupos de amistad.

Entonces, si bien la Comisión de Relaciones Exteriores y Culto sostiene que tradicionalmente no ha desarrollado tareas, prácticas o actividades relacionadas con la diplomacia parlamentaria, esto podría no ser tan así, ya que tiene potestad de dictaminar y constituir grupos de amistad y de establecer vínculos con organismos interparlamentarios, que efectivamente son formas de diplomacia parlamentaria. La definición que tomamos nos permite incluir las tareas realizadas por la comisión. Respecto de esta, específicamente, describiremos sus elementos constitutivos y la incluiremos para su desarrollo en el capítulo III.

Con lo expuesto hasta aquí, podríamos realizar una serie de inferencias. Para comenzar, en el caso argentino, nos encontramos con un fuerte presidencialismo producto de variables históricas y de reformas constitucionales que acentuaron -en la práctica- la concentración de poder en el ámbito del Ejecutivo en contraposición con el Parlamento. Como resultante, en materia de política exterior, la preeminencia de la diplomacia clásica sería notablemente monopolizada por el Poder Ejecutivo y relegaría al Poder Legislativo a ser un mero órgano de control.

La diplomacia parlamentaria aparecería como un fenómeno nuevo (por lo menos, en cuanto a su nombre) en las prácticas parlamentarias argentinas, relacionado con variables de índoles exógenas y endógenas al proceso político.

En este contexto, dicha disciplina podría cumplir una misión de complemento de la diplomacia clásica y sentar las bases como una herramienta productiva para encarar un proceso de inserción internacional y una agenda común previa al despliegue de la diplomacia tradicional. Llegados a estos supuestos, deberíamos realizarnos el siguiente planteo, que pasará a formar una de las partes esenciales de la presente investigación: ¿cómo se puede interpretar en un sistema presidencial, con un marcado liderazgo del Poder Ejecutivo y de la diplomacia clásica, el surgimiento de una diplomacia parlamentaria que se muestra activa en materia de política exterior en el Senado de la Nación?

La respuesta a este planteo nos llevará a intentar probar uno de los supuestos principales del trabajo: que la diplomacia parlamentaria se nos presenta como una actividad del Parlamento que complementa a la diplomacia clásica del Ejecutivo, y que puede presentarse como una herramienta útil en los procesos de integración bilateral y multilateral, que en muchos casos constituye un paso previo que allana el camino a negociaciones que luego entablará el Poder Ejecutivo nacional.

En Argentina, se presenta como una herramienta relativamente joven (en cuanto a su nombre) del Poder Legislativo, que muestra períodos de mayor actividad alternados con otros de menor participación. Para los períodos que analizamos, se puede observar que hubo actores parlamentarios que llevaron a cabo actividades de la diplomacia parlamentaria realizando tareas de oficio. Ello nos lleva, como ya se manifestó, a incluir actividades y prácticas parlamentarias realizadas en torno a Malvinas por la Comisión de Relaciones Exteriores y Culto. También veremos que se desplegaron formas de diplomacia parlamentaria en momentos históricos específicos.

Finalmente, las reformas en la estructura organizacional del Senado de la Nación llevadas a cabo a principios de 2016 supusieron una transformación en la funcionalidad del organismo que le otorgaron a la disciplina una trascendencia inusitada hasta ese momento.

A continuación, pasaremos a describir y explicar las diferentes formas de diplomacia parlamentaria en Argentina, con el fin de comprender su estructura y funcionamiento en materia de política exterior dentro del Senado de la Nación.

4. Las formas de la diplomacia parlamentaria en el Senado de la Nación

4.1. Foros parlamentarios formales. La Unión Interparlamentaria Mundial (UIP)

Los foros formales internacionales de índole parlamentaria no son un fenómeno nuevo en las relaciones internacionales. Sus antecedentes datan de varias décadas. No es la intención hacer referencia aquí a su surgimiento, sino analizar una forma de interacción de diplomacia parlamentaria: la Unión Interparlamentaria Mundial (UIP), ya que es allí donde se ha desarrollado parte de la diplomacia parlamentaria argentina.

"Las organizaciones internacionales no constituyen sólo foros donde se coopera en forma permanente e institucionalizada, sino que poseen una existencia jurídica distinta de los Estados que la componen" (Diez de Velasco Vallejo, 2008: 50). Esta existencia o *personalidad* jurídica es la capacidad de ejercer derechos y obligaciones, ya sea en un ordenamiento jurídico nacional o internacional. Sin embargo, como aclara Velasco Vallejo, "la personalidad jurídica no sería plena y general, como aquella de la que goza un Estado, ya que la organización se encontraría afectada por el principio de especialidad" (Diez de Velasco Vallejo, 2008: 50), entendido como aquellos objetivos y funciones por los cuales la organización ha sido creada. De ser en estos términos descriptos, se trataría de una *personalidad funcional*, que se encontraría definida por el acuerdo constitutivo que da existencia a la organización como tal.

La Unión Interparlamentaria Mundial, por su *naturaleza*, puede ser definida como una organización internacional constituida por los *parlamentos de Estados soberanos*. Desde su creación, en 1889, su principio de especialidad fue trabajar a favor de la paz y la cooperación entre los pueblos y por la consolidación de las instituciones representativas. La naturaleza de la organización es de trascendental importancia, ya que define con claridad su alcance: se trata de un grupo de parlamentarios designados como delegados por los miembros de la UIP, en los que la integración está dada por una representación equitativa de género.

Entre los principales fines organizacionales, podemos citar los siguientes:

- Favorece los contactos, la coordinación y el intercambio de experiencias entre los parlamentos y los parlamentarios de todos los países;
- Examina cuestiones de interés internacional y se pronuncia respecto de ellas a fin de suscitar la acción de los parlamentos y de sus miembros;
- Contribuye a la defensa y a la promoción de los derechos humanos, que tienen un alcance universal y cuyo respeto es un factor esencial de la democracia parlamentaria y del desarrollo;
- Contribuye a un mejor conocimiento del funcionamiento de las instituciones representativas y a reforzar y desarrollar sus medios de acción (UIP artículo 2, 2016: 2).

Como en toda organización internacional, un elemento importante es la membresía. Para ser miembro pleno de la organización, se debe adherir a los principios de la Unión Interparlamentaria Mundial y cumplir con sus estatutos. A su vez, puede ser miembro de la UIP todo Parlamento constituido en conformidad con la ley fundamental de una entidad territorial cuya vocación estatal es reconocida por las Naciones Unidas y que goza del estatus de observador permanente ante las Naciones Unidas, con derechos y privilegios adicionales importantes.

"En el caso de que el Estado que solicite la membresía esté bajo una organización federal, sólo podrá pedir su adhesión a la UIP el Parlamento nacional" (UIP artículo 3, 2016: 2). En el caso argentino, el Parlamento federal se encontraría representado en la figura del Congreso nacional. Otro dato interesante relacionado con la membresía lo conforman los miembros asociados.

Una vez planteada la cuestión de la membresía, la decisión de admisión o de readmisión de un Parlamento recae sobre el Consejo Directivo, al que el secretario o la secretaria general comunicarán las solicitudes de afiliación o reafiliación. "El Consejo Directivo adoptará su decisión a partir del informe del Comité Ejecutivo, que comprobará si se cumplen las condiciones estipuladas en el artículo 3 y le informará al respecto" (UIP artículo 4, 2016: 3).

Muchas organizaciones dependen de las contribuciones anuales de sus miembros, y la UIP no representa una excepción a esta regla. "Cada uno de sus miembros y miembros asociados deben aportar una contribución financiera anual para afrontar los gastos, con arreglo a una escala aprobada por el Consejo Directivo" (Estatuto de la UIP, artículo 5, 2016: 3). En el caso de que algún miembro presentara una mora en el pago de sus contribuciones, no tendrá voto en los órganos estatutarios si la suma adeudada es igual o superior al total de sus contribuciones financieras correspondientes a los dos años anteriores completos. Sin embargo, el Consejo Directivo podrá permitir que dicho miembro vote si llega a la conclusión de que la mora se debe a circunstancias ajenas a su voluntad.

Cuando un miembro o un miembro asociado se encuentra en mora de tres años en el pago de sus contribuciones financieras a la UIP, el Comité Ejecutivo examinará la situación y dará su opinión al Consejo Directivo. El Consejo Directivo decidirá respecto de la suspensión de la afiliación.

Finalmente, respecto de las resoluciones adoptadas en la UIP, "los miembros deberán presentarlas en sus respectivos parlamentos y comunicarlas a sus respectivos gobiernos para su divulgación" (UIP artículo 7, 2016: 3). Ello implica, como se sostiene en el mismo artículo, que los jefes de las delegaciones nacionales deben presentar un informe al Parlamento nacional relativo a las tareas realizadas y enviar una copia al organismo.

La estructura organizacional de la UIP se contempla en el artículo 8 del estatuto, y es la siguiente: "Asamblea, Consejo Directivo, Comité Ejecutivo y Secretaría" (UIP artículo 8, 2016: 4).

En el contexto de este foro de discusión y cooperación multilateral, la diplomacia parlamentaria pudo desarrollar una agenda de temas económicos y políticos lo suficientemente amplia. En este sentido, las presentaciones argentinas en el organismo giraron en torno a una serie de puntos, a saber: reivindicación de los derechos legítimos de Argentina sobre las Islas Malvinas, actitud pacifista, situación colonial, dar cumplimiento a las resoluciones de la ONU y la resolución de la disputa dentro del derecho internacional, entre otros. La utilización por parte de Argentina de este ámbito para el reclamo por Malvinas se inserta en una estrategia realizada por parte de la diplomacia parlamentaria argentina, que resulta complementaria con la realizada en otros ámbitos por el Poder Ejecutivo nacional y las restantes expresiones de diplomacia parlamentaria.

A continuación, delinearemos la participación de la diplomacia parlamentaria argentina en otros organismos regionales.

4.2. EUROLAT y PARLATINO

Estas organizaciones constituyen una forma de cooperación internacional institucionalizada a escala regional. "No se reducen a trabajar sobre una sola temática y se consideran órganos paralelos a las organizaciones en las que tiene presencia el Poder Ejecutivo" (Calderón Patiño, 2005: 203). Las máximas expresiones para los fines del presente trabajo y de la diplomacia parlamentaria argentina se encuentran en dos foros formales permanentes: el Parlamento Latinoamericano (PARLATINO) y la Asamblea Parlamentaria Euro-Latinoamericana (EUROLAT). "La institucionalización del PARLATINO se produce hacia 1987; la República Argentina fue uno de los países firmantes del acuerdo que le dio origen" (PARLATINO artículo IX, 1987), y llegó a constituir una de las técnicas de diplomacia parlamentaria para Argentina que retomó protagonismo en la estructura actual del Senado de la Nación. El EUROLAT, por su parte, "se constituyó como un foro de debate, control y seguimiento de temas parlamentarios" (EUROLAT artículo V, 2006), similar al PARLATINO, aunque más joven en cuanto a su constitución, ya que data del año 2006, momento en que adhirió a él la Argentina. Ambos, EUROLAT y PARLATINO, son dos de los foros de cooperación formales regionales más importantes como ejes de acción de la diplomacia parlamentaria argentina.

4.3. Grupos de amistad

"Los grupos de amistad se constituyen en instrumentos específicos mediante los cuales el Parlamento ejerce deliberadamente su diplomacia propia" (Muñoz y González Chávez, 2011: 25). Históricamente se conformaron como delegaciones bilaterales ocasionales que visitaban los parlamentos, estableciendo vínculos e intentando desarrollar una agenda de trabajo en conjunto. En los últimos años, la diplomacia parlamentaria mostró avances significativos en torno a los grupos de amistad. "El resultado de ello fue la institucionalización de los encuentros parlamentarios bilaterales, que fueron dotados de una continuidad en el tiempo, de una periodicidad en sus reuniones y de un contenido de estudio e intercambio mutuo propio" (Muñoz y González Chávez, 2011: 25).

De lo expuesto se desprende que las principales características de los grupos de amistad son las siguientes:

- Institucionalización de los encuentros bilaterales;
- Estructura permanente y periodicidad de dichos encuentros;
- Formación de una agenda común de intercambios multisectoriales, que no se circunscriba solamente a un área temática (García Escudero Márquez, 2008: 10).

En el caso argentino, la Comisión de Relaciones Exteriores y Culto del Senado de la Nación participó en la tarea de la coordinación de los grupos de amistad, pero esta tarea, en la actualidad, la desarrolla más específicamente la Dirección General de Diplomacia Parlamentaria. En los últimos años, se ha percibido un crecimiento exponencial de los grupos de amistad, que suman 46 hasta el momento de escribir esta tesis. Entre esos grupos podemos destacar: República Federal Alemana, República Federativa de Brasil, República Popular de China, Reino de España, Estados Unidos de América, República Francesa, República Italiana, Estado de Japón y Reino Unido de Gran Bretaña e Irlanda del Norte.

El proceso de institucionalización del grupo de amistad con el Reino Unido de Gran Bretaña e Irlanda del Norte adquiere cierta notoriedad recientemente, en el año 2016. Ello no implica que previamente no se hayan desarrollado actividades parlamentarias, pero estas se realizaban más espontáneamente como delegaciones ocasionales y no como parte de una política institucional permanente.

4.4. Actividades de los presidentes de las cámaras

Esta fisonomía se refiere a la actividad que puede desempeñar la máxima autoridad de la Cámara en materia de diplomacia parlamentaria -en el caso del Senado de la Nación, la figura del vicepresidente-. Así, puede ser que este deba viajar en representación del país a diversos foros internacionales, organismos internacionales o Estados, como consecuencia de que el presidente de la nación se encuentre impedido de asistir por diversas causas (por ejemplo, una enfermedad) o que se le encomiende -como una tarea complementaria a la realizada en el Parlamento- la búsqueda de inversiones en el exterior.

4.5. La Comisión de Relaciones Exteriores y Culto del Senado de la Nación

Antes de mencionar las competencias de la Comisión de Relaciones Exteriores y Culto, debemos recurrir a la Constitución Nacional. Allí, el artículo 66 nos dice que "cada cámara establecerá su reglamento" (Constitución Nacional, 1994: 22), en el que se debe incluir un conjunto de reglas y normas cuya finalidad es ordenar, en este caso, la función legislativa de la Cámara de Senadores.

En este sentido, las competencias de la Comisión de Relaciones Exteriores y Culto -definidas por el artículo 62 del Reglamento de la Cámara de Senadores de la Nación-establece los temas sobre los cuales puede dictaminar la comisión. A lo largo de la historia, nos encontramos con varias modificaciones del reglamento de la comisión. Sin embargo, en este punto solo nos interesan aquellos que se vinculan con las actividades, tareas o prácticas que se desarrollan en relación con la diplomacia parlamentaria; las restantes las veremos más adelante. En este sentido, la comisión introdujo dos grandes modificaciones. "La primera de ellas data del año 1983, e incorpora el concepto de 'Relaciones Internacionales Parlamentarias' en el artículo 61 bis" (Villegas Pitt, 2007: 206), que quedó redactado de la siguiente manera: "Corresponde a la Comisión de Relaciones Exteriores y Culto dictaminar sobre lo relativo a las relaciones del Senado de la Nación con organismos parlamentarios internacionales y con los parlamentos de los demás países" (Villegas Pitt, 2007: 206).

El gobierno de Alfonsín introdujo la primera modificación al reglamento de la comisión luego del restablecimiento de la democracia. Allí se pone en evidencia la importancia de la inserción internacional de la Argentina para el nuevo gobierno democrático (cuestión que veremos en el apartado II), y se incorpora una primera técnica de la diplomacia parlamentaria: las relaciones con organismos parlamentarios internacionales y con los parlamentos de otros países. Cabe aclarar que, si bien aparece aquí por primera vez, en el texto de la Cámara, la importancia de las relaciones parlamentarias internacionales, no se aplicaría durante este período al caso de Malvinas que analizamos en el presente trabajo, ya que no había relaciones diplomáticas oficiales con el Reino Unido.

Hacia 1995, y luego de la reelección presidencial y de la reforma constitucional, se introdujo una segunda modificación al reglamento: "Podrá también constituir Agrupaciones de Parlamentarios Argentinos de Amistad, con parlamentarios de otros países" (Villegas Pitt, 2007: 206). Esta segunda modificación introdujo una nueva forma de diplomacia parlamentaria no contemplada hasta este momento: los grupos de amistad interparlamentarios. En síntesis, el gobierno de Alfonsín y el de Carlos Menem incorporaron nuevas prácticas parlamentarias en el Senado de la Nación en relación con la diplomacia parlamentaria, que aún no tenía esta denominación, pero comenzaba a desarrollarse dentro del ámbito de la Comisión de Relaciones Exteriores y Culto.

Actualmente, las competencias de la comisión se encuentran detalladas en el artículo 62 del reglamento de la Cámara de Senadores de la Nación y son las siguientes:

> Corresponde a la Comisión de Relaciones Exteriores y Culto dictaminar sobre lo relativo a las relaciones de la República con los Estados extranjeros, cuerpo diplomático y consular, tratados, convenciones, pactos, conferencias, y congresos internacionales, declaraciones de guerra u otras medidas admitidas por el derecho internacional, límites internacionales, ajuste de paz, extradiciones, introducción y tránsito de tropas extranjeras, legalización de documentos para y del exterior, archivo de relaciones exteriores, bibliotecas, colecciones, publicaciones de tratados y mapas geográficos, publicidad y difusión de informes, libros y datos concernientes a la Nación en el exterior, política internacional de petróleo, política comercial internacional, política internacional del trabajo, concordatos, ejercicio del culto de las iglesias establecidas en la República, admisión de nuevas órdenes de culto y todo

> otro asunto referente al ramo de las relaciones exteriores y culto. Asimismo, dictaminar sobre lo relativo a las relaciones del Senado de la Nación con los organismos parlamentarios internacionales y con los parlamentos de los demás países. Podrá también constituir "Agrupaciones de Parlamentarios Argentinos de Amistad" con parlamentarios de otros países (Reglamento de la Cámara de Senadores de la Nación, 2016: 49-50).

Históricamente, y pese a los datos ofrecidos en el presente apartado, las autoridades parlamentarias de la comisión sostienen que esta no desempeñó tareas que le competen a la diplomacia parlamentaria y que no tuvieron a su cargo ninguna de sus formas.

Sin embargo, si observamos las modificaciones expuestas anteriormente y la redacción final de su artículo 62 del reglamento, podríamos cuestionar el punto anterior y plantear que la comisión ha llevado a cabo tareas, actividades o prácticas parlamentarias relacionadas con la diplomacia parlamentaria, pero que las ha realizado de oficio, ya que no las conocía con ese nombre.

Resta establecer, como un elemento adicional, si la comisión puede considerarse como un antecedente de diplomacia parlamentaria en Argentina, siguiendo la línea de algunos casos planteados con anterioridad. Esto será algo en lo cual nos focalizaremos en la primera parte del capítulo III de esta investigación.

A continuación, nos referiremos al funcionamiento de la comisión, ya que, como veremos en las versiones taquigráficas, en el capítulo III, hay cuestiones que hacen referencia a la técnica legislativa y que deben ser aclaradas previamente al lector.

> Las comisiones, en general, deberán establecer fecha y hora de las reuniones, que deben realizarse, como mínimo, una vez cada quince días. En las citaciones se consignarán los asuntos a tratar y se garantizará su conocimiento mediante el envío de documentación correspondiente (Reglamento de la Cámara de Senadores de la Nación, 2016: 70-71).

El temario se distribuye mediante un documento que envía la Dirección General de Comisiones (DGC), donde se detalla el día de reunión, la hora, el salón donde se realizará y el temario correspondiente, con los números de expediente de cada proyecto para que tomen conocimiento de ello los asesores, el personal relacionado con la comisión y demás público presente. "Una vez citada la reunión, la secretaría de la comisión labra un acta de asistencia, donde consta la concurrencia de los senadores[5] y el Orden del Día con los correspondientes asuntos dictaminados" (Reglamento de la Cámara de Senadores de la Nación, 2016: 71).

"De haber un posible acuerdo sobre los temas tratados en la reunión, se firma un dictamen de comisión que tiene que estar firmado por más de la mitad de los miembros que reglamentariamente la integran" (Reglamento de la Cámara de Senadores de la Nación, 2016: 72),

La comisión cuenta con tres autoridades de relevancia, un presidente, un vicepresidente y un secretario, y se completa con 16 vocales. Para dictaminar sobre algún tema de competencia de la Comisión de Relaciones Exteriores y Culto -como podría ser Malvinas-, se requeriría de la firma de más de la mitad de los senadores que la componen. El Poder Ejecutivo (en el caso de que estuviera a cargo de la comisión) requiere, por lo tanto, no menos de 9 (nueve) senadores dispuestos a poner su firma, para poder avanzar en un dictamen de comisión favorable. "De ser así, el dictamen pasa a constituirse en un *Orden del Día*" (Reglamento de la Cámara de Senadores de la Nación, 2016: 74) y puede ser tratado posteriormente en la reunión de labor parlamentaria para ser llevado al recinto y ser aprobado por la Cámara. Sin embargo, existe la posibilidad de que, cuando estemos hablando de un proyecto de declaración, de ley o

---

5 En el momento en que se escribe esta investigación, y a raíz de una controversia surgida en la Comisión de Industria y Comercio, se está analizando modificar el reglamento de la Cámara de Senadores relacionado con el tema de la firma presencial de los dictámenes de comisión, que modificaría la práctica parlamentaria que el Senado de la Nación está llevando a cabo.

de resolución que no llegue a cumplir los tiempos parlamentarios acordes para su tratamiento -esto sería que no cumpla los días hábiles acordes para que sea tratado en una sesión-, igualmente pueda ser considerado para su posterior tratamiento en el recinto. En ese caso, puede ser igualmente tratado mediante lo que se conoce técnicamente como "tratamiento sobre tablas", es decir, sin que tenga asignado un orden del día.

Es interesante tomar en consideración si el Poder Ejecutivo tiene la capacidad suficiente para imponer su *agenda de política internacional* en el Senado de la Nación, y ver de esa manera si la diplomacia parlamentaria se complementa con la diplomacia clásica del Poder Ejecutivo o si toma un camino distinto.

Como se expuso anteriormente, la composición de la comisión resulta esencial para poder comprender el juego y la ingeniería política que se manejan en su interior, que se relacionan directamente con el establecimiento del orden del día y la agenda de discusión que se plantea. Si el oficialismo goza de mayorías en la comisión, puede imponer su agenda de temas y emitir dictámenes de mayoría favorables para su bloque político. Por el contrario, si el oficialismo posee los cargos más importantes de la comisión, pero no tiene mayoría para imponer la agenda, ello dificultará el posible tratamiento de temas sensibles para el Poder Ejecutivo nacional.

Finalmente, pasaremos a describir los cambios organizacionales recientes en el Senado de la Nación, que dieron origen a una nueva estructura institucional que tiene como protagonista indiscutido a la diplomacia parlamentaria.

4.6. Dirección General de Diplomacia Parlamentaria del Senado de la Nación

La asunción de un nuevo gobierno hacia fines de 2015 trajo aparejada una serie de cambios institucionales en el Senado de la Nación, acompañados por un conjunto de transformaciones en las prácticas parlamentarias, que se manifestaron en la creación de la Dirección General de Diplomacia Parlamentaria.

La nueva estructura organizacional del Senado pone en evidencia la importancia dada a la diplomacia parlamentaria y a sus diversas formas de interactuar, como medio de complementación del Poder Ejecutivo nacional y de inserción internacional en materia de política exterior. Esto significa que el Parlamento no sería un mero agente de control de las políticas del Ejecutivo, sino que puede generar vínculos o políticas propios en relación con la política exterior, que pueden acompañar las fijadas por aquel. Es así como, a simple vista, "la diplomacia parlamentaria no buscaría una confrontación con la diplomacia clásica, sino lo contrario" (Calderón Patiño, 2005: 196).

El estudio pormenorizado de las transformaciones en la estructura organizacional hace necesario que recurramos a los organigramas; esto es, gráficos que nos permiten comprender la estructura de una organización y las jerarquías. Son de vital importancia para comprender los cambios organizacionales, pero a veces pueden no ser suficientes como indicadores del funcionamiento general de la organización como para determinar cómo se relaciona un área con otra.

El decreto presidencial DP – 0263/16 realiza reformas en la estructura organizacional del Senado, y en ese marco se creó la Dirección General de Diplomacia Parlamentaria, cuya misión es la coordinación de la participación de los parlamentarios miembros de las delegaciones argentinas en los diversos ámbitos a los que deban concurrir en función de convenios con otros parlamentos nacionales o regionales y con organismos internacionales.

Las funciones de esta dirección pueden ser resumidas en los siguientes cinco puntos:

- *Asistir* técnicamente a los miembros del Honorable Senado de la Nación en su participación en las distintas unidades de diplomacia parlamentaria del cuerpo y en su efectiva vinculación con otros parlamentos, con las organizaciones y foros de la comunidad internacional.
- *Recibir* toda la documentación vinculada con la participación de los miembros del Senado de la Nación en dichas organizaciones y foros.
- *Asistir* a los miembros del Honorable Senado de la Nación en su vinculación con el Ministerio de Relaciones Exteriores y Culto, facilitando los mecanismos permanentes de consulta y coordinación, a fin de mantenerlos informados de los lineamientos de la política exterior en cada área.
- *Colaborar* con los miembros del Honorable Senado de la Nación en la tarea que realicen las comisiones en el campo de las relaciones internacionales.
- *Propiciar* y proponer la organización de programas, congresos, reuniones, asambleas y eventos internacionales (Decreto Presidencial 0263, 2016: Anexo XII).

Para mayor claridad, a continuación, exponemos el organigrama que nos permite ver la nueva estructura organizacional creada en torno a la diplomacia parlamentaria en el Senado de la Nación.

Gráfico 1. La Dirección General de Diplomacia Parlamentaria y la Subdirección de Diplomacia Parlamentaria

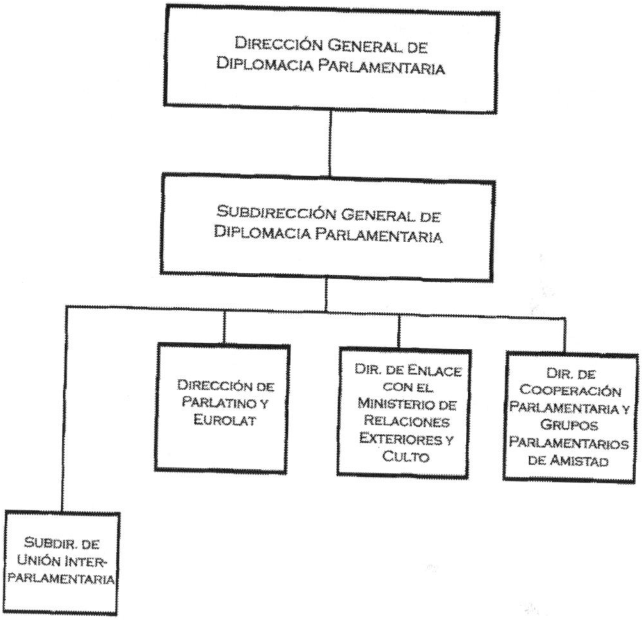

Fuente: DP-0263/16. Presidencia del Senado de la Nación.

El organigrama nos muestra una *autoridad* y *unidad de mando* centralizada en la Dirección General, que es la que recibe la documentación y asiste técnicamente en todo lo relativo a los vínculos con el Poder Ejecutivo nacional. Por su parte, la Subdirección de Diplomacia Parlamentaria solo tiene una tarea, de auxilio y asistencia de la Dirección General. Bajo esta última, nos encontramos con las diferentes formas de la diplomacia parlamentaria que describimos oportunamente.

- *Auxiliar* al director general en la asistencia técnica a los miembros del Honorable Senado de la Nación en su participación en las distintas unidades de diplomacia parlamentaria y en su efectiva vinculación con otros parlamentos, con las organizaciones y foros de la comunidad internacional.

- *Asistir* al Director General en el recibimiento de toda la documentación vinculada con la participación de los miembros del Honorable Senado de la Nación en las Organizaciones y Foros de la Comunidad Internacional.
- Coordinar a pedido del Director General la labor de las Direcciones de Diplomacia Parlamentaria.
- Asistir al Director General en la organización de programas, congresos, reuniones, asambleas y eventos internacionales (Decreto Presidencial 0263, 2016: anexo XII).

Es bajo esta subdirección bajo la que nos encontramos con diversas subdirecciones, como la que hace referencia a la Unión Interparlamentaria Mundial. La misión se puede resumir en la participación de la delegación argentina en los distintos foros de la comunidad internacional a los que deba concurrir como país miembro de la UIP; así como también la recepción de toda documentación vinculada con la materia. Las funciones son las siguientes:

- Distribuir documentos provenientes de la Unión Interparlamentaria y de los foros de la comunidad internacional vinculados a esta, a los integrantes de la delegación argentina designados para cada evento.
- Coordinar la traducción del idioma extranjero al idioma español, de los documentos provenientes de la Unión Interparlamentaria y su distribución a los integrantes de la delegación argentina designados para cada evento.
- Organizar las cuestiones vinculadas con los traslados y recepción de la delegación argentina en los países extranjeros, reservas hoteleras y toda otra necesidad

relacionada con la estadía y permanencia de los integrantes la comitiva.

- Mantener un registro actualizado de las intervenciones de los miembros de la delegación argentina en los diversos eventos a los que deba concurrir.
- Propender al afianzamiento de los vínculos y a la realización de actividades conjuntas con los parlamentos de los países miembros de la Unión Interparlamentaria y de los foros de la comunidad internacional vinculados a ella (Decreto Presidencial 0263, 2016: anexo XII).

La otra técnica de la diplomacia parlamentaria que se puede observar en el organigrama la constituyen los grupos de amistad y de cooperación parlamentaria. La tarea principal se relaciona con la colaboración técnica con las comisiones del Honorable Senado de la Nación en lo referente a las actividades específicas desarrolladas por sus miembros en la interacción con pares parlamentarios, con parlamentos nacionales y regionales, y con organismos internacionales de los cuales el país forma parte. Las principales funciones se detallan a continuación:

- *Colaborar* técnicamente con las comisiones del Honorable Senado de la Nación en lo referente a las actividades desarrolladas por sus miembros en los grupos de amistad, en misiones específicas a parlamentos nacionales o regionales, o con los organismos internacionales de los cuales el país forme parte.
- *Fomentar* el intercambio de información, de experiencias y cooperación técnica interparlamentaria sobre aspectos relacionados con el quehacer político, social, cultural y económico, para facilitar la ampliación y profundización de relaciones bilaterales y multilaterales.
- *Abordar* conjuntamente temas de interés recíproco, promoviendo la armonización legal en todas las áreas donde sea esto posible y conveniente para las partes.

- *Invitar y recibir* a parlamentarios y personalidades de otros países en coordinación con la Presidencia del Honorable Senado de la Nación, responder a invitaciones de otros parlamentos y coordinar actividades conjuntas a través de sus representaciones diplomáticas (Decreto Presidencial 0263, 2016: anexo XII).

Lo descripto hasta aquí nos permitió hablar de la introducción de las modificaciones en la estructura organizacional del Senado de la Nación que afectaron a la diplomacia parlamentaria y sus interacciones. De esta manera, "las actividades de la organización se especializan y se agrupan" (Robbins, 1997: 507) bajo esta Dirección General.

A su vez, se puede observar, entre las diversas formas que se presentan, la incorporación de los *foros parlamentarios formales,* tales como el PARLATINO, el EUROLAT y la Unión Interparlamentaria Mundial, todos ellos propios y esenciales de las prácticas parlamentarias argentinas, por cuestiones políticas y culturales.

Dentro de la Dirección General, aparece la dirección de enlace con el Ministerio de Relaciones Exteriores y Culto de la Nación, lo que nos permite reforzar el supuesto de

que el Poder Ejecutivo nacional es el que conduce y ejecuta la política exterior, y el Poder Legislativo complementa la tarea. Aquí, el Ejecutivo aporta información de relevancia para las reuniones parlamentarias y asistencia técnica, a la vez que asesora al Senado de la Nación sobre los lineamientos del Ejecutivo para que haya concordancia.

Para finalizar, nos falta hacer referencia a la tercera técnica de la diplomacia parlamentaria: *las actividades que realizan los presidentes de cámara*. Esta última forma no se encuentra dentro de la estructura anterior, sino fuera de ella. "Su creación es parte del decreto presidencial DP-0263/16, pero pertenece al ámbito de la Presidencia del Senado y se engloba bajo la Dirección General de Relaciones Internacionales" (Decreto Presidencial 0263, 2016: anexo XV), lo cual le da cierta autonomía en la conducción y el manejo en este tipo de diplomacia parlamentaria.

A simple vista, se puede ver un privilegio en los vínculos con América Latina, ya que hay una dirección específica para ello y una dirección de relaciones bilaterales, de similares características a la anterior, pero para el resto de los Estados.

A continuación, presentamos las actividades llevadas a cabo dentro del marco de la Presidencia del Honorable Senado de la Nación.

Gráfico 2. Presidencia del Senado de la Nación y la Dirección General de Relaciones Internacionales

Fuente: DP 0263/16. Presidencia del Senado de la Nación.

No desarrollaremos todas las funciones de esta dirección, sino la que consideramos más relevante para nuestra investigación: "*Asistir y colaborar* con el presidente del Honorable Senado de la Nación en las relaciones con organismos internacionales" (Decreto Presidencial 0263, 2016: anexo XVI).

Todas las organizaciones (entre ellas, el Senado de la Nación) "crean estructuras nuevas o tienden a modificar las existentes, con el fin de facilitar la coordinación de actividades y para controlar los actos de sus miembros" (Robbins, 1997: 497). En este sentido, tomar en cuenta estos cambios estructurales implica correlacionar tres variables para el análisis de estos cambios: "*la complejidad, el formalismo y la centralización*, ya que son los que constituyen la estructura una organizacional" (Robbins, 1997: 497).

La interacción entre estos tres nos determina a qué tipo de estructura estamos haciendo mención. A grandes rasgos, dentro de la vida organizacional, es posible encontramos con *estructuras mecanicistas* que se caracterizan por su alto grado de complejidad, formalismo, centralización y una escasa participación de los miembros más bajos en la toma de decisiones. Por otro lado, en contraposición, hay *estructuras orgánicas* que presentan los rasgos opuestos a las anteriores, baja complejidad, formalismo y mayor participación en la toma de decisiones.

En el Senado de la Nación, nos encontramos con que la última reforma estructural incorporó mayor *complejidad*, en cuanto a la creación de direcciones generales con misiones y fines específicos, como el caso de la diplomacia parlamentaria, a la vez que se dotó de más *centralidad* a la toma de decisiones en relación con los diferentes subtipos de diplomacia parlamentaria, nucleados todos ellos en una sola oficina y con una unidad de mando que recae sobre el director general del área. Anteriormente, si bien la estructura parlamentaria del Senado poseía estas características, había una descentralización de las actividades de la diplomacia parlamentaria, algunas de las cuales recaían en la Comisión de Relaciones Exteriores y Culto y en otras oficinas conexas.

A continuación, pasaremos a describir y explicar la evolución de la problemática de Malvinas a partir de la administración del Dr. Carlos Saúl Menem. La decisión de tomar este criterio para la investigación se basa en que, durante el período del Dr. Alfonsín, no hubo relaciones diplomáticas bilaterales entre el Reino Unido y Argentina, función que se tercerizó y recayó en el gobierno brasileño; aunque sí hubo una diplomacia llevada a cabo por el Poder Ejecutivo nacional frente a organismos internacionales tales como Naciones Unidas, donde se expuso la problemática.

5. Conclusiones del apartado I

Las definiciones aportadas por los maestros de la ciencia política y de la política comparada con criterios de definición bastaste similares entre sí en torno a los sistemas presidenciales nos hablan de la presencia de la mayoría de ellos en América Latina. La creación de estos regímenes presidenciales se produjo en un contexto de anarquía regional generalizada, que llevó a la constitución de Poderes Ejecutivos nacionales fuertes. Había razones suficientes para ello. Muchos Estados (entre ellos, Argentina) no se constituyeron como tales en el período inmediato al proceso revolucionario, lo que dio lugar a pujas políticas entre diversas facciones, que abogaban por diferentes tipos de organizaciones políticas y económicas. La falta de organización constitucional se tradujo, en un principio, en la ausencia de un gobierno central nacional que ejerciera un poder efectivo de control sobre el resto de las provincias.

La influencia de Juan Bautista Alberdi en la organización constitucional argentina y en la formación de un gobierno nacional fue de vital importancia para el proceso de consolidación del Estado argentino. La consecuencia inmediata y perdurable hasta nuestros días en la práctica política fue un Poder Ejecutivo fuerte, centralizado en la figura presidencial. Las diferentes reformas introducidas con posterioridad acentuaron dicha fortaleza del Poder Ejecutivo frente al Legislativo, basándose en fuertes poderes constitucionales y partidarios. Si bien la última de las reformas tuvo como objetivo teórico la amortización del Poder Ejecutivo, en la práctica, su funcionamiento se acercó más hacia la creencia generalizada de que en realidad se acentuó aún más el dominio del Ejecutivo sobre el Legislativo, reduciéndolo a ser un mero órgano de control y de ratificación de tratados internacionales.

¿Cómo puede entenderse el surgimiento de la diplomacia parlamentaria argentina en un sistema presidencial donde la política exterior es centralizada desde el Poder Ejecutivo y el Poder Legislativo aparecería como un mero organismo de control? ¿La diplomacia parlamentaria no sería más viable para un sistema parlamentario que para uno presidencial?

Los cambios sistémicos y domésticos, como los efectos de la globalización y la interdependencia, la creciente democratización del sistema político y de los órganos públicos, la separación de poderes del Estado, los múltiples canales de comunicación de las sociedades y los cambios en la agenda internacional modificaron las relaciones hacia el interior del Estado, y esto permitió el surgimiento de nuevos actores, que intervienen en forma activa en la política exterior, como es el caso de la diplomacia parlamentaria y del Senado de la Nación en materia de política exterior.

El Poder Legislativo, a través de una diplomacia parlamentaria, participa en la inserción internacional de la Argentina y complementa, en muchos casos, las tareas realizadas por la diplomacia tradicional. Aparece como una actividad novedosa para los países con tradiciones presidencialistas, dado que permite el abordaje de temas desde un ambiente informal. Esto puede colaborar con el Poder Ejecutivo en una etapa estratégica previa a que sea afrontado por la diplomacia tradicional y su metodología. Simultáneamente puede ser un método de control por parte del Legislativo.

Para la Argentina la diplomacia parlamentaria parece ser una actividad nueva en cuanto a su nombre, que comienza a aparecer en la vida parlamentaria con el retorno de la democracia en la década del ochenta, y en la del noventa. A partir de allí, nos encontramos con el despliegue de diferentes técnicas que han cumplido roles diplomáticos, incluyendo a la Comisión de Relaciones Exteriores y Culto, como un posible antecedente de la diplomacia parlamentaria en el Senado de la Nación.

Recientemente, con las transformaciones introducidas en el Senado de la Nación, es posible notar que la Dirección General de Diplomacia Parlamentaria aparece en el marco de las reformas realizadas en la estructura organizacional del Senado, al englobar a todas estas técnicas bajo su área, con una nueva estructura mecanicista compleja, formalista, y con una centralización en esta figura. Sin embargo, como se pudo observar, la diplomacia parlamentaria ya había sido ejercida, primera e históricamente, por medio de la Comisión de Relaciones Exteriores y Culto, que tenía un papel de control de las políticas del Poder Ejecutivo, sin que se la denominara aún de esta manera. De hecho, esta comisión hoy mismo sigue teniendo competencias en relación con las diversas formas de diplomacia parlamentaria, pese a las modificaciones llevadas a cabo en la materia. Cabe destacar que, en muchas de las clasificaciones que mencionamos, se hacía referencia como antecedente y cómo técnica parlamentaria actual a la Comisión de Relaciones Exteriores, y en otras no se la menciona, producto de prácticas consuetudinarias diferentes.

Durante el gobierno del Dr. Raúl Ricardo Alfonsín y el restablecimiento de la democracia, apareció otra interacción de la diplomacia parlamentaria que quedó institucionalizada como práctica parlamentaria argentina en el reglamento de la Cámara de Senadores de la Nación, con el nombre de "relaciones interparlamentarias".

La segunda técnica parlamentaria apareció recién hacia mediados de la década del noventa, luego de la reforma constitucional de 1994. En ese momento surgió lo que conocemos como "grupos de amistad bilateral", que comenzaron a desarrollarse y a institucionalizarse como prácticas parlamentarias en Argentina; desarrollo que se hizo más profundo a partir de los cambios organizacionales de 2016. También la incorporación de esta práctica quedó institucionalizada con la correspondiente modificación del reglamento de la Cámara de Senadores en 1995. Esta actividad resulta ser la más importante de todas, ya que es propia del Parlamento. Su desarrollo fue paulatino, y en sus inicios se constituyeron pocos grupos de amistad, pero recientemente esta técnica está alcanzando cuantitativamente un nivel de esplendor a partir del año 2016, con la formación de más de 30.

Finalmente, los foros de cooperación regional se muestran como otra técnica de la diplomacia parlamentaria más utilizada por el Senado de la Nación. Si bien no se encuentra institucionalizada en el reglamento con ese nombre, sí podríamos incluirla como parte de organismos parlamentarios internacionales. En este sentido, su práctica no sería reciente, ya que estaría contemplada en la primera modificación del reglamento. Dentro de esta categorización, una de las prácticas más antiguas la constituye el PARLATINO, hacia finales de la década del ochenta. Este foro regional resalta la importancia que tuvo y tiene la región latinoamericana como medio de inserción internacional para nuestro país. También aquí se puede incluir al EUROLAT, que, aunque de creación más reciente que el PARLATINO, tomó en los últimos años un impulso renovado como ámbito de discusión de políticas regionales.

Las prácticas relacionadas con la diplomacia parlamentaria en la Argentina retoman una tradición española, tanto en relación con la técnica como con la clasificación de la disciplina; y también son adoptadas, como se pudo ver, por otros Estados latinoamericanos como México y Chile, lo que nos permite hablar de una influencia española en la región en general y en Argentina en particular.

Pese a la preponderancia española, es posible encontrar en la región latinoamericana una impronta propia que se encuentra en pleno desarrollo en el momento de ser escrito este trabajo. Estas nos hablan de una diplomacia parlamentaria focalizada en una serie de interacciones que se encuentra en pleno proceso de crecimiento y expansión, no solo en cuanto a los temas de agenda, sino también en relación con las actividades llevadas a cabo en materia de política exterior por el Parlamento. Las transformaciones organizacionales son producto de intentos de reorganizar la estructura y de hacerla más eficiente. El decreto presidencial 0263/16 introdujo modificaciones sustanciales en la coordinación y el manejo de la diplomacia parlamentaria en el Senado de la Nación, entre ellas, el impulso que recibieron las técnicas diplomáticas parlamentarias, inéditas hasta ese momento.

De esta manera, la diplomacia parlamentaria y sus diversas expresiones se están transformando en un procedimiento recurrente y atractivo por parte del Senado de la Nación para hacer frente a los disensos y a los crecientes desafíos de la comunidad internacional.

Apartado II

Malvinas: una revisión desde los Acuerdos de Madrid hasta 2016

1. Introducción al apartado II

El presente capítulo tiene como principal objetivo realizar una revisión histórica de los principales hechos acaecidos en torno a Malvinas, desde la firma de los Acuerdos de Madrid hasta el año 2016 inclusive. Como se anticipó en la introducción, se tomaron como punto de partida estos acuerdos porque ellos significan el restablecimiento de las relaciones diplomáticas entre los actores partes en el conflicto luego de la guerra de 1982. A partir de allí, se hace necesario realizar un análisis de los diferentes períodos de gobierno que abarcan desde el primer período de Carlos Menem hasta el primer año del gobierno de Mauricio Macri.

La reconstrucción histórica pretende introducirnos en un debate profundo acerca de la evolución del conflicto, que supone el abordaje de variables y dimensiones que van desde las posturas mantenidas por el Reino Unido y Argentina en el marco de la Organización de Naciones Unidas a lo largo de los 37 años, con sus estrategias y principios y las transformaciones sufridas por las diferentes administraciones, hasta la posición adoptada por cada gobierno en la política exterior relacionada con Malvinas.

El punto de partida del presente capítulo lo constituirán algunas reflexiones previas que son de relevancia para el período analizado. Con esto queremos poner en evidencia una serie de consideraciones que se hacen vitales para el análisis de los diferentes períodos. Nos referimos a variables descriptivas de índole histórica que parecen tener cierta continuidad en algunos períodos de las distintas administraciones. Hacemos mención a la multilateralidad planteada a través de Naciones Unidas y los principios allí expuestos, de autodeterminación de los pueblos y de integridad territorial, ambos retomados por el Reino Unido y Argentina respectivamente en su disputa por la soberanía, además de una agenda de temas bilaterales que van desde cuestiones económicas hasta políticas, luego del restablecimiento de las relaciones diplomáticas a fines de los ochenta.

A su vez, consideraremos de vital importancia establecer cuáles fueron los lineamientos de política exterior de cada gobierno relacionados con Malvinas. Para eso tomaremos los discursos de asunción presidencial de cada uno de los presidentes electos y sus correspondientes discursos presidenciales de apertura del primer período de sesiones ordinarias ante la Asamblea Legislativa.

Ambas alocuciones resultan ser fuentes primarias de valor trascendental para el trabajo, ya que tradicionalmente es allí, en esos discursos, donde cada gobierno expone cuáles serán los lineamientos generales de su política exterior; a la vez, no suelen ser utilizadas en la investigación. Por esta anazón nos centraremos particularmente en ellos y los analizaremos en relación con la política exterior de Malvinas. En el caso de los discursos de asunción presidencial, tomaremos las versiones taquigráficas, que van desde la asunción del expresidente De la Rúa hasta el presidente Mauricio Macri. Estos suelen ser tomados como complementarios de los discursos de inauguración del primer período de sesiones ordinarias, ya que puede ser que el primero de ellos no nos aporte información sustancial y debamos recurrir al segundo, o viceversa.

En el caso de que nos encontremos con un segundo mandato, como sucedió con la reelección de Carlos Saúl Menem, en 1995, y con Cristina Fernández de Kirchner, en 2011, expondremos también el discurso a la Honorable Asamblea Legislativa, que nos permitirá ver si hubo una continuidad de los lineamientos de política exterior o si hubo alguna ruptura.

Para finalizar, presentaremos las conclusiones del análisis del material disponible en relación con nuestras consideraciones previas.

2. Consideraciones previas

2.1. Principio de libre determinación de los pueblos y el principio de la integridad territorial

El principio de autodeterminación comenzó a tomar cierta relevancia en el plano internacional a partir de la finalización de la Primera Guerra Mundial y de su inclusión en los catorce principios elaborados por Woodrow Wilson. Previamente no había gozado de trascendencia, aunque cabe resaltar que, con la conformación de las grandes unidades políticas europeas, como el caso de Alemania e Italia, comenzó a tomar cierta notoriedad, pero dentro del ámbito puramente europeo, en vinculación con el surgimiento de las nacionalidades. Sin embargo, dicho principio, por aquel entonces, se enfrentaba a una carencia notoria: no definía el concepto de "pueblo colonial".

Retomando al presidente norteamericano, "el principio de la libre determinación estaba sustentado sobre la concepción de la democracia occidental, cuyo principal elemento era la *soberanía popular*" (Baquedano, 2017: 165). Siguiendo esta concepción wilsoniana, la autodeterminación comprendía el derecho de cada pueblo a elegir su forma de gobierno, la administración de cambios territoriales y la solución de reclamos coloniales. El principio no fue incluido en el acuerdo de la Sociedad de Naciones y tampoco logró un gran impacto en el ámbito internacional.

Finalizada la Segunda Guerra Mundial, y con la creación de Naciones Unidas, fue incorporado a la carta de la organización en el artículo 1.2, cuando se refiere a "fomentar las relaciones de amistad entre las naciones, basadas en el respeto al principio de igualdad de derechos y a la libre determinación de los pueblos" (Naciones Unidas, artículo 1.2). Sin embargo, "al incorporarse sólo como un propósito base de la cooperación internacional, no fueron desarrollados ni los alcances ni las sanciones por su incumplimiento" (Baquedano, 2017: 161); es decir que el principio no estaba desarrollado en profundidad. En cuanto a los territorios dependientes, se plasmó una tipología que diferenciaba dos grados de administración. El primero de ellos, para las colonias de las potencias vencedoras, que serían los territorios no autónomos, y otro de administración fiduciaria.

Luego de la posguerra de la Segunda Guerra Mundial, se le dio un impulso inusitado al proceso de descolonización, aunque cabe resaltar que hacia 1960 todavía se encontraban numerosos territorios bajo este tipo de clasificación. Por ello, a principios de los años sesenta, se elaboró, en el marco institucional de las Naciones Unidas, la Resolución 1514 (XV), conocida como la *Declaración sobre la Concesión de la Independencia de los Países y Pueblos Coloniales,* en la que se sostienen los siguientes siete puntos:

- "La sujeción de pueblos a una subyugación, dominación y explotación extranjera constituye una *denegación de los derechos humanos fundamentales,* contraria a la carta de Naciones Unidas, y compromete la causa de la paz y la cooperación internacional.
- Todos los pueblos tienen *derecho a la libre determinación*; en virtud de este derecho, determinan libremente su condición política y persiguen libremente su desarrollo económico, social y cultural.
- La falta de preparación en el orden político, económico, social y educativo no deberá servir nunca de pretexto para retrasar la independencia.
- A fin de que los pueblos dependientes puedan ejercer pacífica y libremente su derecho a la independencia

completa, deberá cesar toda acción armada o toda medida represiva de cualquier índole dirigida contra ellos, y *deberá respetarse la integridad de su territorio nacional.*

- En los territorios en fideicomiso y no autónomos y en todos los demás territorios que no han logrado aún su independencia, deberán tomarse inmediatamente medidas para traspasar todos los poderes a sus pueblos, sin condiciones ni reservas, en conformidad con su voluntad y sus deseos libremente expresados, y sin distinción de raza, credo ni color, para permitirles gozar de una libertad y una independencia absolutas.
- Todo intento encaminado a quebrantar total o parcialmente la unidad nacional y la integridad territorial de un país es incompatible con los propósitos y principios de la Carta de Naciones Unidas.
- Todos los Estados deberán observar fiel y estrictamente las disposiciones de la Carta de Naciones Unidas, de la Declaración Universal de Derechos Humanos y de la presente declaración sobre la base de la igualdad, de la no intervención en los asuntos internos de los demás Estados y del respeto de los derechos soberanos de todos los pueblos y de su integridad territorial" (Naciones Unidas, 1960: 71).
- La Resolución 1514 (XV) transcurre en un contexto internacional que tiene como epicentro el proceso de descolonización iniciado hacia principios de la década de 1960. Esta primera resolución nos brinda una serie de pautas que son de capital importancia para el análisis del presente capítulo. La dominación y la explotación extranjera se vinculan como norma en contrario de los derechos humanos, lo cual va en contra de los principios de la carta que el organismo pregonaba. La libre determinación es un derecho de los pueblos, y son ellos, bajo su libre determinación, los que deben darse un desarrollo económico, social y cultural.

De esta manera, el principio de autodeterminación de los pueblos se instauraba como una norma jurídica internacional. Sin embargo, la falencia de la resolución residía en que continuaba sin definir con claridad la noción de "pueblo colonial". Sin la definición precisa de este concepto, quedaba sin resolverse un punto neurálgico de la cuestión. Es por esta razón por la que las Naciones Unidas decidieron complementar la resolución anterior con la Resolución 1.541 (XV) de la Asamblea General del organismo. En ella, se define a un pueblo colonial como

> aquel que no ha alcanzado la plenitud de gobierno propio pero se encuentra en progreso hacia ese objetivo, que habita en un territorio que está separado geográficamente del país que lo administra y es distinto de este en sus aspectos étnicos o culturales, sin perjuicio de poder tener en cuenta otros elementos, de carácter administrativo, político, económico o histórico, susceptibles de influir en las relaciones entre la metrópoli y el territorio, y reflejar que este se encuentra colocado arbitrariamente en una situación de subordinación (Diez de Velasco Vallejo, 1999: 243).

Las resoluciones expuestas hasta aquí nos brindan un panorama contextual en el cual se desarrollaron posturas y acontecimientos que tuvieron incidencia en el período que analizaremos. "Ambas resoluciones pusieron en un primer plano el principio de la autodeterminación y su alcance, como un derecho de los pueblos y no de los Estados" (Pezzano, 2017: 139), que fue retomado por el Reino Unido en el Comité de Descolonización de las Naciones Unidas. Pese a un pequeño intervalo que va del año 1966 a 1973 aproximadamente, la postura del Reino Unido ha sido reiterativa y permanente, y se sustentó en el principio de la autodeterminación de los pueblos.

Argentina, por su parte, sustentó y sustenta su postura referente a Malvinas sobre el principio opuesto, basado en la integridad territorial, aspecto que también está contemplado en la Resolución 1514 (XV). Allí se sostiene que todo intento de quebrantar la unidad nacional o la integridad territorial será considerado contrario a los propósitos y principios de la Carta de Naciones Unidas. El concepto de "pueblo" toma un cariz distinto en cada uno de estos principios. Para dilucidar lo mencionado, expondremos las palabras que el delegado ecuatoriano formuló en relación con Malvinas en el Subcomité III del Comité Especial:

> La soberanía no le pertenece al Estado administrador, está suspendida hasta el momento que se cumpla una condición: la de dar a esos pueblos el Gobierno propio. ¿Cuál es el pueblo en el caso de las Malvinas; existió una población originaria como la africana? ¡No! Lo que existe allí no es una población originaria, un pueblo dueño del territorio, pero que todavía no puede ejercerla porque no ha alcanzado el Gobierno propio. Lo que existe en Malvinas es un trasplante de artificial de población que no tiene derecho a autodeterminarse porque solo puede autodeterminarse el pueblo propio del territorio, como en el África y en algunas otras colonias, pero no en el caso de Malvinas en donde la población originaria no existió (intervención del delegado del Ecuador en el Subcomité III del Comité Especial, Nueva York, 1964) (Lanús, 1984: 459-460).

Tal como señala la exposición del delegado ecuatoriano, las Islas Malvinas no poseían una población autóctona, sino que esta fue trasplantada artificialmente, lo cual fue llevado a cabo mediante un acto de fuerza. Por lo tanto, en este caso no podría aplicarse el principio de autodeterminación de los pueblos, y sí el de integridad territorial.

Es en este marco multilateral donde se sentaron precedentes que nos interesan a los fines de describir y de explicar el período en cuestión del presente capítulo. La exposición del tema de Malvinas en el marco de Naciones Unidas se llevó a cabo hacia 1964 por el Subcomité III. Ambos actores partes en la controversia tenían diferentes posiciones. Argentina quería que Naciones Unidas invitara a las partes a mantener conversaciones sobre el diferendo, mientras que el Reino Unido prefería realizarlo en un marco bilateral y no multilateral, para evitar su difusión, a la vez que declaró la postura de Argentina como anexionista y negó las competencias del Subcomité III y Especial en torno al tema de Malvinas.

El embajador argentino en el organismo, José María Ruda, expuso lo que sería considerado el primer gran alegato en torno a la controversia. El discurso resultó ser bastante prolongado, pero expuso los principales puntos argumentales en la posición argentina frente a Malvinas de la siguiente manera:

- Gran Bretaña se encontraba en Malvinas por un *acto de fuerza*, pues nunca había poseído la totalidad de los archipiélagos antes de 1833.
- Las islas fueron descubiertas por navegantes españoles.
- En 1749, cuando Gran Bretaña envió la primera expedición, las Islas Malvinas no podían considerarse *res nullius* (cosa de nadie), pues pertenecían a España.
- El gobierno español nombró numerosos y sucesivos gobernadores de las islas entre 1774 y 1811.
- La Argentina tomó posesión de las Islas como heredera de España; y en 1823, el gobierno de Buenos Aires designó como gobernador allí a don Pablo Areguati.
- En 1828 se dictó un decreto otorgado en las Malvinas, siendo una concesión a Don Luis Vernet.
- El tratado de amistad, comercio y navegación de febrero de 1825 suscrito entre la Argentina y Gran Bretaña, no contiene ninguna reserva de este país sobre las Malvinas.
- El 10 de junio de 1829 se creó la comandancia política y militar de las Islas Malvinas, y para ejercerla se designó a Luis Vernet.
- El 3 de enero de 1833 la corbeta *Clio* se presentó en Puerto Soledad y desalojó al destacamento argentino haciendo "responsable a Gran Bretaña por el desalojo y

de la violación de los respetos debidos a la República...". Al año siguiente, ocuparon todo el archipiélago.
- Este ha sido un acto de fuerza "arbitrario y unilateral". La República Argentina ha reiterado su propuesta frente al acto de fuerza y a la ocupación ilegal (Lanús, 1984: 461).

El planteo argentino resulta vital, no solo por constituirse como el primer gran alegato con respecto a Malvinas, sino porque presenta la posición argentina en torno a la controversia. "El debate en el subcomité puso en evidencia la oposición entre dos grandes principios: el de autodeterminación de la población y el de integridad territorial, principios ambos que transitarán permanentemente el debate argentino-británico sobre la soberanía de las islas" (Lanús, 1984: 461).

Este fue el punto de partida para que el subcomité realizara un informe, en el que sostuvo que había una disputa de soberanía no resuelta e instaba a las partes a que comenzaran negociaciones e informes de los avances al Comité Especial dentro de lo planteado por la Resolución 1514 (XV).

El informe pasó al Comité Especial. El desarrollo de la problemática hacia 1964 nos mostraba dos actores partes que tenían diferentes posiciones, como ya fue señalado más arriba. Lo cierto es que, hacia finales de ese año, se aprobó por unanimidad la propuesta a negociar, con la abstención del Reino Unido en la votación. El asunto pasó a la IV Comisión de la XX Asamblea General del organismo, con competencia sobre la cuestión colonial.

Dentro de la IV Comisión, se produjo otro aporte sustancial al ya dado por José María Ruda, que contribuyó con nuevos datos provenientes de fuentes británicas y elementos esenciales de valoraciones históricas:

> La República Argentina jamás ha considerado a las Islas Malvinas como un territorio colonial. Las ha considerado y las

> considera como una colonia establecida por Inglaterra en un territorio usurpado, que pertenece a la República Argentina. [...] el distinguido representante del Reino Unido leyó un mensaje dirigido por los miembros del Consejo Legislativo de las Islas Malvinas al señor Presidente del Comité de los 24, en el que dice textualmente lo siguiente: "Estamos orgullosos de ser ciudadanos de esta colonia británica...queremos conservar y aumentar el lazo que nos une con el Reino Unido...". Firman los miembros electivos del Consejo Legislativo del Reino Unido que son [...] exactamente cuatro personas. De donde, por un lado, el gobierno del Reino Unido, en cumplimiento de las disposiciones de la Carta de las Naciones Unidas y de la Resolución 1514 (XV) ha sometido, de hecho, velis nolis, la cuestión de la descolonización de las Islas Malvinas a la Asamblea de Naciones Unidas, por otro lado, el mismo gobierno británico ha hecho conocer al Comité la negativa de los pobladores a descolonizarse.
> La República Argentina ha sido siempre una celosa defensora del principio de autodeterminación de los pueblos [...] pero en este caso, en las Islas Malvinas, no hay pueblo que pueda autodeterminarse (intervención del delegado argentino, doctor Bonifacio del Carril, ante la Asamblea General, Nueva York, 9 de noviembre de 1965) (Lanús, 1984: 463).

Durante el mismo mes, la delegación argentina decidió presentar un proyecto de resolución -buscando el apoyo mayoritariamente de países africanos y latinoamericanos- que tuviera en consideración las recomendaciones que previamente había realizado el Comité Especial. Ese mismo año, se puso en consideración por parte de la Asamblea General el informe de la IV Comisión, que hacía referencia a Malvinas. Así fue aprobada la primera resolución en torno a Malvinas, que conocemos con el nombre de Resolución 2065 (XX):

> Resolución 2065 (XX). Cuestión de las Islas Malvinas (Falkland Islands)
> La Asamblea General,
> Habiendo examinado la cuestión de las Islas Malvinas (Falkland Islands), teniendo en cuenta los capítulos de los infor-

> mes del Comité Especial encargado de examinar la situación con respecto a la aplicación de los Derechos sobre la concesión de la independencia a los países y los pueblos coloniales concernientes a las Islas Malvinas (A/5800/Rev. 1 cap. XXIII, A/6000/Rev. 1. Cap XXII) y en particular las conclusiones y recomendaciones aprobadas por el mismo relativas a dicho territorio,
> Considerando que su Resolución 1514 (XV) del 14 de diciembre de 1960 se inspiró en el anhelado propósito de poner fin al colonialismo en todas partes y en todas sus formas, en una de las cuales se encuadra el caso de las Islas Malvinas (Falkland Islands),
> Tomando nota de la existencia de una disputa entre los Gobiernos de la Argentina y del Reino Unido de Gran Bretaña e Irlanda del Norte acerca de la soberanía sobre dichas islas,
> Invita a los Gobiernos de la Argentina y del Reino Unido de Gran Bretaña e Irlanda del Norte a proseguir sin demora las negociaciones recomendadas por el Comité Especial encargado de examinar la situación con respecto a la aplicación de la Declaración sobre la concesión de la independencia a los países y pueblos coloniales a fin de encontrar una solución pacífica al problema, teniendo debidamente en cuenta las disposiciones y los objetivos de la Carta de las Naciones Unidas y de la Resolución 1514 (XV) de la Asamblea General, así como los intereses de la población de las Islas Malvinas (Falkland Islands).
> Pide a ambos gobiernos que informen al Comité Especial y a la Asamblea General en el vigésimo primer período de sesiones, sobre el resultado de las negociaciones (1938 sesión plenaria, 16 de diciembre de 1965).

¿Por qué resulta de tanta importancia la Resolución 2065 (XX) de Malvinas? En primer lugar, porque en ella se reconoce que hay una controversia no resuelta en términos de soberanía, y acepta la disputa como una situación colonial. En segundo lugar, se hace pública (precisamente en contra de los designios de los británicos) la controversia y se establecen negociaciones en el ámbito multilateral, que eran los objetivos primarios de la delegación argentina. Y, finalmente, "no se reconoció expresamente la existencia de un pueblo titular del derecho a la libre determinación, sino que se refirió a la población del territorio" (Pezzano, 2017: 143).

Un año después de aprobada la Resolución 2065, dentro de la ONU se produjo un acontecimiento importante, que nos aporta una información poco conocida y relevante: la misión del Reino Unido en el organismo recibió instrucciones de aprobar el texto del consenso de la IV Comisión, el cual se ratificó el mismo año y dice lo siguiente:

> Con referencia a la Resolución 2065 (XX) de la Asamblea General el 16 de diciembre de 1965, relativa a la cuestión de las Islas Malvinas (Falkand Islands), la Cuarta Comisión tomó nota de las comunicaciones de la fecha del 12 de diciembre de 1966, enviadas a la Argentina y el Reino Unido de la Gran Bretaña e Irlanda del Norte (A/C 4/682 y A/C.4/683). En relación con este tema la Comisión llegó a un consenso a favor de que se instara a las partes a que continuaran las negociaciones con objeto de lograr lo antes posible una solución pacífica del problema y a que mantuvieran debidamente informados al Comité Especial encargado de examinar la situación con respecto a la aplicación de la Declaración sobre la concesión de la independencia de los países y pueblos coloniales y a la Asamblea General acerca de la marcha de las negociaciones sobre esta situación colonial, cuya eliminación interesa a las Naciones Unidas dentro del marco de la Resolución 1514 (XV) de la Asamblea General, de fecha 14 de diciembre de 1960 (Lanús, 1984: 465).
>
> El texto del consenso de 1966 fue aprobado por unanimidad, y por primera vez Gran Bretaña apoyaba una iniciativa sobre Malvinas en Naciones Unidas; por otro lado, representó un paso muy importante para la Argentina, pues en esta oportunidad, el Reino Unido aceptó que la cuestión de las Malvinas era una "situación colonial cuya eliminación interesaba a Naciones Unidas" (Lanús, 1984: 466).

Hasta aquí se han planteado lo que han sido las dos grandes posiciones de los Estados partes en la controversia. Por un lado, tenemos al Reino Unido de Gran Bretaña e

Irlanda del Norte, que tiene una posición basada en la libre autodeterminación de los pueblos sustentada sobre la Resolución 1514 (XV), que señala que estos deben elegir libremente su condición política, así como perseguir su desarrollo económico, social y cultural. Por otro lado, Argentina sostiene el principio de integridad territorial que también se encuentra en la Resolución 1514 (XV). La controversia se dimensiona a través del concepto de "pueblo colonial", el cual ya fue definido en la Resolución 1.541 (XV) y en el caso de Malvinas carecería de aplicación, porque no habría una población originaria que pudiera emanciparse, sino que habría un trasplante de población realizado mediante un acto de fuerza, arbitrario y unilateral.

Estos puntos fueron de suma importancia luego del restablecimiento de las relaciones diplomáticas entre ambos países. A modo de introducción al período objeto de análisis, veremos cuál ha sido el curso de acción que adoptó el primer gobierno democrático –del Dr. Raúl Alfonsín– en materia de Malvinas, para poder interpretar adecuadamente si hay rupturas o continuidades que se hayan mostrado en política exterior antes y luego de dicho restablecimiento de las relaciones, y el estado de la cuestión.

2.2. El restablecimiento de la democracia y los Acuerdos de Madrid

La política exterior del gobierno radical ocupó un lugar prioritario en su administración. Luego de la guerra de Malvinas, y de más de siete años de gobiernos de facto, había que reinsertar a la Argentina en el sistema internacional. De esta manera, "Alfonsín se abocó desde el primer momento a cerrar el conflicto de límites con Chile. Esto le permitiría eliminar una hipótesis de conflicto" (Sáenz Quesada, 2006: 685). A su vez, la reciente guerra de Malvinas obligaba a tomar un nuevo curso de acción en el plano internacional de la Guerra Fría. En este contexto, Alfonsín llevó a cabo su discurso presidencial de apertura de sesiones ordinarias ante la Honorable Asamblea Legislativa el 1.º de mayo de 1984. Allí expuso las siguientes palabras en torno a estos temas.

> El reiterado principio de solución pacífica de las controversias ha sido puesto en práctica respecto de dos situaciones heredadas del régimen pasado: es decir, la cuestión del Beagle y la de nuestras Islas Malvinas, Georgias del Sur y Sandwich del Sur.
> La controversia con Chile sobre la zona austral, que desde hace muchos años impide concretar los anhelos de paz y cooperación con la vecina república, ha sido encarada por el Poder Ejecutivo teniendo en cuenta dos aspectos fundamentales:
> En primer lugar, la convicción de que la actual negociación diplomática, conducida bajo los auspicios de Su Santidad Juan Pablo II, es el mecanismo pacífico más apto para llegar rápidamente a un arreglo satisfactorio. Si nos apartáramos de ese camino se mantendría latente una posibilidad de conflicto con su secuela de incidentes, interpretaciones negativas y fermentos belicistas que solo perjudicarían la consolidación de la tranquilidad interior.
> La posibilidad de conflicto es incompatible con el propósito de afianzar nuestras relaciones con las repúblicas de Latinoamérica y contraria a la seguridad de una región cuyo desarrollo pacífico es indispensable para lograr una creciente y efectiva irradiación de nuestra acción en todo el continente.
> En segundo lugar, el Poder Ejecutivo desea informar a vuestra honorabilidad que las conversaciones e intercambios que a partir del día 23 de enero de este año han tenido lugar entre nuestros delegados y los de la representación chilena, así como los que se han venido manteniendo con los integrantes de la oficina para la mediación, nos permiten decir que las esperanzas de arribar a una pronta solución del centenario diferendo se ven alentadas por el contenido de las últimas conversaciones y el ánimo constructivo que hemos hallado en las autoridades de la Santa Sede.
> De no surgir inconvenientes, podremos llegar a un tratado que refleje de manera justa y razonable las aspiraciones del pueblo de la República, proteja nuestros intereses permanentes y cumpla con los objetivos que se han trazado en sus

> respectivas plataformas la mayoría de los partidos políticos representado en el Honorable Congreso que en definitiva deberá decidir al respecto.
> En lo referente a Malvinas, nuestra posición es terminante: no cejaremos por un instante en bregar por la plena recuperación de nuestros derechos sobre ellas, así como las Georgias del Sur y los archipiélagos de las islas Sandwich del Sur. Que no haya duda alguna: no nos apartaremos de este camino.
> Pero también afirmamos con igual claridad que la política internacional de la democracia argentina se basa, como ya lo expresamos, en el principio de la solución pacífica de los conflictos entre las naciones y el respeto en esta materia específica a las decisiones de la Asamblea General de las Naciones Unidas.
> Aspiramos a que en ese contexto se superen las distancias que nos separan de la Gran Bretaña. Esperamos del gobierno británico un reconocimiento del espíritu que impulsa nuestra acción y la expresión de una voluntad igualmente amplia de solucionar este conflicto (Alfonsín, 1984: 136-137).

El mensaje del presidente nos permite ver con claridad que la reconstrucción de la política exterior y la imagen externa del Estado argentino toman un lugar primordial. Tan es así, que resaltaba la tradición pacifista argentina en materia externa. Se quiso continuar en esa línea histórica mediante la resolución pacífica de dos controversias pendientes que afectaron la imagen pacifista y la transformaron en belicista con dos asuntos que no pudieron ser resueltos: el del Beagle y el de las Islas Malvinas.

En relación con estos últimos, la estrategia desplegada por el gobierno radical fue bastante clara en el discurso presidencial: recuperación de los derechos sobre las islas mediante la solución pacífica y el respecto a las decisiones de la Asamblea General de las Naciones Unidas en el ámbito multilateral de las relaciones internacionales. "Frustrada la Conferencia de Berna de 1984, donde el Reino Unido mostró una posición intransigente hacia cualquier negociación que incluyera la soberanía de las islas, la estrategia argentina pasó de ser bilateral a multilateral" (Cari, 1999: 4).

En ese contexto multilateral, se realizaron diversas presentaciones en foros internacionales tales como la Organización de Estados Americanos (OEA), grupos de No Alineados y Naciones Unidas. Un dato que no se puede pasar por alto en este punto se refiere a "la necesidad de impulsar un camino diplomático alternativo, que mantuviera mínimamente las negociaciones, al sugerir la *fórmula del paraguas*[1] de la soberanía" (Cari, 1999: 5), que permitía el abordaje de otros temas esenciales, como la explotación de los recursos ictícolas e hidrocarburíferos, que requerían de una resolución.

Volviendo sobre el ámbito multilateral, a lo largo del periodo que va de 1983 a 1989, las presentaciones más trascendentales se hicieron en el marco de las Naciones Unidas.

Allí, el encargado de examinar la situación con respecto de la aplicación de la Declaración sobre Concesiones de la Independencia a los Países y Pueblos Coloniales era el Comité Especial. Si se observa cada uno de los documentos anuales emitidos por dicho comité en ese período, es posible ver, en la mayoría de ellos, puntos en común. A tal fin presentaremos, a modo de ejemplo, la resolución aprobada por el Comité Especial en su 1308.º de la sesión celebrada el 14 de agosto de 1986.

Allí el Comité Especial, luego de haber examinado la cuestión de las Islas Malvinas en detenimiento, resolvió:

NACIONES UNIDAS
ASAMBLEA GENERAL
LIMITADA
A/AC.109/885
14 de agosto 1986
COMITÉ ESPECIAL ENCARGADO DE EXAMINAR LA

---

1 Se hacía referencia a este concepto cuando se abordaban temas de la agenda política y económica bilateral, sin hacer referencia a la cuestión de la soberanía.

SITUACIÓN CON RESPECTO A LA APLICACIÓN DE LA DECLARACIÓN SOBRE LA CONCESIÓN DE LA INDEPENDENCIA A LOS PAÍSES Y PUEBLOS COLONIALES

CUESTION DE LAS ISLAS MALVINAS (FALKLAND)

Resolución aprobada por el Comité Especial en su 1308a. sesión, celebrada el 14 de agosto de 1986

El Comité Especial,

Habiendo examinado la cuestión de las Islas Malvinas (Falkland),

Consciente de que el mantenimiento de situaciones coloniales es incompatible con el ideal de paz universal de las Naciones Unidas,

Recordando las resoluciones 1514 (XV) de 14 de diciembre de 1960, 2065 (XX) de 16 de diciembre de 1965, 3160 (XXVIII) de 14 de diciembre de 1973, 31/49 de 1° de diciembre de 1976, 37/9 de 4 de noviembre de 1982, 38/12 de 16 de noviembre de 1983, 39/6 de 1ª de noviembre de 1984 y 40/21 de 27 de noviembre de 1985 de la Asamblea General y sus resoluciones A/AC.109/756 de 1ª de septiembre de 1983, A/AC.109/793 de 20 de agosto de 1984 y A/AC.109/842 de 9 de agosto de 1985 y las resoluciones 502 (1982) de 3 de abril de 1982 y 505 (1982) de 26 de mayo de 1982 del Consejo de Seguridad,

Lamentando que, no obstante, el tiempo transcurrido desde la adopción de la resolución 2065 (XX), esta prolongada disputa aún no ha sido resuelta,

Consciente del interés de la comunidad internacional en que los Gobiernos de la República Argentina y del Reino Unido de Gran Bretaña e Irlanda del Norte reanuden sus negociaciones a fin de encontrar a la brevedad una solución pacífica, justa y definitiva a la disputa de soberanía sobre la cuestión de las Islas Malvinas (FALKLANDS),

Reafirmando los principios de la Carta de las Naciones unidas sobre el no uso de la fuerza o la amenaza del uso de la fuerza en las relaciones internacionales y la solución pacífica de las controversias internacionales,

Destacando la importancia de que el Secretario General continúe sus esfuerzos a fin de dar cabal cumplimiento a la misión que le fuera encomendada por la Asamblea General en sus resoluciones sobre la cuestión de las Islas Malvinas (FAKLAND),

Reafirmando la necesidad de que las partes tengan debidamente en cuenta los intereses de la población de dichas islas de conformidad por lo establecido por la Asamblea General en las resoluciones sobre la cuestión de las Malvinas (FALKLAND),

1. Reitera que la manera de poner fin a la especial y particular situación de las Islas Malvinas (Falkland) es la solución pacífica y negociada de la disputa de soberanía que existe entre los Gobiernos de la República Argentina y del Reino Unido de Gran Bretaña e Irlanda del Norte;

2. Toma nota con satisfacción de que el Gobierno de la República Argentina ha reiterado su intención de cumplir las resoluciones de la Asamblea General referidas a la cuestión de las Islas Malvinas (Falkland),

3. Lamenta que, a pesar de ese hecho y del amplio respaldo internacional a una negociación global entre los Gobiernos de la República Argentina y del Reino Unido de Gran Bretaña e Irlanda del Norte que incluya todos los aspectos sobre el futuro de las Islas Malvinas (Falkland), aun no ha comenzado la implementación de las resoluciones de la Asamblea General sobre esta cuestión,

4. Insta a los Gobiernos de la República Argentina y del Reino Unido de Gran Bretaña e Irlanda del Norte a que reanuden las negociaciones a fin de encontrar a la mayor brevedad posible una solución pacífica a la disputa de soberanía en la cuestión de las Islas Malvinas (Falkland), de conformidad con lo establecido por las resoluciones 2065(XX), (XXVIII), 31/49, 37/9, 38/12, 39/6 Y 40/21 de la Asamblea General;

5. Reitera su firme apoyo a la misión renovada de buenos oficios emprendida por el Secretario General a fin de asistir a las partes en el cumplimiento de lo solicitado por la Asamblea General en las resoluciones sobre la cuestión de las Islas Malvinas (Falkland);

6. Decide mantener en examen la "cuestión de las Islas Malvinas (Falkland)" con sujeción a las directivas que pueda dar a ese respecto la Asamblea General en su cuadragésimo primer período de sesiones.

En el marco de las Naciones Unidas, no se produjo ningún avance notorio durante el período de Alfonsín. Todas las resoluciones que se presentaron (una por cada año de mandato, es decir, seis en total) por parte del Comité Especial exhibieron la misma fisonomía anterior, basada en seis puntos, de los cuales los más relevantes hacen referencia a la *situación colonial de Malvinas y a la reanudación de las negociaciones para la solución pacífica de las controversias.* Un punto a tomar en cuenta para este período, que tendría importancia durante los primeros años de la administración Menem por su nivel de conflictividad y tensión, se refiere a la explotación de los recursos ictícolas. Hacia mediados de la década del ochenta,

> el gobierno de Alfonsín firmó acuerdos pesqueros con la Unión Soviética y Bulgaria, lo que dio lugar al surgimiento de nuevas tensiones bilaterales, que tuvieron su pico máximo con el establecimiento, por parte de los *kelpers,* de una zona de conservación y administración pesquera (González, 2007: 5-6).

Otro punto que remarcar y que constituyó un impedimento para lograr un acercamiento o entendimiento para temas conjuntos es que -luego de la guerra de Malvinas y durante la década del ochenta- no hubo relaciones diplomáticas oficiales entre Argentina y el Reino Unido de Gran Bretaña e Irlanda del Norte, lo cual privó de la posibilidad de tener contactos bilaterales que pudieran acelerar acuerdos de cooperación que produjeran una especie de derrame en otras áreas de interés. Esa tarea la corresponderá a la diplomacia del gobierno de Carlos Saúl Menem.

3. Los Acuerdos de Madrid y el gobierno de Carlos Menem

Hacia fines de octubre de 1989, se produjo el primero de los dos encuentros en Madrid que traerían la consagración de una nueva relación con el Reino Unido: los denominados Acuerdos de Madrid, que fueron el puntapié inicial del restablecimiento de las relaciones diplomáticas entre Argentina y Gran Bretaña luego del conflicto bélico de 1982.

La primera ronda de negociaciones se llevó a cabo en octubre de 1989. Los temas por tratar se habían acordado en una reunión previa en Nueva York y fueron los siguientes:

- Declaraciones iniciales.
- Fórmula sobre la soberanía.
- Organización de los trabajos.
- Relaciones argentino-británicas (aquí se incluía el futuro de las relaciones diplomáticas y consulares).

Dentro del restablecimiento de las relaciones diplomáticas, se incluyeron una serie de temas, entre los que cabe mencionar los siguientes:

- Medidas para fomentar la confianza y evitar incidentes en la esfera militar.
- Relaciones comerciales y financieras.
- Comunicaciones aéreas y marítimas.
- Conservación de la pesca y futura cooperación sobre pesquerías.
- Contactos entre las Islas Malvinas y el territorio continental.
- Relaciones científicas, culturales y deportivas.
- Otros asuntos bilaterales (Acuerdos de Madrid, 1989: 1).

Hay tres puntos que ameritan un especial análisis. El primero implicó un avance sustancial en lo relativo al restablecimiento de las relaciones diplomáticas entre ambos

Estados parte en la controversia, que permitió una ampliación de los temas de la agenda bilateral incluidos en los puntos que van desde las medidas para fomentar la confianza y evitar incidentes en la esfera militar hasta otros asuntos bilaterales.

El segundo plantea que

> ambos Estados parte reafirman su compromiso de respetar los principios constitutivos de la Carta de Naciones Unidas, aunque subraya dos aspectos en particular: la obligación de solucionar la controversia por medios pacíficos y la abstención de recurrir a la amenaza o al uso de la fuerza (Acuerdos de Madrid, 1989: 2).

Finalmente, se dejó sentado por escrito que los acuerdos no implicaban un cambio en la posición mantenida por cada uno de los actores; en el caso de Argentina, su reclamo soberano sobre las islas, y, por parte de Gran Bretaña, un cambio de soberanía o jurisdicción territorial.

Con relación al resto de los temas de la agenda, como, por ejemplo, la conservación de la pesca y la cooperación pesquera, o las comunicaciones aéreas y marítimas, se intercambiaron opiniones, se expusieron posiciones y se establecieron grupos de trabajo a los fines de continuar con el diálogo. Hacia principios de febrero de 1990, tuvo lugar el segundo encuentro entre ambas delegaciones. Entre los temas que tratar, se destacan la apertura de embajadas –procedimiento realizado mediante la normativa internacional– y la decisión por parte de Gran Bretaña de dejar sin efecto la zona de protección establecida alrededor de las Islas Malvinas (Falklands).

Otros temas que se agregaron a la agenda preestablecida fueron información recíproca sobre movimientos militares, sistema transitorio de información y consultas recíprocas, y búsqueda y salvamento marítimo, entre otros. El primer discurso del presidente Menem frente a la Honorable Asamblea Legislativa, pronunciado el 1.º de marzo de 1990, puso de manifiesto la orientación que tendría su gobierno en lo relacionado con la cuestión Malvinas:

> La creciente mejora en la atmósfera internacional y las profundas transformaciones en importantes regiones del mundo, contribuyen a crear un contexto exterior lleno de desafíos y posibilidades para la Argentina.
> Para que podamos aprovechar plenamente el rico potencial de ese marco internacional, es imprescindible alejar los riesgos de conflicto con otros países, fortalecer nuestra credibilidad frente al mundo, y encarar con decisiones la solución del angustiante y prioritario problema económico.
> Nuestros objetivos de política exterior son simples y muy concretos.
> Deseamos avanzar en la solución de las controversias en las que somos partes.
> Deseamos profundizar nuestra amistad con todos los países.
> Y deseamos ampliar los horizontes de nuestro comercio y cooperación con el continente americano, Europa y el resto del mundo.
> Tal cual lo anuncié en mi mensaje inaugural ante esta misma Honorable Asamblea, nuestros derechos soberanos sobre las Islas Malvinas, Georgias del Sur y Sandwich del Sur, son el tema prioritario, la causa más importante de nuestra política exterior.
> Los objetivos básicos de nuestras acciones consistieron en reiniciar el diálogo constructivo con el gobierno británico, con miras a la recreación de un marco bilateral que aliente la amistad y la cooperación entre ambos países, y que en el futuro nos permita solucionar la paz y mediante negociaciones la disputa territorial.
> Esta política fructificó en los entendimientos alcanzados en la reunión sustantiva de negociación, celebrada en Madrid el 14 y 15 de febrero pasados[2].
> La declaración conjunta emitida en esta oportunidad sirvió de base para acuerdos y medidas de variada naturaleza, destinados a poner nuevamente en marcha, sobre las bases

2 (N. del A.). Hace referencia al año 1990.

> firmes y en un marco de confianza mutua, la relación entre la Argentina y el Reino Unido.
> Al mismo tiempo, a través del denominado "paraguas de soberanía", se aseguró la preservación de los irrenunciables derechos de nuestro país sobre los territorios en disputa.
> Esos derechos permanecen intactos, en reserva hasta el día en que ambos gobiernos puedan iniciar la búsqueda de una solución duradera en esta materia (Menem, 1990: 22-23).

El comienzo del discurso del presidente Menem hace referencia al contexto internacional de transformaciones producto de la finalización de la contienda entre el este y el oeste, que requería como condición primordial el abandono de posibles hipótesis de conflicto. Así fue como el proceso iniciado por Raúl Alfonsín encontró un aspecto que fue continuado por Carlos Menem. Sin embargo, pese a estos aspectos de continuidad en las políticas exteriores de ambas administraciones, es posible encontrarnos con rupturas que explicaremos más adelante.

Las explicaciones contextuales presentan una serie de factores multicausales.

> El primero de ellos es el proceso de democratización regional generalizado a partir de los años ochenta. La transición de regímenes de facto hacia regímenes democráticos presidencialistas implicó un cambio desde una *paz negativa hacia una paz estable*[3] y una multiplicación de la cooperación a nivel regional (Kacowicz, 1996: 4).

Consecuencia de lo anterior es la formación de bloques económicos regionales, como modo de profundización de

3 El autor asocia el concepto de "paz negativa" con el hecho de que diversos Estados, activa o pasivamente, se han mostrado satisfechos con el statu quo territorial, lo que se vio favorecido por la presencia de varios Estados fuertes y ciertas democracias; una base cultural común traducida en un consensus normativo. Por otra parte, la paz estable es producto de una democratización regional que ha aumentado la interdependencia económica y la integración económica y política, que lleva la posibilidad de una guerra internacional a un estadio inverosímil.

los lazos de integración y la búsqueda de un desarrollo económico como productores de materia prima. La finalización de la confrontación de la Guerra Fría[4] y el triunfo del liberalismo político y económico allanaron el camino para reducir los niveles de conflictividad regional, propiciar un contexto adecuado para la resolución de controversias pendientes y avanzar en la generación de una inserción internacional que diversificara los vínculos externos. Al poner en evidencia esta nueva coyuntura internacional, los dos discursos presidenciales (el de Alfonsín y el de Menem) hicieron énfasis en la necesidad de no ser vistos como una posible hipótesis de conflicto regional, y en la de resolver controversias internacionales siguiendo la tradición diplomática regional sustentada sobre tres normas cardinales: "1) solución pacífica de controversias 2) principio de no intervención y mutuo respeto de la soberanía; y 3) convivencia y coexistencia pacífica de controversias[5]" (Kacowicz, 1996: 6).

Si bien el discurso de Alfonsín difiere de las palabras de Menem, está teñido de una atmósfera internacional que permite percibir las transformaciones enunciadas con anterioridad. Quizás el discurso de Menem goce de mayor notoriedad en cuanto a que algunas modificaciones son posibles de visualizar más claramente en el contexto internacional durante su administración, como podrían ser la finalización de la confrontación entre este y oeste y la caída del Muro de Berlín, a diferencia del discurso del presidente radical, que data de mediados de la década del ochenta.

---

4 En el presente trabajo, seguimos la línea de John Spanier en su obra *La política exterior norteamericana a partir de la Segunda Guerra Mundial*, 1991, 1.º edición, que sostiene que "*guerra*" significaba que la rivalidad norteamericana soviética era grave, y "fría" aludía al hecho de que las armas nucleares eran tan abiertamente destructivas, que la guerra no se podía llevar a cabo con armas "calientes" (nucleares), sino solo con armas "frías" (que incluían el uso de la fuerza convencional limitada, pero no fuerza nuclear).

5 En este punto nos diferenciamos del autor Arie Kacowicz, que sostiene que hay cuatro normas cardinales en América del Sur.

En este sentido, mientras que Alfonsín plantea una estrategia en el ámbito multilateral de las Naciones Unidas y otros organismos regionales tras el fracaso en la conferencia de Berna, el gobierno de Menem subraya la importancia de la firma de los Acuerdos de Madrid y el restablecimiento de las relaciones diplomáticas, con la utilización del llamado "paraguas de la soberanía", y lo resalta en su primer mensaje a la Asamblea Legislativa. Los acercamientos manifestados en el plano bilateral mediante los Acuerdos de Madrid no presumieron que Argentina resolviera retirar la problemática de los organismos internacionales o regionales. Pero, durante estos primeros meses de la relación con el Reino Unido, el plano multilateral se sometió a los designios de los avances en el ámbito bilateral a partir de la llegada del canciller Guido Di Tella en reemplazo de Domingo Cavallo, en 1991. Era de comprenderse ya que, luego de más de siete años de no tener relaciones diplomáticas, se quisiera recrear un ambiente de diálogo para producir avances significativos en torno a la disputa de soberanía y la constitución de una agenda común de trabajo sobre temas de relevancia para ambos países.

> A partir de los Acuerdos de Madrid y de la llegada de Di Tella al Ministerio de Relaciones Exteriores y Culto, en 1991, la cuestión de las Malvinas se concentró sobre dos aspectos conflictivos: el aprovechamiento de los recursos ictícolas y la explotación de los recursos hidrocarburíferos en aguas circundantes, que se transformaron no sólo en expresiones de soberanía por su incidencia económica, sino en el eje alrededor del cual girarían las discusiones bilaterales (Cari, 1999: 6).

Esto dio paso a una agenda más económica que política.

Dentro del campo político, el canciller desplegó una estrategia de aproximación a los *kelpers* conocida con el nombre de *estrategia de seducción*, que se manifestó de diversas maneras: reuniones informales mantenidas con los habitantes de las islas y una mayor predisposición al diálogo y al acercamiento hacia ellos, con el propósito de salvaguardar su bienestar y sus intereses.

> Esa postura no sólo no ayudó a que los habitantes de las islas revieran su posición acerca de las relaciones con el continente -y, en consecuencia, que Argentina se acercara a su objetivo de máxima-, sino que, por el contrario, aumentó el rechazo entre ellos (Cari, 1999: 7).

Volviendo al primero de los aspectos conflictivos durante la primera presidencia de Menem, la Zona de Administración y Conservación Pesquera (ZACP) que los *kelpers* comenzaron a desarrollar hacia mediados de la década del ochenta les permitió adquirir una cierta autonomía y un desarrollo económico mediante la venta de licencias pesqueras. La firma del acuerdo denominado *Declaración Conjunta sobre Recursos Pesqueros* intentaría regular la actividad mutua mediante la adopción de medidas tendientes a evitar la sobreexplotación y a mejorar la convivencia entre las naves de ambas partes, al establecer una zona vigilada por ambos Estados al oeste de las islas. Pese a ello, la situación era claramente asimétrica a favor de los isleños, debido a la gran cantidad de licencias que habían sido emitidas a buques extranjeros, lo cual perjudicaba los intereses argentinos.

En contrapartida, hacia 1992, el gobierno argentino comenzó a conceder permisos pesqueros a buques extranjeros, por medio de lo que se conoce como *Registro de Buques y Artefactos Navales Extranjeros*. Esta nueva situación introdujo modificaciones en el vínculo asimétrico hasta entonces planteado en relación con los recursos ictícolas, y llevó a un acercamiento entre ambas partes, que se manifestó en el comienzo de las negociaciones dentro de la Comisión Argentino-Británica de Pesca del Atlántico Sur, la cual resolvió parcialmente la controversia mediante el otorgamiento de un cupo limitado de permisos.

Sin embargo, el acuerdo logrado en materia ictícola no se replicó de manera tan simple con relación al recurso petrolero. A comienzos de la década del noventa, se inició un proceso de búsqueda de recursos alternativos al ictícola para lograr un financiamiento de las islas. El petróleo apareció como una opción. Así fue como los isleños comenzaron a otorgar licencias que permitieran la investigación sísmica. La falta de un acuerdo entre las partes llevó a que el Reino Unido anunciara que, si no se llegaba a un acuerdo en lo inmediato, llamaría unilateralmente a una licitación.

Llegamos así al segundo período constitucional del Dr. Menem, a mediados de la década del noventa, con una clara preeminencia de los asuntos económicos en la agenda bilateral de Malvinas. Su discurso a la Asamblea Legislativa después de su reelección, en 1995, nos muestra los siguientes puntos centrales:

> Recompusimos las relaciones con el Reino Unido en un plano de sinceridad y madurez, sin por ello dejar de reclamar con la máxima firmeza diplomática por nuestros inalienables derechos soberanos sobre las Islas Malvinas.
> Es un anhelo de este presidente, que creo compartido por todo el pueblo argentino, tal como ha quedado manifestado en la Constitución Nacional, que apoyados en el respeto internacional que hemos ganado y en nuestra confiabilidad como país, antes del año 2000 se concluyan exitosamente las negociaciones por la soberanía de nuestras queridas Islas Malvinas (Menem, 1995: 29).

El discurso resaltaba el reencauzamiento de las relaciones diplomáticas con el Reino Unido y los avances producidos en materia de regulación de áreas de trabajo y, por otro lado, alimentaba la posibilidad de recuperación de las Islas Malvinas. Durante parte de la primera presidencia de Menem, se presentaron una serie de variantes en torno al tema, que oscilaron entre un posible arbitraje internacional, la teoría de las dos banderas y la independización de los *kelpers*. Ninguna de ellas logró plantearse seriamente, sino que solo existieron en la estructura mental de aquellos que las pensaron, sin ningún tipo de asidero real.

Hacia finales de 1995, se firmó el acuerdo petrolero mediante el cual se intentaba relajar un poco las tensiones en el segundo aspecto conflictivo. El pacto establecía futuras licitaciones, monitoreo y percepción de regalías conjuntas por la explotación de petróleo en las aguas del este del archipiélago de Malvinas, regalías que también serían repartidas entre los *kelpers*. El área incluía aguas en disputa y aguas argentinas, por lo cual era un punto bastante controvertido y rechazado por diferentes sectores del arco político argentino. Resultaba un peligroso precedente, al permitir que los ingleses obtuvieran regalías de la explotación en aguas argentinas que no estaban en disputa (Cari, 1999: 11). Además, a los efectos de la discusión de soberanía, este precedente podría servir como argumento a la parte británica. Hacia 1996, los *kelpers* decidieron llamar unilateralmente a una licitación para explorar y explotar la zona norte de las islas. Dicha licitación puso en alerta a diferentes sectores políticos nacionales, los cuales propusieron alternativas que iban desde la llamada "pinza jurídica", hasta la denominada Ley Eduardo Menem, que establecía sanciones para aquellas empresas que explotaran y exploraran el Atlántico Sur sin consentimiento del Estado argentino.

Utilizando como marco lo descrito anteriormente, el segundo período de la presidencia del Dr. Menem se caracterizó por una agenda más centrada en lo que el realismo político denomina "alta política", es decir, altamente marcada por temas políticos y de seguridad. En esta materia, hacia mediados de la década del noventa, se produjo una merma en relación con la presencia británica en las Islas Malvinas que hizo pensar a algunos que, en caso de que se produjera una nueva invasión, se reduciría la posibilidad de recuperarlas. La percepción y consecuente lectura de la situación por parte del gobierno argentino era una posible reducción de la presencia militar británica en las islas que se mantuvo prácticamente hasta la campaña electoral británica de 1997. En ese momento, Tony Blair, si bien no se refirió a puntualmente al caso de las Malvinas, sostuvo que no habría una reducción de la presencia militar británica en las diversas regiones. Una vez más, se endurecía la posición británica y el nuevo gobierno cerraba las puertas a la discusión de la soberanía.

El gobierno argentino decidió buscar nuevamente un acercamiento a los *kelpers* y para ello citó la posibilidad informal de establecer un régimen de dos banderas o realizar un referéndum en territorio argentino para determinar si se veía con buenos ojos pagarles un dinero a los *kelpers* como medio de recuperar la soberanía.

Hacia finales de la década del noventa y por un acontecimiento externo y ajeno a la política argentina, las relaciones entre Gran Bretaña y Argentina entrarían en una nueva etapa. La detención de Pinochet en Londres abrió un capítulo nuevo de cooperación entre ambos países, que tomó notoriedad cuando el gobierno chileno decidió suspender los vuelos a las Islas Malvinas. Esta decisión maximizó la posibilidad de un fuerte aislamiento y de una reducción sustancial en las comunicaciones de los habitantes de Malvinas con el continente sudamericano (estrategia utilizada con posterioridad por otras administraciones argentinas), lo cual se tradujo en una presión conjunta efectiva hacia Gran Bretaña.

La adhesión del MERCOSUR[6] también ayudó a la efectividad de la medida. La estrategia implementada surtió los efectos deseados, y se materializó a través de un acuerdo sobre el restablecimiento de los vuelos a Malvinas, algunos de los cuales hicieron escalas en el país. El acuerdo se cristalizó en una declaración conjunta argentino-británica sobre los siguientes puntos: 1) acceso y servicios aéreos, 2) pesca, y 3) fomento de confianza.

---

6 El Mercosur es un proceso de integración de los Estados sudamericanos iniciado por Argentina, Brasil, Paraguay y Uruguay, creado en el Tratado de Asunción en 1991 y que posteriormente adquirió su base institucional con el acuerdo de Ouro Preto.

El primero de estos puntos se sustenta sobre tres ítems:

- Los ciudadanos argentinos podrán visitar las Islas Malvinas con sus propios pasaportes. Esta disposición se aplica de manera igual a los ciudadanos argentinos que viajan por aire o por mar.
- Dar pleno apoyo a la reanudación inmediata de los servicios aéreos civiles regulares directos entre Chile y las Islas Malvinas operados por LAN Chile o cualquier otra aerolínea que acuerden las partes. Desde el 16 de octubre de 1999, estos servicios incluirán escalas en el territorio continental argentino, donde podrán embarcar y desembarcar pasajeros, carga y correo.
- Expresar satisfacción con la posibilidad de vuelos entre las Islas Malvinas y terceros países con la opción, desde el 16 de octubre de 1999, de realizar escalas en el territorio continental argentino (Declaración Argentino-Británica, 1999: 2).

En relación con la actividad ictícola, la declaración sostiene que se pretende incrementar los niveles de cooperación logrados hasta el momento, mediante nuevas reuniones de funcionarios de ambos sectores. Finalmente, y para fomentar la confianza entre ambas partes, se establecieron medidas de entendimiento mutuo que aportaron elementos para llevar a cabo el desarrollo de un procedimiento de reconciliación. Cabe resaltar las tres siguientes:

- Se construirá en el cementerio argentino en las Islas Malvinas un monumento a la memoria de los miembros de las Fuerzas Armadas argentinas muertos en acción en 1982.
- El gobierno argentino está dispuesto a analizar la cuestión de la toponimia[7] en las Islas Malvinas. Con ese propósito continuará las consultas con las instituciones nacionales apropiadas.

---

7 Toponimia -también conocida con el nombre de "onomástica"- es la disciplina que se refiere al estudio del origen y el significado de los nombres propios de los lugares.

- Tal como acordaron en octubre de 1998 el presidente de la República Argentina y el Primer Ministro del Reino Unido los dos gobiernos continuarán trabajando conjuntamente para evaluar la factibilidad y el costo de la remoción de las minas terrestres aún presentes en las Islas Malvinas (Declaración Argentino-Británica, 1999: 3).

En el último discurso de su gestión a la Honorable Asamblea Legislativa, en 1999, el entonces presidente Menem realizó un balance final de su gestión, y en torno al tema Malvinas subrayó lo siguiente:

> El restablecimiento de nuestras relaciones con Gran Bretaña fue despejando el terreno de un diálogo sólido para avanzar en nuestra histórica reivindicación sobre las islas Malvinas, el único punto pendiente en este proceso de reconciliación.
> Por eso, no bien pisé suelo británico[8], convoqué al Reino Unido a respetar las resoluciones de las Naciones Unidas, que instan a ambos gobiernos a reiniciar negociaciones para lograr una solución pacífica.
> Muchas veces expresé mi convicción en el éxito de este camino de negociación, que no es tarea de un año ni de un gobierno pero que ya comienza a mostrarnos un horizonte más despejado.
> Como fuimos capaces de aunar una política de Estado en torno a los Hielos Continentales[9], los insto a iniciar la construcción de una política de Estado para Malvinas, que nos permita presentarnos como un bloque nacional en nuestro diálogo con los británicos (Menem, 1999: 35-36).

Este último discurso pone en evidencia que no se lograron avances sustantivos en materia de soberanía sobre las islas, pero resalta el valor de haber restablecido el diálogo

---

[8] En este punto, el expresidente Carlos Menem hacía mención a su visita oficial al Reino Unido, realizada en el último tramo de su gestión.

[9] Con "hielos continentales" el expresidente hacía referencia a una controversia mantenida entre Argentina y Chile en relación con el campo patagónico sur.

bilateral, que había estado interrumpido hasta finales de la década del ochenta. En este sentido, su administración fue la principal promotora de este restablecimiento de los vínculos diplomáticos mediante la firma de los Acuerdos de Madrid.

El avance del tema debe estar dado por la construcción de una política de Estado respecto de Malvinas, tal como se mostró en relación con los hielos continentales. Queda fuera del último discurso la declaración firmada por Argentina y Gran Bretaña ese mismo año, que restablecía los vuelos hacia las Islas Malvinas, ya que la declaración tiene fecha de julio y el discurso a la Asamblea es de marzo de ese año. La declaración significó un triunfo de la diplomacia argentina en la recta final de su gobierno.

Como síntesis de lo expuesto, podemos decir que las gestiones del presidente Menem mantuvieron las líneas fundamentales de la política exterior del gobierno de Alfonsín en relación con integración regional, derechos humanos y Malvinas (Floria y Belsunce, 2009: 973). Es decir que el tema que nos compete mostró una continuidad como política de Estado, más allá de las diversas políticas partidarias. Más allá de esto, desde la llegada de la democracia hasta el año 2000, la política exterior de Malvinas se caracterizó por ser un tema central para los diferentes gobiernos, y mostró continuidades y rupturas en cuanto a las estrategias implementadas para su abordaje, que variaron desde la concentración del accionar en organismos multilaterales hasta negociaciones bilaterales.

La agenda bilateral de temas se comenzó a ampliar, y tuvo en consideración no solo la soberanía como principal objetivo, sino también temas económicos, como hidrocarburos y actividades ictícolas, la comunicación entre las islas y el continente y el fomento de confianza mutua a través de medidas como la construcción del monumento a la memoria. Se logró avanzar en torno al restablecimiento de los vínculos diplomáticos, pero la cuestión de la soberanía seguía pendiente de resolución, como bien fue remarcado por el primer mandatario en su último discurso a la Asamblea Legislativa.

4. El gobierno de Fernando de la Rúa

Las elecciones de octubre de 1999 marcarían la salida del justicialismo del poder y la llegada de una coalición integrada por la Unión Cívica Radical y el FREPASO, que introduciría modificaciones con respecto al abordaje de Malvinas en materia de política exterior. En su discurso de asunción ante la Asamblea Legislativa, en diciembre de ese año, el presidente Fernando de la Rúa hizo referencia al tema de la siguiente manera:

> En esta aldea global que es hoy el mundo, la Argentina redoblará su vigilia permanente a favor de la paz, de la paz de todos los pueblos y de todas las fronteras, no sólo las de nuestros vecinos y de nuestros hermanos latinoamericanos. Por ello, haremos prédica permanente de que a través del diálogo se resuelven los conflictos, camino que seguiremos estrictamente en la sagrada misión de defender la soberanía de las Islas Malvinas (De la Rúa, 1999: 15).

Como se puede apreciar, la referencia de De la Rúa a Malvinas es muy breve; y, aunque hace alusión a la larga tradición argentina en la solución pacífica de las controversias internacionales, no ofrece señales respecto de los lineamientos que sobre política exterior tendría su gobierno. En el mismo sendero, nos encontramos en su primera apertura de sesiones ordinarias, tres meses después, donde no hay referencias sobre el tema. Solo a título informativo, transcribimos parte de su exposición allí:

> Creo profundamente en el diálogo como instrumento superador de las diferencias entre los distintos partidos. Creo en una nueva política. Creo que nos estamos demostrando que

> podemos alcanzar consenso, que podemos dialogar, que son más las cosas que nos unen que las que nos dividen o separan. Lo mismo debemos hacer con nuestros hermanos del Mercosur: trabajar en la búsqueda de los consensos para apoyar la consolidación de nuestro espacio regional. Si en la década del 80 el Mercosur era importante, conveniente, no parecía sin embargo necesario. Hoy es imprescindible, vitalmente imprescindible como opción estratégica.
> Por eso, hemos coincidido con nuestros pares en la necesidad de redefinir y relanzar el Mercosur, tomando las acciones necesarias para impulsar el proceso de integración sobre la base del equilibrio y la equidad. Saldremos con el Mercosur a capturar nuevos mercados.
> Somos países que estamos luchando para alcanzar el progreso. Somos apenas economías emergentes para el resto del mundo. No podemos darnos el lujo de no unir nuestras fuerzas para competir afuera. No puede haber agresión ni división hacia adentro. Este es nuestro modelo de política exterior: conquistar nuevos mercados, y con la misma energía defenderemos el trabajo y la producción nacional (De la Rúa, 2000: 18).

Sin embargo, durante el segundo discurso de apertura de sesiones de la Asamblea Legislativa, el 1.º de marzo de 2001, el presidente De la Rúa hizo referencias puntuales a determinados tipos de acciones en los cuales se enmarcaría la política de Malvinas por parte de su gobierno:

> Con respecto a nuestros derechos sobre las Islas Malvinas, Georgias del Sur y Sándwich del Sur y los espacios marítimos circundantes, el gobierno nacional encuadra su política conforme al mandato constitucional. En este sentido, a lo largo del 2000 hemos conseguido importantes apoyos para nuestra posición en las Naciones Unidas, la OEA y la Cumbre Iberoamericana, la Cumbre de Brasilia, La Cumbre Centroamericana y el Grupo Río, como así también en diversos encuentros bilaterales de alto nivel.
> Al mismo tiempo que continuaremos con ese esfuerzo sostenido por la recuperación del ejercicio de la soberanía sobre estos territorios respetando el modo de vida de sus

> habitantes, continuaremos trabajando para alcanzar nuevos entendimientos provisorios bajo fórmula de soberanía con el Reino Unido en el Atlántico Sur.
> En este marco se destaca el reciente acuerdo[10] que "posibilita los vuelos de las aeronaves civiles privadas y las navegaciones de embarcaciones privadas y la navegación de embarcaciones particulares. Este entendimiento significa un paso más en el camino hacia el acercamiento entre el territorio continental y las Islas Malvinas y da un nuevo impulso al contacto humano" (De la Rúa, 2001: 23).

Como puede verse en el discurso, la gestión del presidente De la Rúa trajo algunas modificaciones en la política exterior; por ejemplo, "la consecución de las negociaciones bilaterales que se habían iniciado con los Acuerdos de Madrid, aunque abandonando la política de seducción de su antecesor hacia los *kelpers* y retomando la multilateralidad junto al reimpulso de la Resolución 2065/65" (Mastropierro, Troncoso, Luchetti y Argemi, 2017: 94). En relación con los vuelos a las islas, el acuerdo firmado por el Dr. Menem en 1999 fue rubricado nuevamente en febrero de 2001 por el gobierno del Dr. De la Rúa, y se incorporaron a él algunos puntos que no estaban contemplados en el anterior.

La continuación de las relaciones bilaterales tenía dos ejes centrales: primero, como parte de una nueva estrategia, quitar a los *kelpers* de las negociaciones, no dándole relevancia como actor parte del proceso negociador, quizás basados en la idea de que su inclusión con una política de seducción no había significado ninguna ventaja para la Argentina. El segundo se focalizaba sobre la posibilidad de alcanzar "entendimientos para los vuelos de aeronaves y el tránsito de embarcaciones civiles entre el territorio continental y las islas, acuerdos de pesca que buscaban evitar la pesca ilegal y finalmente investigación científica binacionales" (Giavarini, 2000: 13).

---

10 El Dr. De La Rúa se refería a la Declaración Conjunta Argentino-Británica de 1999.

El ámbito multilateral volvió a adquirir relevancia cuando el gobierno de De la Rúa retomó la Resolución 2065/65 de la ONU, en la que se reflejaba la disputa de soberanía entre los dos Estados y se establecía que debían entablarse negociaciones a fin de resolver esta situación colonial.

La crisis económica del año 2001 interrumpió abruptamente la gestión del Dr. De la Rúa, y con ello la consecución de los objetivos políticos en general y los relativos a la política exterior en particular.

> Las expresiones más visibles de la profunda crisis –que significaron el fin del vacilante gobierno de Fernando De la Rúa– fueron el cambio de cinco presidentes en 12 días, las numerosas movilizaciones callejeras de sectores medios y populares y el anuncio de la cesación de pagos de la deuda, tema que impulsó nuevos debates sobre el rumbo que la Argentina debía seguir en materia de relaciones internacionales (Russell y Tokatlian, 2003: 59).

Es razonable que, en ese contexto, Malvinas no haya ocupado un lugar central para la nueva dirigencia política que se hacía cargo de la conducción del país. Tan es así, que, en su primer discurso a la Honorable Asamblea Legislativa que lo había elegido presidente de la Nación, el Dr. Eduardo Duhalde no hizo ninguna referencia a este tema. Exponemos a continuación algunos pasajes breves de ese discurso:

> En política exterior, hemos reforzado los lazos con los tradicionales países aliados y amigos de la Argentina.
> A ellos no les estamos pidiendo dinero, sino que abran sus fronteras a nuestros productos a, porque agricultores y empresarios que vendan más en el exterior significa más trabajo para nuestros obreros y empleados.
> La principal tarea en estos dos meses en materia de política exterior ha sido reforzar el acercamiento con nuestros vecinos, reafirmando nuestra vocación de consolidar la alianza estratégica que significa el Mercosur.
> El Mercosur es nuestra plataforma de inserción en el mundo, sea en el campo multilateral de las negociaciones comerciales

> en el ámbito de la Organización Mundial del Comercio, como en el área hemisférica y en el diálogo con la Unión Europea. La Argentina iniciará próximamente misiones comerciales conjuntas con Brasil y los otros miembros del Mercosur, lo que constituye una definida visión de la inserción internacional, en la que también pensamos avanzar con otras organizaciones como ALCA y la Unión Europea (Duhalde, 2002: 23).

Cabe aclarar, en relación con este discurso, que por aquel entonces se suscitaba un profundo debate en la Argentina acerca de cuál debía ser la adecuada inserción internacional. La respuesta presentaba dos grandes alternativas: el acercamiento a los Estados Unidos o la búsqueda de una proximidad al socio regional más apropiado, Brasil.

> Debido a la dureza con la que había sido tratada Argentina a lo largo del 2001 por parte de Estados Unidos[11], el gobierno del Dr. Duhalde decidió dirigir sus miradas a Brasil como un compañero fiel, tanto frente a Washington como frente a algunas principales capitales europeas que fustigaban al país por el mal manejo de la economía (Russell y Tokatlian, 2003: 64).

Por esta razón, en el momento en que se brindó el discurso, los lineamientos de política exterior se presentaban dirigidos con mayor claridad hacia Brasil y el Mercosur, que lograban posicionarse en el lugar más alto de las preferencias de la dirigencia política.

Finalmente, "si bien el de Malvinas no fue un tema central, ello no implicó que no se hayan realizado diversas actuaciones, como la reivindicación de la soberanía de las

---

11 En este punto nos referimos a las constantes declaraciones del Departamento del Tesoro y del Departamento de Estado norteamericano, que consideraban que no había que realizar un préstamo a la Argentina si los bancos y las empresas habían invertido mal el dinero en búsqueda de rentabilidades altas. La dureza también se manifestó por parte de Fondo Monetario Internacional (FMI), que durante más de un año cambió constantemente las condiciones para alcanzar un acuerdo entre el organismo y Argentina.

islas y negociaciones tanto bilaterales como multilaterales" (Mastropierro, Troncoso, Luchetti y Argemi, 2017: 96).

En el año 2002, se continuó con las negociaciones de los vuelos a las islas, ítem que se plasmó en un entendimiento en el mes de mayo de ese año. En el documento se sostiene que las visitas que realizaran los argentinos a Malvinas tendrían lugar bajo la fórmula del "paraguas de la soberanía" –que consta en el segundo párrafo en la Declaración Conjunta en Madrid en 1989–, que respaldaba las posiciones de ambos en relación con la soberanía de dicho territorio.

Dentro de la OEA, y a propuesta del canciller uruguayo Didier Opertti, se aprobó la Declaración de Malvinas en el marco de la XXXII Asamblea del organismo, donde se ratificó el permanente e irrenunciable compromiso del pueblo y los gobiernos argentinos por la recuperación pacífica y negociada de las Islas Malvinas, Georgias y Sandwich del Sur y los espacios marítimos circundantes, que son parte integrante del territorio nacional (OEA, 2002).

En septiembre del mismo año, en la Asamblea General de Naciones Unidas, el gobierno argentino –por medio de su representante, el canciller Carlos Ruckauf– manifestó el reclamo soberano sobre las islas e instó al Reino Unido a establecer negociaciones bilaterales para resolver la cuestión. Esa fue la última actividad llevada a cabo por el gobierno de transición del Dr. Duhalde en relación con la cuestión Malvinas.

5. El gobierno de Néstor Kirchner

"El objetivo de la política exterior del gobierno de Néstor Kirchner fue el alejamiento del neoliberalismo de sus antecesores y la búsqueda de una política exterior autónoma" (Mastropierro, Troncoso, Luchetti y Argemi, 2017: 89). Para lograr ese fin, buscó una reinserción internacional de relevancia con América Latina y especialmente con Brasil, que le aportara mayores grados de autonomía relacional. La relación con los Estados Unidos, por su parte, fue redefinida a partir de la construcción de un vínculo maduro y racional. En su discurso a la Asamblea Legislativa al momento de su asunción, lo dejó claramente definido en las siguientes palabras:

> Nuestra prioridad en política exterior será la construcción de una América Latina políticamente estable, próspera y unida con base en los ideales de democracia y justicia social.
> Venimos desde el Sur de la Patria, desde la tierra de la cultura malvinera y de los hielos continentales, y sostendremos inclaudicablemente nuestro reclamo de soberanía sobre las Islas Malvinas.
> El Mercosur y la integración latinoamericana deben ser parte de un verdadero proyecto político regional. Nuestra alianza estratégica con el Mercosur, que debe profundizarse hacia otros aspectos institucionales que deben acompañar la integración económica, y ampliarse abarcando a nuevos miembros latinoamericanos, se ubicará entre los primeros puntos de nuestra agenda regional. Una relación seria, amplia y madura con los Estados Unidos de América y los Estados que componen la Unión Europea es lo que debe esperarse de nosotros.
> El estrechamiento de vínculos con otras naciones desarrolladas y con grandes naciones en desarrollo del oriente lejano, y una participación en pro de la paz y la obtención de consensos en ámbitos como la Organización de las Naciones Unidas, para que efectivamente se comprometa con eficacia en la promoción del desarrollo social y económico ayudando al combate contra la pobreza (Kirchner, 2003: 20).

Tal como señalamos en el primer párrafo de este apartado, en este discurso pueden verse los lineamientos de la política exterior del gobierno de Néstor Kirchner: alejamiento del neoliberalismo, integración al Mercosur, estrechamiento de vínculos con otras potencias y otros países en desarrollo. Sin embargo, no resulta tan clara la postura respecto de Malvinas: sólo hace mención al reclamo *inclaudicable* de la soberanía, pero no especifica cuál será el ámbito de actuación de la diplomacia, ni la estrategia trazada para esos fines. Con esta poca información aportada por su discurso de asunción, pasaremos a exponer el discurso a la Honorable Asamblea Legislativa el 1.º de marzo de 2004, para ver si nos puede aportar datos adicionales. En él nos dice lo siguiente con respecto a la política exterior y las Malvinas:

> En materia de relaciones exteriores, necesitamos reinsertar a la República Argentina en el mundo. Esto debe quedarnos claro. No se trata de una visión apocalíptica. Es la cruda realidad que nos toca vivir.
> Por sus problemas, nuestro país está prácticamente fuera del mundo de la globalización, sujeto a las más diversas presiones y en una débil situación, corriendo el riesgo de retratarse de modo definitivo respecto de los países de mayor desarrollo.
> Vivimos un momento de inflexión en la historia mundial, caracterizado por el fin de la guerra fría y el mundo bipolar que la caracterizaba, el que todavía no ha sido sustituido de forma expresa por ningún otro esquema. Se advierte, si la preeminencia de una única superpotencia hegemónica.
> Han caído los viejos parámetros y no han surgido todavía con claridad los nuevos pilares sobre los que se asentarán las relaciones internacionales del futuro. Caen los viejos esquemas de pensamiento, incapaces de comprender la nueva realidad mundial, y las instituciones internacionales se debilitan en función de que no encuentran su nuevo rol.
> Los que no deben caer son los intereses nacionales, que en nuestro caso en temas puntuales, como el reclamo soberano sobre las Islas Malvinas, integran el conjunto de políticas de Estado que todos tenemos que defender.
> En ese mundo la Argentina debe tratar de ocupar con postura propia, sólida, juiciosa y digna, un lugar. Ese lugar estará siempre condicionado por su peso específico, limitado no sólo por el tamaño de nuestra economía sino también en orden a la credibilidad y previsibilidad de sus actos.
> Con la certeza de que la paz y el desarrollo pueden reforzarse mutuamente, tratamos de integrarnos al mundo con sustento

> en relaciones equilibradas, soberanas e independientes tendientes al fortalecimiento de la paz y la seguridad asentadas en el derecho internacional, el multilateralismo, el respecto a la autodeterminación de los pueblos y la defensa de los Derechos Humanos (Kirchner, 2004: 32-33).

Aquí nuevamente aparece el tema Malvinas como un interés nacional, como una política de Estado (también había sido denominada así con anterioridad por el presidente Menem). En un gobierno que tuvo la tarea de redefinir y refundar ciertas políticas públicas, Malvinas se brindó como una política central en la defensa de los intereses nacionales.

Hacia el final del discurso, se planteaba que la integración se llevaría a cabo con respeto al derecho internacional, al multilateralismo, a la libre autodeterminación de los pueblos y a la defensa de los derechos humanos. Cabría aclarar que, en el último párrafo del discurso, donde se hace referencia al principio de autodeterminación de los pueblos, se refiere a la libertad que tiene un pueblo de elegir libremente las políticas que puede llevar a cabo para su desarrollo económico y político, y no implica un cambio de postura respecto del principio de identidad territorial sostenido por la Argentina. Kirchner se refería aquí a que, a raíz de la profunda crisis económica del 2001, Argentina había enfrentado diversas presiones y padecía en ese momento de una debilidad para afrontar los desafíos de la globalización, y a que, en este proceso complejo y de incertidumbre, tenía que ser capaz de elegir libremente y con autonomía.

Volviendo a los lineamientos de política exterior en relación con la disputa, la administración de Kirchner, al igual que las anteriores, mostró una actitud distinta a la administración de Menem y su política de seducción, "dejando en claro que las negociaciones sobre la soberanía de las islas no eran tripartitas, sino bilaterales" (Bologna, 2006: 222); de este modo, quitaba del proceso negociador a los *kelpers*. No constituyó una estrategia innovadora, sino que adoptaba cierta continuidad con la que había llevado a cabo la anterior gestión.

Desde el punto de vista bilateral, el vínculo se sustentó en una agenda económica que tenía tres grandes ejes problemáticos: 1) recursos pesqueros, 2) recursos petroleros y mineros, y 3) comunicaciones. Los recursos pesqueros estaban seriamente afectados como consecuencia de la pesca indiscriminada de años anteriores. "Al ver los isleños disminuidos sus ingresos, se retomó la posibilidad de profundizar la explotación de otros recursos, como el petróleo y los minerales" (Bologna, 2006: 220). Las comunicaciones entre las islas y el continente trajeron un nuevo inconveniente a la relación. Hacia 2004, el gobierno argentino dejó de autorizar vuelos desde Chile hacia las islas a través del espacio aéreo, lo que obligó a Gran Bretaña a buscar nuevas vías de comunicación.

Respecto de estos temas, hacia el final del mando de Néstor Kirchner, se produjo un acontecimiento de particular relevancia. Hacemos mención al fin de la Declaración Conjunta de Hidrocarburos y Comisión de Pesca del Atlántico Sur, que se había firmado en 1995. La decisión se sustentó en divergencias mantenidas en relación con la interpretación que las partes tenían sobre la aplicación del instrumento; la más sustancial de las cuales se manifestó en relación con el espacio geográfico de exploración y explotación, que, según el acuerdo, estaba conformado por "áreas marítimas del Atlántico Sudoccidental sujetas a una disputa de soberanía y jurisdicción" (el área de las Islas Malvinas de 430.000 km^2).

El Reino Unido, por el contrario, pretendía limitar la cooperación con nuestro país a un "área de cooperación especial" creada por el acuerdo de solo 21.000 km^2, y reservarse para su accionar unilateral todo el resto de la zona en disputa (Prensa MRECIC, 2007[12]).

En síntesis, las acciones unilaterales en la materia y la falta de participación del gobierno argentino en el proceso

12 La información fue recuperada de este sitio durante la elaboración de la tesis en los años 2016-2017. Actualmente, el contenido no está disponible.

de explotación de los recursos llevaron a poner fin a esta declaración. A su vez, hacia el final del documento emitido por el Ministerio de Relaciones Exteriores y Culto, se aclara que el gobierno argentino no es contrario a establecer una cooperación con el Reino Unido, siempre y cuando esta se realice en un marco adecuado, que lleve a la solución de la disputa de soberanía.

Como se pudo ver, el ámbito bilateral se mostró bastante activo en materia de Malvinas; sin embargo, la multilateralidad (como se manifiesta en el discurso de apertura de las sesiones ordinarias) fue el terreno más utilizado, quedando claro en el discurso presidencial a la Asamblea en la apertura de las sesiones cuando sostuvo que la integración al mundo debe sustentarse sobre el derecho internacional y el multilateralismo. Por lo tanto, la instancia multilateral resultó una reactivación clave para el gobierno de Kirchner. Como consecuencia del distanciamiento en las relaciones bilaterales debido al abandono de la Declaración Conjunta de Hidrocarburos y Comisión de Pesca del Atlántico Sur y el interés británico en la búsqueda de petróleo, el gobierno argentino presentó ante la Convención del Derecho del Mar de las Naciones Unidas la solicitud de ampliación de su plataforma marítima, que rondaba las 200 millas, para llevarla a las 350 millas. Este incremento de la plataforma continental fue un hecho trascendental, y una de las principales victorias en materia de política exterior argentina de los últimos años.

Durante los cuatro años de gobierno, los reclamos por soberanía dentro del organismo fueron constantes. Nos encontramos con cuatro resoluciones dadas por el Comité Especial, a saber: A/AC.109/2004/L.8, A/AC.109/2005/L.8, A/AC.109/2006/L.8 y A/AC.109/2007/L.8, todas ellas elaboradas con el mismo espíritu:

- Definir la cuestión de las Islas Malvinas como situación colonial.

- Que la aprobación de la Resolución 2065 (XX) de la Asamblea General no haya permitido la resolución de la disputa.
- Pese al buen estado de relaciones entre ambos Estados, no se haya conducido a negociaciones con fin de encontrar una solución pacífica justa y duradera de la controversia.
- Los principios de la Carta de Naciones Unidas son incompatibles con la amenaza o el uso de la fuerza y las controversias deben ser resueltas en el marco de medios pacíficos.
- Que los Estados partes en la controversia tengan en cuenta los intereses de la población, de conformidad con establecido por la Asamblea General.

Aquí aparece nuevamente un elemento que se encontró presente con anterioridad en el marco de Naciones Unidas. "Nos referimos a la aceptación por parte de Argentina de tener en cuenta los intereses de los habitantes y no sus deseos, como pretendía el Reino Unido mediante la Resolución 2065 (XX)" (Bologna, 2006: 222). Sin embargo, no fue el único hecho de relevancia que podemos destacar. Hacia 2006, y dentro del marco de Naciones Unidas, el canciller Jorge Taiana expuso con dureza ante el Comité de Descolonización la postura histórica que Argentina mantiene sobre el diferendo.

> Se trata de un territorio colonial y no un pueblo colonizado por entender que la población de las islas no es originaria sino una población británica trasplantada con el ánimo de establecer una colonia y sometida a un poder imperial.
> La situación histórica de disputa se ve agravada cuando la población originaria ha sido desalojada y ocupada por súbditos de la potencia quebrando las condiciones para demandar el principio de libre determinación en un territorio formado por pobladores instaladas por la fuerza por la misma potencia (MRECIC Prensa, 2006).

Como indica la exposición del canciller, hay una vuelta al planteo original argentino realizado en Naciones Unidas que muy oportunamente había expuesto el delegado ecuatoriano al Comité III y que luego la Argentina reiteró con la delegación argentina en el organismo. Nuevamente quedó expuesta la dicotomía entre los dos principios del derecho internacional descritos en la Resolución 1514 (XV): el de libre determinación de los pueblos y el de integridad territorial.

El otro ámbito multilateral que cabe mencionar en el cual se llevaron a cabo actividades fue la Organización de Estados Americanos (OEA). Al igual que en el caso de ONU, tenemos cuatro declaraciones del organismo, aprobadas en sesión plenaria, AG/DEC.38 (XXXIV-0/04), AG/DEC.44 (XXXV-0/05), AG/DEC.48 (XXXVI-0/06) y AG/DEC.53 (XXXVII-0/07). En todas ellas se pide una reanudación de las negociaciones sobre la disputa de la soberanía, con el objeto de alcanzar una solución pacífica, y se reafirma la voluntad del gobierno argentino por solucionar la controversia de manera pacífica, teniendo en cuenta a los habitantes de las islas, lo que continuará bajo investigación por la Asamblea General hasta encontrar la solución definitiva.

En el último discurso frente a la Honorable Asamblea Legislativa, que fue como una especie de balance final de su gestión, Néstor Kirchner expuso lo siguiente:

> En lo que respecta a la disputa de soberanía sobre las Islas Malvinas, Georgias y Sandwich del Sur y los espacios marítimos e insulares correspondientes, la Argentina no cederá en su legítima aspiración de recuperar el ejercicio de esa soberanía por medios pacíficos, tal como lo dispone nuestra Constitución Nacional. Por ello, reiteramos nuestra más firme voluntad de diálogo para resolver la disputa de soberanía.
> La cuestión Malvinas fue objeto de especial atención en el año 2006 y lo será en 2007, como lo refleja la presentación de caso por parte del Canciller ante el nuevo Secretario General de la ONU. 1° de marzo de 2007.
> La acción diplomática fue intensa y las acciones revelan que nuestra voluntad negociadora está imbuida de vocación pacífica. Como miembro no permanente del Consejo de Seguridad de las Naciones Unidas y en el ejercicio de su Presidencia, mantuvimos siempre una actitud responsable y consistente con nuestra vocación de paz, fortaleciendo el multilateralismo

> y los mecanismos de seguridad colectiva, al tiempo que todas nuestras acciones diplomáticas fueron orientadas a la prevención y la resolución de conflictos (Kirchner, 2007: 39-40).

Una breve síntesis de lo expuesto hasta aquí nos muestra un giro en las relaciones entre el Reino Unido y Argentina, de acuerdo con el cual esta última adopta una posición más dura no solo en la instancia de la relación bilateral, con el abandono de la Declaración Conjunta de Hidrocarburos y Comisión de Pesca del Atlántico Sur, sino también en el ámbito multilateral, mediante exposiciones de sus funcionarios que vuelven a poner en primer plano la no aplicación del principio de autodeterminación a la situación de Malvinas, además de la presentación realizada en el marco de la Convención de los Derechos del Mar.

6. El gobierno de Cristina Fernández de Kirchner

"El gobierno de Cristina Kirchner continuó con los lineamientos establecidos por el gobierno de su esposo" (Mastropierro, Troncoso, Luchetti y Argemi, 2017: 100) con respecto a Malvinas, y se concentró particularmente en la instancia multilateral. Así lo sostuvo en su discurso inaugural frente a la Honorable Asamblea Legislativa de diciembre de 2007:

> Quiero también reafirmar, una vez más, nuestro reclamo irrenunciable e indeclinable a la soberanía sobre nuestras Islas Malvinas. Y llamamos al país ocupante, que en todos los foros internacionales luce como adelantado y respetuoso, que hay una situación de enclave colonial aquí, denunciada ante Naciones Unidas, y que es hora de volver a cumplir el mandato de esas mismas Naciones Unidas de las que todos formamos parte.
> Creo, entonces, que la reconstrucción de la multilateralidad será un instrumento que nos hará vivir en un mundo un poco más seguro. Porque, bueno es decirlo, las cosas han cambiado de

> tal modo que no solamente la multilateralidad, sino también la equidad, serán las que permitirán vivir en un mundo más seguro (Fernández de Kirchner, 2007: 14).

Es así como gran parte del accionar del gobierno en materia de política exterior multilateral se concentró en el marco de Naciones Unidas. A poco de asumir su cargo Cristina Fernández de Kirchner, el gobierno del Reino Unido presentó un mapa de su territorio que incluía a las Islas Malvinas. El rechazo del gobierno argentino no se hizo esperar, y se manifestó en el reclamo correspondiente ante el Comité de Descolonización del organismo.

Además de dicho reclamo, en abril de 2009, la Argentina hizo una presentación ante la Convención de Naciones Unidas sobre el Derecho del Mar (CONVEMAR) relativa al límite exterior de la plataforma continental del país, que incluye una prolongación natural de su territorio perteneciente a la parte continental insular y el Sector Antártico Argentino.

En la presentación, Argentina

> ratificó su legítima e imprescriptible soberanía sobre las Islas Malvinas, Georgias del Sur y Sandwich del Sur y los espacios marítimos e insulares correspondientes, por ser parte integrante del territorio nacional y advirtió que la recuperación de dichos territorios y el ejercicio pleno de la soberanía, respetando el *modo de vida de sus habitantes* y conforme con los principios del Derecho Internacional, constituyen un objetivo permanente e irrenunciable del pueblo argentino (COPLA, 2017: 6).

"El Reino Unido también realizó una presentación para ampliación de su plataforma continental de 200 a 350 millas, y así, los mapas quedaron casi superpuestos" (Mastropierro, Troncoso, Luchetti y Argemi, 2017: 102). Las tensiones bilaterales continuaron en aumento debido a los anuncios, por parte del gobierno británico, de los resultados de las explotaciones *off shore* y del otorgamiento de licencias de exploración en aéreas de disputa de la soberanía. El gobierno argentino, como contramedida, emitió el decreto 256/10 del 17 de febrero de 2010, que sostiene lo siguiente:

> LA PRESIDENTA DE LA NACION ARGENTINA DECRETA:
> Artículo 1º — Todo buque o artefacto naval que se proponga transitar entre puertos ubicados en el territorio continental argentino y puertos ubicados en las ISLAS MALVINAS, GEORGIAS DEL SUR Y SANDWICH DEL SUR[13], o atravesar aguas jurisdiccionales argentinas en dirección a estos últimos, y/o cargar mercaderías a ser transportadas en forma directa o indirecta entre esos puertos, deberá solicitar una autorización previa expedida por la autoridad nacional competente.
> Art. 2º — El MINISTERIO DE PLANIFICACION FEDERAL, INVERSION PUBLICA Y SERVICIOS, a través de la SUBSECRETARIA DE PUERTOS Y VIAS NAVEGABLES, el MINISTERIO DE JUSTICIA, SEGURIDAD Y DERECHOS HUMANOS, a través de la PREFECTURA NAVAL ARGENTINA, el MINISTERIO DE ECONOMIA Y FINANZAS PUBLICAS, y el MINISTERIO DE INDUSTRIA Y TURISMO, dictarán en el ámbito de su competencia, las normas reglamentarias que resulten necesarias a los fines del cumplimiento de lo dispuesto en el artículo precedente, en consulta con el MINISTERIO DE RELACIONES EXTERIORES, COMERCIO INTERNACIONAL Y CULTO.
> Art. 3º — Créase, en el ámbito de la JEFATURA DE GABINETE DE MINISTROS, la COMISION PERMANENTE DE EVALUACION DE REGULACIONES, la que estará integrada por los representantes de las áreas pertinentes de los MINISTERIOS DE PLANIFICACION FEDERAL, INVERSION PUBLICA Y SERVICIOS, DE JUSTICIA, SEGURIDAD Y DERECHOS HUMANOS, DE ECONOMIA Y FINANZAS PUBLICAS, DE INDUSTRIA Y TURISMO y DE RELACIONES EXTERIORES, COMERCIO INTERNACIONAL Y CULTO, a fin de coordinar las acciones necesarias para la implementación del presente Decreto y actuar como organismo de asesoramiento y consulta de la autoridad nacional

13 En todos los artículos, las mayúsculas figuran en el original.

> competente a que se hace referencia en el artículo 1° del presente.
> La JEFATURA DE GABINETE DE MINISTROS suministrará a la Comisión el apoyo material y humano necesario para el cumplimiento de sus cometidos. Dicha Comisión podrá dictar su Reglamento Interno de Funcionamiento.
> Art. 4° — Comuníquese, publíquese, dése a la Dirección Nacional del Registro Oficial y archívese. — FERNANDEZ DE KIRCHNER. — Aníbal D. Fernández. — Nilda C. Garré. — Amado Boudou. — Débora A. Giorgi. — Julio M. De Vido. — Julio C. Alak (DECRETO 256/10).

La estrategia implementada por el gobierno argentino y explicitada en el decreto que antecede se extendió a países de la región, por lo cual se negó la entrada a puertos de buques con bandera de las islas. Hubo un gran apoyo generalizado a esta *estrategia continental*, que se observó en la solidaridad expresada por algunos organismos regionales en sus declaraciones. A nivel doméstico, generó la adhesión de una gran pluralidad de partidos políticos y sectores. La máxima expresión se pudo ver en la Declaración de Ushuaia, en la cual las diversas fuerzas políticas que componían la Comisión de Relaciones Exteriores de la Cámara de Senadores de la Nación y de la Cámara de Diputados de la Nación en forma conjunta ratificaron la soberanía argentina sobre las Islas Malvinas, Georgias del Sur y Sandwich del Sur, a la vez que rechazaron la creciente militarización de las islas por parte del Reino Unido e Irlanda del Norte.

La medida adoptada mediante el decreto 256/10 y la Declaración de Ushuaia de 2012 se complementaron con la ley conocida con el nombre de Gaucho Rivero, la cual prohibía el amarre o abastecimiento o las operaciones de logística en territorio provincial de buques de bandera británica o de conveniencia que realizasen tareas relacionadas con la exploración, explotación de recursos naturales, buques militares, dentro del ámbito de la cuenca de las Islas Malvinas sobre la plataforma continental argentina (Ley 856, 2012).

Sin embargo, las tensiones iban en aumento y se potenciaron aún más desde la asunción de David Cameron como primer ministro en mayo de 2010.

A partir de su llegada al poder, se inició un proceso de creciente militarización en las Islas Malvinas, que tuvo como uno de sus picos de tensión más altos a los ejercicios militares que incluyeron el lanzamiento de misiles. El tema fue llevado a los diferentes ámbitos multilaterales, como Naciones Unidas y UNASUR, y también expuesto en el inicio de sesiones ordinarias del 1.º de marzo de 2012.

> A propósito y con respecto a la negativa de militarización de las Islas Malvinas, hoy las Islas Malvinas tienen una población total de 2.955 personas. Hay 1.000 efectivos; hay más de un soldado cada tres personas. Si eso no es militarización, yo no sé qué será la militarización. Bueno tal vez, para pueblos o para países que están en permanente conflicto y así, en guerras de conquista o de invasión o en alianzas estratégicas puedan parecer poco. A nosotros nos parece una enormidad (Fernández de Kirchner, 2012: 38).

En ese discurso es posible encontrar nuevamente la postura argentina sobre Malvinas:

> Malvinas se ha convertido en una causa regional, americana y global, y que es necesario abordar con seriedad, con mucha seriedad que es lo que estamos haciendo.
> El hecho de recorrer foros internacionales, el hecho de fortalecer nuestras relaciones con los países hermanos y con todo el mundo apunta esencialmente a si nos consideramos ciudadanos globales, respetamos a las Naciones Unidas, somos parte de ella y queremos precisamente que se respete la Resoluciones 2065 obtenida durante el gobierno del Dr. Arturo Illia. Por eso quiero un reconocimiento a esa diplomacia que logró un reconocimiento importante (Fernández de Kirchner, 2012: 38).

El discurso del 1.º de marzo de 2012 nos ofrece una serie de elementos más para el análisis de la política exterior de Malvinas. El primero de ellos menciona la cuestión de los vuelos a las islas, cuyo planteo venía siendo problemático y tomado por el gobierno argentino como una provocación. En ese sentido, ya entrado el nuevo mandato constitucional, se planteó lo siguiente:

> Por eso, eso más todas las cosas que han sucedido en estos días, que han sido provocaciones, nos han llevado a repensar, a repensar aquello que dijimos en Naciones Unidas. Y realmente vamos a instruir a nuestro ministro y a nuestra embajadora para que renegocien esta posibilidad de que la empresa LAN, que es la empresa que en aquel momento se decidió –porque era de acuerdo de las partes– que volara desde Chile dos veces al mes aterrizando en Río Gallegos, que está... Les digo que es el lugar más cerca de Malvinas mi ciudad, pese a que pertenece a Tierra del Fuego, está a 760 kilómetros de nuestro continente, del territorio nacional.
> Vamos a instruir para que negocien que en lugar de este vuelo, de estos dos vuelos, sean tres vuelos pero que partan del territorio continental de la Argentina, Buenos Aires hacia las Islas en nuestra línea de bandera Aerolíneas Argentinas (Fernández de Kirchner, 2012: 39).

Finalmente, y en ese mismo discurso, es posible encontrar el valor estratégico que tenían para el gobierno el multilateralismo y las resoluciones de la Asamblea General de Naciones Unidas.

> En realidad queremos demostrar claramente que lo que nos interesa es que se cumplan las resoluciones de las Naciones Unidas, y que no estamos para perjudicar a ninguna comunidad: ni a la de los isleños, ni a la de los no isleños, ni a la de los ingleses, ni a la de los latinoamericanos ni a la de nadie... porque somos un país que se ha creado con inmigrantes.
> ¡Soy nieta de inmigrantes! Pero así como soy nieta de inmigrantes antes que nada soy argentina, una argentina que nació en lucha colonial y que, por lo tanto cada uno de nosotros no puede permitir que siga subsistiendo un enclave colonial, en pleno siglo XXI: uno de los 16 enclaves coloniales, de los cuales 10 son de Inglaterra.

> Por eso voy a concurrir personalmente el 14 de junio ante el Comité de Descolonización, pidiendo también la compañía de los distintos jefes de la oposición, porque esta no es una cuestión de un gobierno, sino que viene desde 1964 y desde mucho antes: desde 1833 (Fernández de Kirchner, 2012: 39).

El final de la gestión se caracterizó por las crecientes tensiones en función de dos ejes: por un lado, la creciente militarización y el aumento del gasto militar destinado por parte del Reino Unido a las Islas Malvinas; y, por otro lado, el impacto ambiental de la perforación realizada en las plataformas petrolíferas en la zona de las islas. En relación con el primer aspecto, hubo fuertes incrementos en el gasto militar y el envío de tropas del Reino Unido de un número significativo de efectivos militares y de equipamiento (incluso nuclear) a las islas. Con respecto al segundo punto, ya en el año 2012 se había producido un altercado por una avería en la boca de pozo Leiv Eiriksson, que no tuvo un impacto ambiental significativo. El discurso presidencial de Fernández de Kirchner de marzo de 2014 (el último en el que se hace referencia a Malvinas) nos muestra las tensiones sobre los dos ejes anteriores:

> Encarnarían pasado en materia de relaciones exteriores; Malvinas… Y Malvinas también tiene que ver con el petróleo; tiene que ver con el petróleo, y tiene que ver con lo que decía también en la unidad y en la integración de Latinoamérica. ¿Para qué se creen que algunos quieren tenerlas? ¿Únicamente por petróleo? No, también para tener una base militar en el Atlántico Sur. Por eso volvemos a reiterar, una vez más… Porque yo estoy segura, estoy convencida de que a la mayoría del pueblo inglés, a la mayoría de los jóvenes, fundamentalmente, no les interesa ser colonizadores, porque están sufriendo también los desastres de un mundo económico que condena a los jóvenes a no tener trabajo, a no tener estudio, a no tener futuro, a que los más ricos cada vez sean más ricos. Por lo tanto, creo que se están abriendo los ojos de todo el mundo. Y yo creo que más tarde que temprano, o más temprano que

> tarde, vamos a poder discutir la cuestión de soberanía como lo ordena Naciones Unidas. Y le reiteramos hoy, una vez más, al gobierno inglés que se siente a negociar lo que ordena, precisamente, ese organismo multilateral que es Naciones Unidas, que discutamos la cuestión de soberanía sobre nuestras islas Malvinas (Fernández de Kirchner, 2014: 35).

Hacia el final de su gestión, se crearon, en el ámbito de la cancillería, la Secretaría de Asuntos Relativos a las Islas Malvinas, Georgias del Sur, Sandwich del Sur y los Espacios Marítimos Circundantes en el Atlántico Sur, y la Subsecretaria de Asuntos Relativos a las Islas Malvinas, Georgias del Sur, Sandwich del Sur y los Espacios Marítimos Circundantes en el Atlántico Sur (Decreto 2250/2013), a cuyo cargo quedó el expresidente de la Comisión de Relaciones Exteriores y Culto del Senado de la Nación, Daniel Filmus. Queda claro que el Decreto 256/10, la Declaración de Ushuaia y la creación en el ámbito de la cancillería de una secretaria y una subsecretaría plasmaron la problemática de las Islas Malvinas como una cuestión de Estado; además, este tema se convirtió en el interés nacional por excelencia.

Lo expuesto hasta aquí nos mostró una continuidad de los lineamientos de política exterior de Malvinas con relación a su antecesor. Nos encontramos con un endurecimiento de la postura argentina en respecto a otras administraciones anteriores y un marcado plano multilateral, para el abordaje de la problemática y la adopción del tema Malvinas como una cuestión de Estado.

7. El gobierno de Mauricio Macri

El presidente Mauricio Macri buscó diferenciarse de los anteriores gobiernos, que habían tenido una retórica y un accionar más áspero con relación a Malvinas. Así lo dejó ver su primer discurso de asunción a la Asamblea Legislativa del 1.º de marzo de 2016.

> Estamos construyendo relaciones maduras y sensatas con todos los países del mundo. La globalización es una realidad. Y creemos que, además de las amenazas y desafíos que eso trae, nos brinda inmensas oportunidades que debemos aprovechar.
> Lo primero que hicimos es dar una señal clara de la importancia que tiene el Mercosur para nosotros, reimpulsando conversaciones con Brasil, Uruguay y Paraguay. Pudimos poner en marcha nuevamente las conversaciones con la Unión Europea, para que se inicie la negociación entre ambos bloques. Cerramos conflictos pendientes y deudas con Chile, Uruguay, Paraguay y Bolivia; y también reafirmamos nuestro compromiso con la democracia y los derechos humanos en la región. Conversé también con los presidentes de México, Perú, Ecuador y Colombia para impulsar una agenda de trabajo compartido.
> Además de esto, restablecimos relaciones con los Estados Unidos, Francia, Italia, Inglaterra, Alemania e Israel, luego de años de conflictos, diferencias o, a veces, simplemente negligencias.
> En el caso del Reino Unido, tal como conversamos con el primer ministro Cameron[14], dialogar no implica renunciar a nuestro reclamo sobre la soberanía de las Islas Malvinas. Al contrario: el aislamiento y la retórica vacía alejan cualquier posibilidad de encontrar una solución (Macri, 2016: 13-14).

Apenas comenzada la gestión de Macri en diciembre de 2015, se realizó el reclamo soberano y el llamado al diálogo como método recurrente para la solución pacífica de la controversia. En enero de 2016, se produjo un encuentro bilateral en el contexto del Foro de Davos, donde, si bien se abordó el tema de Malvinas, se intentó redefinir la relación sobre la base de poner en consideración otra agenda de temas que incluyera, por ejemplo, comercio, economía e inversión. El tema Malvinas estuvo presente, pero cada uno de los funcionarios mantuvo su posición con respecto a la

---

14 Se refiere a una conversación telefónica mantenida entre ambos mandatarios en diciembre del 2015.

disputa. Se acordó en avanzar sobre otros temas que pudieran ser relevantes para la relación.

Hacia mediados de año, se produjo un nuevo acontecimiento. En un encuentro entre el presidente Macri y la primera ministra del Reino Unido de Gran Bretaña Theresa May, en Nueva York, el presidente argentino sostuvo que se podía comenzar a establecer un diálogo más abierto, que tomara en consideración, entre otros temas, la soberanía de las islas. Este hecho generó una gran conmoción y obligó a funcionarios de primera línea a tener que salir a realizar aclaraciones sobre el tema. En función de ello, el comunicado emitido por la Cancillería el 19 de septiembre contiene las palabras de Malcorra al respecto y puede ayudar a esclarecer la cuestión:

> "Me parece que no se ha leído la declaración en toda su magnitud. No es un acuerdo, es una declaración conjunta firmada con el Vicecanciller Duncan, en el marco del Foro Empresarial, y en paralelo tuvimos una reunión de trabajo bilateral. Allí avanzamos en las cuestiones que ya habían discutido en su momento el ex Primer Ministro Cameron y el Presidente Macri. Esto también incluye la cuestión del reconocimiento de los soldados enterrados como NN en Malvinas21. Siempre dijimos que ésta es una composición de aquellos temas positivos, propositivos, en los cuales hay que trabajar: inversiones, temas culturales, investigación, el área de seguridad y también esto involucra la cuestión de Malvinas".
> "El aspecto de la Cuestión Malvinas empieza por la referencia a la cuestión de la soberanía, y hace referencia al acuerdo de 1989. Que hayamos logrado, en una Declaración Conjunta, que ambas partes reconozcamos que el tema de la soberanía es parte de nuestra discusión es central, porque, últimamente, en el Comité de Descolonización (de la ONU), la posición británica ha sido volver a la cuestión del derecho de los habitantes de las Malvinas –o sea, la autodeterminación– y salirse del tema de la soberanía, que es tan fundamental para nosotros. Hemos logrado, en ese aspecto, restablecer el tema de la soberanía", enfatizó.

> "Me parece que ha habido una lectura de esta declaración conjunta como si fuera la firma de un acuerdo entre ambos países que tienen todos los temas resueltos. Algunas serán cuestiones operativas, y otras tendrán que pasar por todos procesos que corresponden, incluyendo el Congreso, para que sean aprobadas. Estamos dispuestos a explicárselos a todos, empezando por el Congreso. La Cancillería ha ido al Congreso en múltiples ocasiones para explicar distintos temas. Avanzamos en cuestiones en las cuales debemos trabajar y resolver: la pesca, los hidrocarburos, así como el interés en restablecer vínculos aéreos. Ninguna de estas cuestiones está cerrada y firmada" (MRECIC Prensa, 2016).

Hacia finales de diciembre, se llevó a cabo una reunión en Ginebra, que tuvo como principal objetivo el de determinar un mandato conjunto al Comité Internacional de la Cruz Roja (CICR) para poder identificar a los soldados NN enterrados en el cementerio de Darwin.

8. Conclusiones del apartado II

A lo largo del capítulo II, pudimos ver, en líneas generales, el planteo de la controversia sobre Malvinas en Naciones Unidas y la posterior postura por parte de los gobiernos democráticos de Argentina y el Reino Unido de Gran Bretaña e Irlanda del Norte en torno al tema hasta la actualidad.

El planteo en el marco de la Organización de Naciones Unidas permitió no solo darle una publicidad inusitada al tema Malvinas de la que hasta ese momento carecía, punto que no quería Gran Bretaña, ya que su idea era negociarlo bilateralmente; sino que, a la vez, introdujo una serie de debates y documentos inéditos hasta la década del sesenta, y consiguió lo que es considerado y reconocido por los diferentes gobiernos como el primer gran triunfo de la diplomacia argentina: la Resolución 2065 (XX).

El contexto internacional de la posguerra de la Segunda Guerra Mundial hizo posible el proceso de descolonización que se materializó a través de la Resolución histórica 1.514 (XV), que sostiene, entre otras cosas, que los pueblos tienen derecho a la autodeterminación y que mediante este principio pueden establecer para sí su condición política y perseguir libremente su desarrollo económico y social, pero que todo intento que esté encaminado a quebrantar la unidad territorial nacional y la integridad territorial iba en contra de los principios y del propósito que intentaba pregonar la Carta Naciones Unidas.

La resolución, sin embargo, tenía una falencia vital, asociada a la falta de definición del término "pueblo colonial". La complementación de esta resolución con la definición apropiada del término no se hizo esperar, como tampoco las controversias. Las resoluciones ponían en un primer plano el principio de libre determinación de los pueblos, pero también marcaban su alcance como un derecho que se podría aplicar a los pueblos y no a los Estados. A su vez, como bien se planteó dentro del marco de la organización, ahí no había una población autóctona que pudiera proclamar su independencia, sino un trasplante de población artificial. Por lo tanto, no valdría la aplicación del derecho de libre autodeterminación. Dentro de ese primer plano, también se puso el principio de integridad territorial, que preserva el territorio frente a una posible intervención del exterior o de posibles intentos de separación al interior del Estado.

Ambos principios fueron retomados por los Estados en disputa, pero sin llegar a un avance significativo en materia de soberanía desde la Resolución 2065 (XX), que reconoce la controversia como una disputa colonial y el establecimiento de negociaciones para la solución pacífica de la controversia. A partir de ese momento, la postura argentina fue clara en el tema: que Gran Bretana respete las resoluciones de las Naciones Unidas y que se siente a negociar para hallar la solución a la problemática, cuestión que el Reino Unido se negó amparando su postura en el principio de libre autodeterminación.

Los diferentes gobiernos argentinos, independientemente de su ideología política y de su política partidaria, abogaron por la soberanía de las Islas Malvinas reclamando al Reino Unido que respetara las resoluciones de las Naciones Unidas en la materia, y plantearon diversas estrategias para abordar la problemática, que fueron desde el plano estrictamente multilateral o bilateral, hasta una combinación de ambas.

El gobierno de Alfonsín tuvo la ardua tarea de insertar a la Argentina en el concierto mundial. Ello implicaba resolver o encaminar ciertas disputas no resueltas para que el país fuera abandonado como posible hipótesis de conflicto, y Malvinas ocupó un lugar central en esta ecuación. Las acciones se plantearon inicialmente por medio de una estrategia bilateral, pero, luego de la Conferencia de Berna en 1984, se trazó una estrategia multilateral en varios foros internacionales, pero que recaló especialmente en el ámbito de Naciones Unidas. Esta estrategia era comprensible, ya que, desde el fin del conflicto bélico, no había relaciones diplomáticas oficiales. No se produjeron avances sustantivos, y tampoco se habló de una política de Estado que contemplara la constitución de una política común entre los diversos partidos políticos.

La llegada de Menem a la presidencia, hacia fines de los ochenta, imprimió una nueva dinámica al tema de Malvinas con la firma de los Acuerdos de Madrid. La posibilidad de ampliar las relaciones y la agenda bilateral se sustentaba sobre un nuevo contexto internacional, signado por la caída del Muro de Berlín, el triunfo del liberalismo económico, la conformación de regímenes económicos y la región considerada históricamente como una zona de paz; factores todos que coadyuvaron para generar un nuevo clima internacional propicio para ello.

El encauzamiento de las relaciones diplomáticas permitió abrir un nuevo capítulo y dio paso a la construcción de una agenda bilateral económica que tuviera en cuenta la explotación de los recursos petroleros y los recursos ictícolas, dejando de lado el multilateralismo característico de la gestión anterior y desplazando los temas políticos a un segundo plano durante el primer gobierno del presidente Menem. Aparecía una nueva táctica, conocida con el nombre de "estrategia de seducción", que desplegaba un diálogo informal con los isleños y que pregonaba salvaguardar sus intereses, su bienestar y sus deseos. Sin embargo, esta no se tradujo en una contribución fehaciente a la recuperación de las Islas Malvinas, sino que incorporó la posibilidad de que los *kelpers* fueran considerados como una tercera parte en la disputa.

Hacia el segundo mandato constitucional de Menem, se pasó a una agenda bilateral más política y de seguridad; es decir, focalizada sobre lo que el realismo considera la alta política, que incluía temas como el gasto militar y la creciente militarización de las islas.

Hacia finales de la década del noventa, las relaciones seguían centralizándose sobre el bilateralismo como gran protagonista en los vínculos entre Argentina y el Reino Unido, y tuvieron como gran logro, por parte de la diplomacia argentina, los vuelos a las islas. La década se cerraba con una agenda bilateral económica y política cargada de temas, y una cierta continuidad en la estrategia implementada por parte del gobierno, que incluía a los *kelpers*.

La llegada del presidente De la Rúa significó un cambio en la estrategia implementada, puesto que se excluyó a los *kelpers* de la negociación (hasta ese momento tripartita), se abandonó la política de seducción y se retomó el camino al multilateralismo, aunque ello no implicara la renuncia a las relaciones bilaterales; de hecho, durante su período se subscribió la continuidad del acuerdo de vuelos a las islas antes mencionado.

El contexto de crisis económica impidió la finalización del mandato constitucional de De la Rúa y la continuidad de los objetivos políticos planteados por su administración. El contexto también fue determinante e influyó sobre la gestión de Eduardo Duhalde, etapa en la cual la crisis económica y política apremiante puso limitaciones al planteo de ciertos objetivos de política exterior. De esta manera, Malvinas no ocupó un lugar primordial en la agenda.

El gobierno de Néstor Kirchner, en sus inicios, tuvo que hacer frente a su reinserción internacional y la búsqueda de una política exterior autónoma. La redefinición de la inserción internacional trajo un endurecimiento en las relaciones bilaterales, que significaba el apartamiento de los *kelpers* de las negociaciones. En cierta forma, esto implicó cierta continuidad con la política iniciada con el gobierno de De la Rúa, y una vuelta al multilateralismo. La dureza de la política se manifestó, concretamente, en el abandono de la Declaración Conjunta de Hidrocarburos y Comisión de Pesca del Atlántico Sur y en las exposiciones más férreas por parte de los funcionarios en diversos organismos internacionales.

El gobierno de Cristina Fernández de Kirchner continuó con la línea de su antecesor, lo que significó la tensa relación bilateral y un campo de acción mayor en lo multilateral para reivindicar los derechos soberanos. La llegada de Néstor Kirchner y su esposa a la presidencia le imprimieron una dinámica más dura a las relaciones, que tuvieron momentos de tensión, tanto a nivel doméstico como internacional. Sus políticas respecto del tema Malvinas gozaron de una continuidad y estabilidad por más de doce años; de esta manera, lo transformaron no solo en un tema central de la política exterior, sino una cuestión de Estado.

Por su parte, el gobierno de Mauricio Macri significó una bisagra en relación con Malvinas, en cuanto se intentó disminuir la tensión en las relaciones bilaterales, sin que ello significara el abandono de los reclamos por los derechos soberanos sobre las Islas Malvinas. La gestión del presidente Macri se abocó a una ampliación de la agenda bilateral sustentada por temas económicos, inversiones y cooperación en temas científicos, alimentado por una recesión de la economía argentina que obligó a una diversificación de los temas por abordar.

En síntesis, la cuestión de Malvinas aparece en los discursos presidenciales de asunción y de apertura de sesiones ordinarias como un tema de agenda estructural que atraviesa a todos los gobiernos, planteado como de interés nacional[15] por excelencia. Sin embargo, pese a que muchos de ellos llamaron a una unidad nacional para su abordaje, prácticamente no han logrado este objetivo, salvo durante algunos períodos muy breves y excepcionales, como podría ser el de la Declaración de Ushuaia, por ejemplo. Pese a ello, se mantuvieron discrepancias en el abordaje de la problemática, que pasó de un multilateralismo a un bilateralismo, una combinación de ambos; de una agenda puramente económica o una política. La falta de continuidad y de políticas comunes, o quizás la falta de una política de Estado, fue la principal falencia a la que hubo que hacer frente desde la llegada de la democracia hasta el año 2016.

Malvinas requiere de un abordaje más integral, que incluya a todos los poderes del Estado. Si bien es el Poder Ejecutivo el que conduce la política exterior en el sistema presidencial, necesita de la complementación del Poder Legislativo, ya que sin él su tarea aparece incompleta. De esta manera, permitiría un enfoque multisectorial, democrático y pluralista, que incluyera a la mayoría de los partidos políticos y lograra mayores consensos en torno al tema.

Esta podría ser la tarea posible de llevar a cabo por parte de la diplomacia parlamentaria argentina en relación con Malvinas, como un actor más informal pero que complemente las tareas realizadas por el Poder Ejecutivo nacional, en un mundo cada vez más globalizado y donde las problemáticas requieren de estrategias exitosas, que impliquen trabajos en equipo entre los diferentes poderes del Estado.

---

15 Aquí el concepto de "interés nacional" se utiliza en los términos planteados por Hans Morgenthau en su obra *Política entre Naciones*, donde se lo define en términos de poder.

Apartado III

La diplomacia parlamentaria de Malvinas en el Senado de la Nación

1. La Comisión de Relaciones Exteriores y Culto del Senado de la Nación y la cuestión de las Malvinas

Como se comentó oportunamente en el capítulo I, históricamente, esta comisión llevó a cabo las tareas que se encuentran detalladas en el artículo 62 del reglamento de la Cámara de Senadores. Si bien ya las hemos expuesto, lo hemos hecho en forma parcial; por lo tanto, volveremos sobre el tema a los fines de exponer la vinculación entre dicha comisión y las diferentes expresiones de diplomacia parlamentaria.

El artículo 62, tal como se lo conoce en el actual reglamento de Cámara, sufrió una serie de modificaciones. Una de las primeras reformas sustanciosas en términos de contenidos se realizó con un decreto aprobado el 19 de mayo de 1949, durante el primer gobierno peronista. En ese momento, se introdujo una enumeración taxativa extensa de las competencias de la comisión, que quedaron redactadas en el artículo 60 de la siguiente manera:

> Artículo 60 – Corresponde a la Comisión de Relaciones Exteriores y Culto, dictaminar sobre *lo relativo* a las relaciones de la República con los Estados extranjeros*; cuerpo diplomático y consular; tratados, convenciones, conferencias y congresos internacionales; declaraciones del estado de guerra u otras autorizadas por el derecho internacional; límites internacionales; ajustes de paz; extradiciones; introducción y tránsito de tropas extranjeras; legalización de documentos para y del exterior; archivos de*

> *relaciones exteriores, bibliotecas, colecciones, publicaciones de tratados y mapas geográficos, publicidad, difusión de informes, libros y datos concernientes a la Nación en el exterior; política internacional del trabajo; concordatos; patronato; ejercicio del culto de las iglesias establecidas en la República; admisión de nuevas órdenes religiosas y todo otro asunto referente al ramo de las relaciones exteriores y culto.* El secretario de esta comisión debe poseer título de abogado… (Pitt Villegas, 2007: 205).

Como se puede apreciar, la modificación introducida incluye una gran amplitud de competencias por parte de la comisión, pero no se hace referencia a ninguna tipología de la diplomacia parlamentaria que hemos descrito con anterioridad.

El 26 de septiembre de 1952, durante el segundo gobierno peronista, se introdujo una nueva reforma que modificó nuevamente el reglamento. Las dos competencias que hasta ese momento no habían sido consideradas son la política internacional del petróleo y la política comercial internacional. De esta manera, el nuevo texto quedaría redactado de la siguiente manera:

> Artículo 56 – Corresponde a la Comisión de Relaciones Exteriores y Culto, dictaminar sobre lo relativo a las relaciones de la República con los Estados extranjeros; cuerpo diplomático y consular; tratados, convenciones, conferencias y congresos internacionales; declaraciones del estado de guerra u otras autorizadas por el derecho internacional; límites internacionales; ajustes de paz; extradiciones; introducción y tránsito de tropas extranjeras; legalización de documentos para y del exterior; archivos de relaciones exteriores, bibliotecas, colecciones, publicaciones de tratados y mapas geográficos, publicidad, difusión de informes, libros y datos concernientes a la Nación en el exterior; *política internacional del petróleo; política comercial internacional;* política internacional del trabajo; concordatos; patronato; ejercicio del culto de las iglesias establecidas en la República; admisión de nuevas órdenes religiosas y todo otro asunto referente al ramo de las relaciones exteriores y culto (Pitt Villegas, 2007: 206).

Nuevamente, vemos que aquí no se hace referencia alguna ni a la diplomacia parlamentaria ni a ninguna de sus técnicas o formas. La siguiente reforma se introdujo luego del período de la Revolución Libertadora, esto es, durante la presidencia de Arturo Frondizi. El 5 de julio de 1961, se estableció una resolución que marcaría la tercera modificación del reglamento de la Cámara de Senadores. La redacción quedaría de la siguiente manera:

> Artículo 56 – Corresponde a la Comisión de Relaciones Exteriores y Culto, dictaminar sobre lo relativo a las relaciones de la República con los Estados extranjeros; cuerpo diplomático y consular; tratados, convenciones, conferencias y congresos internacionales; *declaración de guerra* u otras *medidas admitidas* por el derecho internacional; límites internacionales; ajustes de paz; extradiciones; introducción y tránsito de tropas extranjeras; legalización de documentos para y del exterior; archivos de relaciones exteriores, bibliotecas, colecciones, publicaciones de tratados y mapas geográficos, publicidad, difusión de informes, libros y datos concernientes a la Nación en el exterior; política internacional del petróleo; política comercial internacional; política internacional del trabajo; concordatos; patronato; ejercicio del culto de las iglesias establecidas en la República; admisión de nuevas órdenes religiosas y todo otro asunto referente al ramo de las relaciones exteriores y culto (Pitt Villegas, 2007: 206).

Tampoco en este caso es posible hablar de diplomacia parlamentaria o de alguna de sus formas, en principio, porque, como ya señalamos, esta disciplina parece ser un fenómeno reciente, producto de los cambios acaecidos en el sistema internacional y sus impactos a nivel doméstico a partir de la década del setenta.

Luego de esta última reforma del Reglamento del Senado, nos encontramos con un largo período en el cual no se introdujeron modificaciones en las prácticas parlamentarias. Ello puede comprenderse, a partir de que por más de veinte años asistimos a la alternancia en el poder de gobiernos democráticos con gobiernos *de facto*, lo cual redujo a los primeros a una mínima duración en relación con los segundos.

Recién con la llegada del radicalismo al poder en 1983, se planteó una nueva modificación del Reglamento de la Cámara de Senadores. Aquí ya es posible divisar concretamente la primera técnica de la diplomacia parlamentaria en Argentina. Ello puede interpretarse a partir de una serie de factores. El primero de ellos es el regreso de una oleada democrática generalizada en América Latina, que trajo nuevamente a escena el rol del Parlamento, en este caso, el Senado de la Nación. Los parlamentos tomaron en algunos Estados mayor protagonismo que en otros en función del sistema político presidencial, en el cual el Ejecutivo concentra la mayoría del poder en relación con el Legislativo.

En la Argentina, el Parlamento volvió a tener cierto protagonismo en la elaboración de proyectos y en los debates, lo cual lo ubicó en un lugar clave para la opinión pública. De esta manera, durante el gobierno del doctor Alfonsín, comenzaron a elaborarse nuevas prácticas parlamentarias que incluyen la primera forma de interacción de la diplomacia parlamentaria, las relaciones parlamentarias internacionales. La resolución fue aprobada el 15 de diciembre de 1983 y modificó el texto de 1961 de la siguiente manera:

> Artículo 61 bis – Corresponde a la Comisión de Relaciones Internacionales Parlamentarias *dictaminar sobre lo relativo a las relaciones del Senado de la Nación con los organismos parlamentarios internacionales y con los parlamentos de los demás países* (Pitt Villegas, 2007: 206).

Queda claro que el artículo introduce la primera técnica de la diplomacia parlamentaria (los organismos parlamentarios internacionales) dentro de las competencias de la Comisión de Relaciones Exteriores y Culto. Ello permitirá interactuar con organismos internacionales esencialmente parlamentarios y con los parlamentos de otros países, que pueden aportar una agenda de temas en común, al igual que experiencias conjuntas para el abordaje de problemáticas de la comunidad internacional.

La segunda forma de la diplomacia parlamentaria se introdujo ya en un contexto internacional heterogéneo, caracterizado por la caída del Muro de Berlín y de la Unión Soviética y por el triunfo del neoliberalismo económico y político.

A mediados de la década del noventa, con la reelección del peronismo, centrado en la figura del Dr. Carlos Menem, el Senado de la Nación aprobó una nueva resolución, el 2 de febrero de 1995, que implantaba la segunda forma de diplomacia parlamentaria: las Agrupaciones de Parlamentarios Argentinos de Amistad, con parlamentarios de otros países.

> Artículo 69 – Corresponde a la Comisión de Relaciones Internacionales Parlamentarias dictaminar sobre lo relativo a las relaciones del Senado de la Nación con los organismos parlamentarios internacionales y con los parlamentos de los demás países. *Podrá también constituir "Agrupaciones de Parlamentarios Argentinos de Amistad", con parlamentarios de otros países* (Pitt Villegas, 2007: 206).

La última reforma, del año 2002, no introdujo ninguna interacción nueva de la diplomacia parlamentaria en Argentina. Sin embargo, la mencionamos a los fines de exponer de qué manera finalmente quedó redactado el artículo que refiere a las competencias de la Comisión de Relaciones Exteriores y Culto.

> Artículo 62 – Corresponde a la Comisión de Relaciones Exteriores y Culto, dictaminar sobre lo relativo a las relaciones de la República con los Estados extranjeros; cuerpo diplomático y consular; tratados, convenciones, conferencias y congresos internacionales; declaración de guerra u otras medidas admitidas por el derecho internacional; límites internacionales; ajustes de paz; extradiciones; introducción y tránsito de tropas extranjeras; legalización de documentos para y del exterior; archivos de relaciones exteriores, bibliotecas, colecciones, publicaciones de tratados y mapas geográficos,

> publicidad, difusión de informes, libros y datos concernientes a la Nación en el exterior; política internacional del petróleo; política comercial internacional; política internacional del trabajo; concordatos; patronato; ejercicio del culto de las iglesias establecidas en la República; admisión de nuevas órdenes religiosas y todo otro asunto referente al ramo de las relaciones exteriores y culto. *Asimismo, dictaminar sobre lo relativo a las relaciones del Senado de la Nación con los organismos parlamentarios internacionales y con los parlamentos de los demás países. Podrá también constituir "Agrupaciones de Parlamentarios Argentinos de Amistad", con parlamentarios de otros países* (Reglamento de la Cámara de Senadores, 2016: 49-50).

Antes de continuar, pasaremos a explicar unos breves puntos de lo expuesto hasta aquí. Es posible encontrar –a partir del restablecimiento de la democracia en la década del ochenta– la incorporación paulatina y gradual de diferentes formas de interacción de la diplomacia parlamentaria, que caerían bajo la competencia de la Comisión de Relaciones Exteriores y Culto, como se puede ver en el Reglamento de Cámara. Ello nos permite reforzar el primer supuesto inicial, de que la comisión desarrolló tareas históricas relacionadas con la diplomacia parlamentaria. Sin embargo, el nudo de la cuestión es si las llevó a cabo sabiendo que se trataba de formas de la diplomacia parlamentaria, o si lo hizo sin saber que lo eran porque no las conocía con ese nombre, por lo cual las realizó *ex officio*.

La Autoridad de la Comisión de Relaciones Exteriores y Culto que fue consultada[1] sostiene que no hizo diplomacia parlamentaria. Sin embargo, es posible observar que se encuentran mencionadas entre sus competencias en el Reglamento de la Cámara. Para profundizar sobre este primer supuesto, ahondaremos en las actividades que desarrolló la comisión y en las prácticas parlamentarias del Senado

---

1 Aquí me refiero a la secretaria técnica de la Comisión de Relaciones Exteriores y Culto del Senado de la Nación, que ocupó el cargo correspondiente al período que estamos analizando en la investigación.

de la Nación. Para ello, se hace necesario recurrir a las fuentes primarias por excelencia del Senado de la Nación, esto es, las versiones taquigráficas disponibles, y observar si allí se hace referencia a ellas.

Otro punto que debe ser mencionado se refiere a que, en el Reglamento de la Cámara de Senadores de la Nación, no se hace mención a la diplomacia parlamentaria por su nombre. Este es un dato que destacar, ya que, en el Reglamento de la Cámara de Diputados de México, en el artículo 269 se la define con precisión y posteriormente, en el artículo 272, se refiere a las expresiones (formas o técnicas, en otros casos) de la diplomacia parlamentaria. El caso de Nicaragua, si bien parece similar al de México en cuanto habla de expresiones de la diplomacia parlamentaria, plantea una ley orgánica que la regula, pero no la define. Estos casos fueron mencionados y descritos a lo largo del marco teórico.

El caso argentino no presenta ni una definición de la diplomacia parlamentaria ni una enumeración taxativa de sus expresiones, sino que tan solo hace una breve enumeración dentro de las competencias de la comisión. Creemos que el Reglamento de la Cámara de Senadores de la Nación debería ser modificado y adaptado a las nuevas prácticas parlamentarias. Volveremos a tocar este punto más adelante. También llama la atención que el caso de Malvinas –un tema de tanta relevancia nacional– no se mencione explícitamente en el texto del reglamento, quizás porque se supone que debe estar implícito en las competencias de la comisión.

Como se aclaró en el apartado metodológico, al recurrir a las fuentes primarias, nos encontramos con que no había referencia alguna a las versiones taquigráficas en la Comisión desde el gobierno de Alfonsín hasta el año 2010 aproximadamente, lo cual dificultó la tarea al respecto. Sin embargo, es posible encontrarlas desde esa fecha hasta la actualidad. Estas fuentes nos resultan de ayuda esencial para poder dilucidar esta cuestión y otras que hemos planteado en los supuestos teóricos.

Comenzaremos por una primera versión taquigráfica de abril de 2010 de la comisión para reforzar uno de los supuestos relacionados con que el Poder Legislativo nacional –específicamente el Senado de la Nación, en la figura de la Comisión de Relaciones Exteriores y Culto– ha desarrollado tareas de diplomacia parlamentaria sin tener conocimiento de ello y antes de adoptar oficialmente esa denominación en el Senado de la Nación, respecto de la cuestión Malvinas.

REPÚBLICA ARGENTINA VERSIÓN TAQUIGRÁFICA
CÁMARA DE SENADORES DE LA NACIÓN
REUNIÓN DE LA COMISIÓN DE RELACIONES EXTERIORES Y CULTO
Salón "Arturo Illia" — H. Senado de la Nación
7 de abril de 2010
Presidencia del señor senador Filmus
— *En el Salón Arturo Illia del H. Senado de la Nación, a las 12 y 03 del miércoles 7 de abril de 2010:*
Sr. Presidente (Filmus). — *Vamos a dar inicio a la reunión de la Comisión de Relaciones Exteriores y Culto.*
Antes de pasar a tratar los temas previstos para el día de la fecha, deseo comentar que con la iniciativa del señor senador Romero se está distribuyendo entre todos los señores senadores una nota con la invitación para integrarse a las comisiones de amistad con los distintos países. Hemos tenido una serie de visitas estos días pasados y tendremos *visitas de muchas delegaciones de afuera.*
Tiene la palabra la señora senadora Escudero.
Sra. Escudero. — *Hemos recibido un pedido de Croacia para constituir el Grupo de Amistad. Si hay algún senador que tenga alguna vinculación especial, sería interesante que sea esa persona quien la presida porque ya se conformó en Croacia el Grupo de Amistad con Argentina.*
El viernes 16 de abril, que es la semana entrante, vendrá el señor ministro de Comercio de Australia. Sería interesante que algunos

senadores pudieran estar ese día para acompañarlo, dado que es una figura muy importante y necesitamos incrementar el intercambio comercial con ese país, teniendo en cuenta que les hemos vendido un reactor nuclear.
Sr. Presidente. — *Seguro que sí. Respecto de ese tema, deseo señalar que tenemos que ir socializando porque la verdad es que tenemos más visitas que posibilidades de estar en las reuniones; muchas se hacen los lunes y viernes, que son generalmente los días en que muchos de los senadores tienen que estar en sus provincias. Así que es un problema.*
Asimismo, les comento que otra comisión que deberíamos constituir con suma urgencia es la de Perú. La señora senadora Ada Maza —que estuvo en la visita con la presidenta en Perú hace un par de semanas— se ofreció a presidirla. Esto sería importante porque de la reunión y de la reapertura de los vínculos más estrechos con Perú surgió una invitación que hicimos a parlamentarios peruanos que manifestaron su voluntad de venir antes del mes de junio. Estuvimos con la presidenta de la Comisión de Relaciones Exteriores y la vicepresidenta de la Cámara, las dos se comprometieron a venir a Buenos Aires para seguir avanzando con los vínculos que se fortalecieron a partir de esa entrevista (Comisión de Relaciones Exteriores y Culto, 2010: 2).

El texto transcripto nos permite reforzar nuevamente el primer supuesto. Queda claro que la comisión cumplió tareas de diplomacia parlamentaria relacionadas con la segunda técnica, al quedar a su cargo la integración de lo que se conoce como Grupos Parlamentarios de Amistad. Lo que se observa en este pasaje es el escaso desarrollo de estos grupos, y nos aporta un nuevo dato, sumamente relevante: que la Comisión de Relaciones Exteriores y Culto también ejercía las relaciones con Foros Parlamentarios Formales, llamados en el Reglamento de la Cámara de Senadores "organismos parlamentarios internacionales", como el caso de la Unión Interparlamentaria Mundial.

Sr. Presidente (Filmus). — Realizaré dos comentarios breves que ameritarían que después los profundicemos más. Uno se refiere a que hemos estado con el senador Giustiniani, la senadora Latorre, el diputado Atanasof –presidente de la

> Comisión de Relaciones Exteriores y Culto de la Cámara de Diputados– y el diputado De Marchi del Partido Demócrata de Mendoza en la Reunión de la Unión Interparlamentaria (Comisión de Relaciones Exteriores y Culto, 2010: 2).

A partir de estos datos, podemos reforzar el supuesto para la presente investigación que sostiene que la comisión hizo diplomacia parlamentaria sin saberlo, porque no la conoció con ese nombre y de hecho no se la nombra en ningún momento de la versión taquigráfica en esos términos, ni como técnica, forma o expresión de aquella. Estas prácticas se verán modificadas más adelante, con un decreto presidencial que crearía la Dirección General de Diplomacia Parlamentaria, bajo cuya competencia quedaron las diferentes técnicas o expresiones.

Volveremos sobre esta transcripción más adelante, porque nos permitirá obtener datos adicionales sobre las técnicas de la diplomacia parlamentaria que nos llevarán a reforzar otro supuesto de trabajo. Las versiones taquigráficas aportadas por la Comisión del año 2011 no aportan tratamientos sustanciales sobre el tema de Malvinas. Por lo tanto, decidimos dejarlas de lado y pasar directamente al año 2012.

Hacia esa fecha, se produjo un acontecimiento que tendría una gran repercusión en la opinión pública y en los diferentes poderes del Estado: las declaraciones del primer ministro de Gran Bretaña en las que acusaba a la Argentina de colonialista, que motivaron una convocatoria extraordinaria por parte del Senado de la Nación al canciller Héctor Timerman, quien asistió allí el 26 de enero.

Como sabemos, "es parte del control que el Poder Legislativo ejerce sobre el Poder Ejecutivo convocar a ministros para que den informes y explicaciones que crea conveniente" (Constitución Nacional, 1994: 24). El Reglamento de la Cámara de Senadores de la Nación, en su artículo 89, nos dice al respecto que "los pedidos de interpelaciones solicitados de acuerdo al artículo 71 de la Constitución Nacional, serán destinados a la Comisión de Asuntos Constitucionales y a la o las comisiones que de acuerdo con su materia resulten competentes" (Reglamento de la Cámara de Senadores, 2016: 65). En este caso puntual, como uno de los elementos esenciales que forman parte de la definición de "diplomacia parlamentaria" es el control del Poder Legislativo sobre el Ejecutivo, la interpelación compete a la Comisión de Relaciones Exteriores y Culto y debe ser llevada a cabo por ella.

La alocución del canciller Timerman, si bien es extensa, nos aporta datos relevantes de la situación de Malvinas hacia 2012.

> REPÚBLICA ARGENTINA VERSIÓN TAQUIGRÁFICA
> CÁMARA DE SENADORES DE LA NACIÓN
> REUNIÓN DE LA COMISIÓN DE RELACIONES EXTERIORES Y CULTO
> Salón "Arturo Illia" — H. Senado de la Nación
> 26 de enero de 2012
> – En la Ciudad Autónoma de Buenos Aires, en el Salón Arturo U. Illia del H. Senado de la Nación, a las 15 y 7, el jueves 26 de enero de 2012:
> Sr. Presidente. – *Queremos dar la bienvenida al canciller Héctor Timerman y agradecerle por poder contar con su presencia.*
> Esta reunión fue convocada con cierto apuro. Apenas se decidió la convocatoria, el señor senador Pichetto y quien les habla acudieron a usted para darle la posibilidad de participar, con el objetivo de conocer el estado actual de la situación en dirección al conflicto de Malvinas y saber también cuáles han sido los pasos seguidos, en este último tiempo, por el Poder Ejecutivo.
> *La verdad es que, fuera de todo formalismo, su actitud nos llena de alegría, porque que el Congreso de la Nación lo pueda recibir en un momento como este es muy importante, particularmente, para la Comisión de Relaciones Exteriores y Culto, que hoy se está constituyendo.*

Reitero, es muy bueno comenzar el trabajo y contar con la presencia del canciller de la Nación. Y como sabemos que está con una agenda muy apretada, en nombre de todos los bloques del Senado, le agradecemos nuevamente por poder contar con su presencia.

Entonces, con el objetivo de que esta reunión sirva para reafirmar la idea de que esta es una política de Estado de todas las fuerzas de la Argentina: las sociales y las políticas, ya que es patrimonio del pueblo argentino la lucha por la recuperación de la soberanía.

Si les parece bien, le damos la palabra al señor Timerman, a quien agradecemos por su participación.

Sr. Timerman. – *Buenas tardes y muchas gracias por la invitación que me ha sido cursada por parte del Senado y por la Comisión de Relaciones Exteriores y Culto para venir hoy a conversar sobre la cuestión Malvinas.*

Como ustedes saben, como lo expresó el señor senador Filmus, es un tema de importancia nacional y un tema de Estado. Por ese motivo, quiero comenzar agradeciendo a todas las fuerzas políticas aquí presentes. Porque uno de los baluartes, de los puntales, de presentación, cuando vamos a distintos foros internacionales o cuando hacemos visitas bilaterales a otros países –como acaba de ocurrir en Centroamérica–, a parte de los legítimos derechos que tenemos sobre la soberanía de las islas, es la unidad de criterio sobre este tema presente en la República Argentina y en todas las fuerzas democráticas.

Eso siempre es muy bien recibido en todos los países. Ellos ven que no estamos hablando desde una facción política, sino que lo estamos haciendo verdaderamente en nombre del pueblo argentino y de todas las fuerzas democráticas que representan a ese pueblo.

Así que, en ese sentido, sirva esta visita para agradecerles profundamente toda la colaboración que he recibido por parte de los miembros de la Cámara de Senadores y de la Cámara de Diputados en distintas oportunidades en las que me ha tocado el alto honor de representar a la República Argentina, especialmente, en el caso del tema de la soberanía de las Islas Malvinas.

La soberanía sobre las Islas Malvinas es una cuestión que no ha comenzado hace poco. No es una cuestión que tenga 30 años, sino que lleva ya 179 años de conflicto: cuando el 3 de enero de 1833 parte del territorio de la República Argentina fue invadido por una fuerza colonial, en este caso, Gran Bretaña.

Ese no fue su primer intento de invadir el territorio argentino. Sucedió también en 1806 y en 1807, no obstante, fueron derrotados en la Ciudad de Buenos Aires. Pero el objetivo era el mismo: ocupar parte de nuestro territorio.
Así que, cuando hablamos de Malvinas tenemos que hablar de un tema que hace a la esencia de nuestra Nación, que hace a la esencia de nuestra construcción de una República como pueblo libre. En efecto, desde hace 179 años la Argentina tiene cercenada parte de su soberanía, de su territorio, por una potencia colonial.
Generalmente, la Argentina ha hecho su reclamo en base al derecho. Ya en el mes de enero de 1833 nuestro país presentó su primera nota de protesta y desde entonces hemos ido a todos los foros internacionales y hemos tratado por todos los medios de sentarnos a una mesa de negociación. Pero la negociación fue siempre rechazada por el Reino Unido y nunca por la República Argentina.
Finalmente, desde el 46, cuando comienzan las actividades de Naciones Unidas, uno de los objetivos que le imponen los miembros fundadores –y la Argentina es miembro fundador– era lograr la descolonización del sistema de naciones.
En aquel entonces, la Argentina hizo reserva de sus legítimos derechos y existían ochenta casos de colonias, entre ellos, once fideicomisos que fueron heredados de la Liga de las Naciones. O sea, ochenta situaciones en las cuales existía una colonia y un territorio colonizado.
En la actualidad, como dijo la señora presidenta ayer en su alocución, quedan dieciséis únicamente, entre ellas la cuestión Malvinas: las Islas Malvinas, las Islas Georgias del Sur, Sandwich del Sur y los espacios marítimos circundantes. De esas dieciséis, diez casos de colonia involucran a una potencia colonial, y es Gran Bretaña.
Nunca en la historia de nuestro país un barco argentino intento obstruir la soberanía de otro pueblo. Jamás. Siempre el pueblo argentino estuvo del lado de los pueblos que luchaban contra el colonialismo. Y es por eso que nosotros nos hemos hecho acreedores frente al mundo de un respeto por nuestra lucha por los derechos de las Islas Malvinas, de nuestra soberanía. Serán islas, pero las Malvinas son tan argentinas como lo son las provincias de Chubut, de Neuquén, de Río Negro, del Chaco, de Jujuy. No hay ningún motivo para que Gran Bretaña aduzca que tiene algún tipo de derecho sobre las Islas Malvinas.

A tal punto es así que ya en 1965 las Naciones Unidas expresan y dicen que existe un problema colonial, que existe un problema de soberanía y que la única forma de resolverlo es a partir de negociaciones directas entre Gran Bretaña y la República Argentina. Son las únicas dos partes en conflicto: Gran Bretaña y la República Argentina. Y dice que el principio que rige el conflicto es el de la integridad territorial, no el de la autodeterminación de los pueblos; porque en 1833 los argentinos fueron expulsados de las Islas Malvinas y fueron reemplazados por una población traída desde la metrópoli. Y por eso dice: "la integridad territorial es el eje sobre el cual se debe discutir el tema de la soberanía de las Islas Malvinas".

También dice y habla sobre los intereses de los isleños. Y las Naciones Unidas mencionan que hay que tener cuenta los intereses de los isleños. Y la Argentina, en su reforma constitucional, también habla de los intereses de los isleños. Pero las Naciones Unidas aclaran que los intereses de los isleños no son los deseos de los isleños. Una cosa son los intereses, su forma de vida, sus tradiciones, y otra cosa son los deseos de una población. Una población no puede desear algo y tratar de imponerlo. Si así fuera, tal vez, algún día alguna provincia decida o desee hacer algo y crearía un caos en el mundo, difícil de encontrar una solución.

Y también llama la atención porque Gran Bretaña jamás aplicó ese concepto de la autodeterminación. Jamás se le preguntó al respecto. Por ejemplo, hace unos días hubo un editorialista del diario conservador The Times de Londres que señalaba: cuando Gran Bretaña negocia con China no le pregunta a los habitantes de Hong Kong qué pensaban o qué querían hacer. Negocia con China. Es lo mismo que está pidiendo la Argentina.

En ese sentido, lo que está pidiendo la Argentina es que se cumplan las resoluciones de la Naciones Unidas, que aprendamos a convivir entre las naciones, respetándonos y respetando a esa Organización que fue creada justamente para que se resuelvan los conflictos en forma pacífica.

Me he reunido en varias oportunidades con su secretario general, el señor Ban ki Moon, quien recibió a la presidenta en varias oportunidades, visitó la República Argentina y al que siempre le hemos hecho el mismo pedido: que escuche a todos los hermanos de América Latina que le han pedido,

> en reiteradas oportunidades, que sea intermediario frente a Gran Bretaña respecto de la necesidad de cumplir con las resoluciones. Y debo reconocer que el señor Ban ki Moon lo ha intentado y ha fracasado. Jamás Gran Bretaña lo recibió para hablar del tema de la cuestión Malvinas.
> Así que esa es una decisión que debemos conocer de Gran Bretaña. La Argentina debe seguir insistiendo, debe seguir yendo a los foros internacionales. Debemos seguir explicando nuestro caso y diciendo que la única forma que la Argentina busca de recuperar la soberanía y, finalmente, de tener un territorio integrado y no cercenado por una potencia extranjera es a través del derecho, de la razonabilidad y de las negociaciones. Que no hay lugar para ninguna otra forma y la Argentina no busca, ni ningún argentino busca, ninguna otra vía que no sea la del respeto al derecho internacional.
> *Y para finalizar déjenme hablarles de un tema que sí es muy preocupante: el de los recursos naturales. Una de las decisiones que tomó las Naciones Unidas es que mientras el conflicto esté abierto no se puede introducir dentro de la zona del conflicto ningún elemento que altere la situación tal como estaba cuando éste comenzó. No obstante, lo cual, Gran Bretaña desobedeció esta recomendación de las Naciones Unidas y se aprestó a utilizar, explotar, beneficiarse con los recursos naturales renovables y no renovables que existen en el territorio que comprende las Islas Malvinas, las Georgias del Sur, las Sandwich del Sur y los espacios marítimos. Son recursos naturales que pertenecen al pueblo argentino y que son necesarios; pero no solamente son necesarios porque hacen al desarrollo de nuestro país, sino porque son del pueblo argentino. No podemos permitir que se desobedezca a las Naciones Unidas también en la explotación de esos recursos* (Comisión de Relaciones Exteriores y Culto del Senado de la Nación, 2012: 2-3-4-5).

Aquí aparece con cierta fuerza la instauración del tema Malvinas con una relevancia nacional, como un tema de Estado. Esto es confirmado por el canciller cuando sostiene que uno de los puntales de Malvinas a nivel internacional está dado por el hecho de que hay una concertación entre todas las fuerzas políticas, lo que suele ser bien considerado en los organismos internacionales. Este período que podemos analizar a través de las versiones taquigráficas –de la anterior, así como de otras que veremos a continuación– denota un cierto impulso del tema desde el Senado de la Nación, como si este tuviera cierta preeminencia en este período sobre las políticas del Poder Ejecutivo. La secretaria de la Comisión de Relaciones Exteriores y Culto, a quien consulté oportunamente sobre este tema, coincidió con nosotros en este punto al sostener que, durante la presidencia del senador Filmus, él encaró una diplomacia de divulgación y difusión, es decir, enfrentó el tema realizando reuniones bilaterales constantes, conduciendo la agenda internacional de Malvinas desde el Legislativo. Este será un tema importante, ya que es posible observar en este período cierta conducción de la agenda de Malvinas desde el Poder Legislativo.

El canciller Timerman retomó los acontecimientos de Malvinas de 1965, y así puso en escena la existencia de un problema colonial y de soberanía, haciendo hincapié en que es el principio de integridad territorial, y no el de la autodeterminación de los pueblos, el que debe regir al momento del diálogo sobre esta controversia entre ambos Estados.

En un momento retomó una resolución de las Naciones Unidas –que ya hemos expuesto en el apartado II– que señala que hay que tener en cuenta los deseos de los isleños. Sin embargo, en su discurso, Timerman sostiene que las Naciones Unidas aclaran que los intereses de los isleños no son los deseos de los isleños; es decir, que una cosa serían los intereses, su forma de vida, sus tradiciones, y otra cosa son los deseos de una población. En el caso de Malvinas, indica el canciller, llama la atención que Gran Bretaña no explicara el concepto de "autodeterminación" ni cómo lo aplicaría a este caso. Claramente se vuelve a poner en escena el valor del multilateralismo y las resoluciones incumplidas en Naciones Unidas por parte de Gran Bretaña. Esta reunión de comisión contiene dos elementos más, que son trascendentales y sobre los cuales hay poco conocimiento público.

El primero de ellos se refiere a la participación del senador mandato cumplido Rodolfo Terragno en la comisión, quien expone el siguiente dato histórico poco destacado por la opinión pública en general y que resulta interesante para la presente investigación:

> **Sr. Presidente.**- Doctor Terragno...
> **Sr. Terragno.** – Muchas gracias por permitirme esta participación, y también muchas gracias al canciller.
> En efecto, la Argentina siempre sostuvo –y en esto, como señaló el canciller, ha tenido el aval de las Naciones Unidas– que este era un conflicto bilateral. Pero el Reino Unido mantuvo que era necesario atender los deseos y no los intereses de los isleños. E, incluso, su legislación decía eso hasta 1981, indirectamente, al señalar que los isleños eran ciudadanos de un territorio dependiente del Reino Unido.
> Pero el hecho que creo muy importante es la sanción de la British Nationality (Falkland Islands) Act 1983, a través de la cual se otorga a los isleños el carácter de británicos, como a aquellas personas nacidas en Londres, en Manchester o en Liverpool.
> Por lo tanto, ese fue el objeto del proyecto de declaración: instar o invitar, en ese momento a la Cancillería, a presentar como prueba de la posición argentina una ley emanada por el propio Parlamento británico. Esta iniciativa fue presentada con la firma de cuatro senadores radicales: Ernesto Sanz, Gerardo Morales y Juan Carlos Marino, además de quien les habla, y contó con el acompañamiento de los señores senadores Rubén Giustiniani, Sonia Escudero, José Pampuro, Carlos Alberto Reutemann, Marcelo López Arias, Pedro Salvatori y Adolfo Rodríguez Saá. Luego, fue aprobada el 6 de junio de 2007 por unanimidad y entre quienes dieron su aprobación estaba la entonces senadora Cristina Fernández de Kirchner.
> Entiendo que este es un antecedente muy importante, pero hasta ahora no ha sido formalmente presentado ante el Comité de Descolonización de las Naciones Unidas. No obstante, creemos que es importante hacerlo dada la coincidencia que tenemos en materia de las Islas Malvinas y de las políticas de Estado. Por tanto, solicitamos que se considere la posibilidad de que esto sea llevado ante las Naciones Unidas, ya que no se

trata de una declaración unilateral por parte de la Argentina, sino de un reconocimiento hecho por el propio Parlamento del Reino Unido (Comisión de Relaciones Exteriores y Culto del Senado de la Nación, 2012: 10-11).

El senador Terragno puso un dato en la disputa con el Reino Unido: la sanción de la British Nationality Act de 1983, donde se les otorgaba a los isleños el mismo estatus del que gozaba un ciudadano de otras ciudades de Gran Bretaña, y señaló que la Cancillería podía presentar este dato como una evidencia más en la controversia mantenida por ambos Estados.

El segundo punto de la reunión que pasó desapercibido, pero que resulta de cierta trascendencia para constituir el tema Malvinas en una verdadera política de Estado, es la formación de una Comisión Bicameral de Malvinas. Este fue un intento fallido hasta el momento. Reiteradas veces han surgido proyectos de distintos bloques parlamentarios, pero no se tomó una resolución favorable. En ocasión del debate de comisión que presentamos, el senador Morales, del bloque de la Unión Cívica Radical (UCR), anunciaba la presentación de un proyecto sobre la creación de una Comisión Bicameral.

Sr. Morales. — Señor presidente: estamos de acuerdo. Luego, que se realicen las consultas. Y si se llega a un acuerdo con el Poder Ejecutivo en cuanto a ese texto, en oportunidad de que se lleve a cabo la sesión, si es conveniente, lo incorporamos. Desde ya, dejo formulado nuestro pedido de incorporación en estos términos.

Por otra parte, en nombre de nuestro bloque, quería dejar planteado un proyecto que estamos presentando, cuyo texto queda a disposición del presidente y de la mesa, referido a la creación de una Comisión Bicameral de Reafirmación de la Soberanía sobre las Islas Malvinas.

Creo que es oportuno, pues una serie de hechos ha generado reactivar el debate, sin perjuicio de la actitud permanente que ha tenido el Estado argentino y el gobierno nacional de defensa de la soberanía. Pero sí amerita un debate que ponga el tema en términos de política de Estado, con el objeto de lograr institucionalizar mecanismos de participación de los partidos políticos, institucionalizar la participación de los partidos con representación parlamentaria y también de expertos, de técnicos, de académicos, de representantes del Poder Ejecutivo en un ámbito. A tal efecto, queremos proponer la creación de una comisión bicameral que sea específica para este asunto.

Se han presentado en otros tiempos proyectos de esta naturaleza, algunos de los cuales han sido aprobados parcialmente, pero que no han tenido eco. De hecho, no está conformada una comisión bicameral que tenga el objetivo específico de seguir adelante con la participación del Congreso en el acompañamiento de las políticas respecto de la soberanía de Malvinas como política de Estado.

Este proyecto también plantea la creación de un consejo consultivo honorífico que sería el soporte de asesoramiento de la comisión bicameral, con una participación mucho más amplia. La comisión bicameral estaría conformada por dieciséis miembros –ocho miembros de cada Cámara– que elegirían un presidente de su seno con el objeto específico de participar en el diseño y coordinación de políticas de Estado junto con el Poder Ejecutivo nacional, realizar acciones y gestiones nacionales para garantizar el debate y la mayor interpretación del problema y de las fortalezas jurídicas, históricas y políticas que tiene la República Argentina. Por supuesto, también llevaría a cabo foros de debate, audiencias públicas, acciones internacionales con parlamentos no sólo de la región en el ámbito del Mercosur, sino también en Latinoamérica y el mundo. Llevaría a cabo todas las acciones que propendan a garantizar la soberanía, es decir, institucionalizar la participación del Parlamento en la definición de política de Estado.

Y este consejo consultivo sería designado por la comisión bicameral, avalado por ambas Cámaras, pero más amplio: contaría con la participación de representantes directos de los partidos políticos, de organizaciones sociales entendidas en el tema, de expertos, de ex embajadores o de personalidades de nuestro país que tienen conocimiento y experiencia sobre este tema; es decir, un ámbito mucho más amplio de asesoramiento, como soporte de la comisión bicameral.

> Queríamos plantear esto, señor presidente. Hoy o mañana vamos a concretar la presentación del proyecto que cuenta con la firma de todos los miembros del bloque y que quisiéramos poner a consideración, pues se trata de una ley. Digo esto, porque además abarcamos el tema de las facultades de acceso a la información por parte de la comisión en la materia, con el cuidado de la información clasificada y la normativa respecto de la reserva de la información. Obviamente, tendrá que ser en otra oportunidad. No obstante, hacemos este planteo (Comisión de Relaciones Exteriores y Culto del Senado de la Nación, 2012: 12-13).

La reunión de comisión concluyó con la firma de una serie de proyectos de declaración sobre Malvinas que se buscó sintetizar en un solo proyecto de declaración que repudiara las declaraciones del primer ministro británico David Cameron. Según el Reglamento de la Cámara de Senadores, para "la aprobación de los proyectos en la comisión se requiere la firma de más de la mitad de los senadores que reglamentariamente integran la comisión" (Reglamento de la Cámara de Senadores, 2016: 72); esto significa, en la técnica legislativa, nueve o más senadores. En este caso, los proyectos de declaración sobre Malvinas que se firmaron contaron con la aprobación unánime de los miembros presentes de la comisión. "El dictamen de comisión pasó directamente al Orden del Día" (Reglamento de la Cámara de Senadores, 2016: 74).

Hacia el final de la reunión, y con la firma del proyecto de declaración, se hizo un llamamiento a una próxima reunión de comisión para continuar el tratamiento específico del tema de Malvinas y ver cómo se lograba generar un consenso para avanzar en el proyecto del senador Morales y otros que quedaron pendientes. Si bien se sugirió como posible fecha de reunión el miércoles 15 de febrero de 2012, la siguiente reunión se concretaría recién el 7 de marzo de ese mismo año.

Dicha reunión tuvo como eje tres grandes temas. La Declaración de Ushuaia, la continuación del debate sobre la conformación de una Comisión de Malvinas y, finalmente, los grupos de amistad.

REPÚBLICA ARGENTINA VERSIÓN TAQUIGRÁFICA
CÁMARA DE SENADORES DE LA NACIÓN
REUNIÓN DE LA COMISIÓN DE RELACIONES EXTERIORES Y CULTO
Salón "Arturo Illia" — H. Senado de la Nación
07 de marzo de 2012
Presidencia del señor senador Filmus
En la Ciudad Autónoma de Buenos Aires, en el Salón Arturo Illia del Honorable Senado de la Nación, a las 12 y 30 del 7 de marzo de 2012:
Sr. Presidente – *Quiero mencionar dos temas finales. El primero se refiere a un agradecimiento enorme y una congratulación entre todos por el trabajo que hemos desarrollado respecto del tema de Malvinas y de la reunión llevada a cabo en Ushuaia. Ha existido la posibilidad de llevar adelante un debate profundo, dado que no ha habido menos de cinco reuniones respecto de la discusión del documento, y, asimismo, hubo propuestas realizadas por distintos sectores políticos. Todos los bloques elevaron sus propuestas de declaración y pudimos coincidir en una declaración común, lo cual ha sido muy importante. Además, debemos tener en cuenta que no sólo participaron los bloques del Senado, sino que muchos bloques que no cuentan con representación en el Senado pero sí en la Cámara de Diputados también participaron del debate. Creemos que la reunión de Ushuaia, gracias a la invitación de la señora gobernadora, significó una expresión de política de Estado de todos los sectores que componen la realidad social y política argentina, que, sin lugar a dudas, fue uno de los hechos más importantes respecto de esta escalada militarista, colonialista y de declaraciones graves que había llevado adelante el Reino Unido.*
En este sentido, también hay un último punto en la Declaración de Ushuaia que habla de nuestro compromiso en cuanto a llevar ese documento a todos los parlamentos y foros regionales; próximamente está la reunión de Kampala, pero también hay muchos otros

foros como el Parlatino y el Parlamento del Mercosur. Entonces, creo que deberíamos empezar a distribuirnos y a tener una política activa respecto de llevar esta Declaración a todos los parlamentos de la región. Habría que llevar adelante un trabajo específico y ver cómo nos distribuimos en cuanto a la posibilidad de enviarlos. Podría preparar un borrador de una carta común para la semana que viene y enviarla a todos los parlamentos de la región. También deberíamos tener presente el tema en todas las entrevistas y visitas que recibamos en nuestro Parlamento para tratar de entregarlo y contar con declaraciones en la misma dirección de quienes nos visitan. Si les parece bien, podemos hacer un modelo y trabajar sobre él, para que no quede solamente en la formalidad de un punto en la Declaración.

He leído estos días –supongo que a ustedes también les habrá asombrado– la encuesta realizada por el periódico inglés The Daily Telegraph, que dice que la mayoría de los que opinaron estaban de acuerdo. Está claro que ahora con Internet se puede opinar desde cualquier lugar del mundo, pero, suponiendo que fueran británicos efectivamente, la verdad es que es importante porque me parece que es parte de nuestro trabajo parlamentario. Los que estuvimos en alguna entrevista con parlamentarios ingleses –me tocó coincidir con el señor senador Giustiniani en alguna entrevista–, hemos visto fisuras porque tienen opiniones distintas. Respecto de este punto, considero que sería importante que podamos avanzar.

El último punto que traigo a colación, lo he hablado informalmente con los colegas antes de iniciar la reunión, es el siguiente. Ahora el señor senador Marino me dice que tenían otra propuesta. Pero, en principio había dos propuestas distintas, una elevada por el señor senador Cabanchik y otra por quien les habla, respecto de la creación de una comisión sobre el seguimiento del tema Malvinas del Senado.

El señor senador Marino, a quien le voy a dar el uso de la palabra, hablaba de una comisión bicameral. Diputados tiene su comisión. Esa comisión viene funcionando. Acaba de hacer un informe. Justamente, estuvieron en Ushuaia.

A nosotros nos parecía que era importante hacer esa comisión en el Senado también, dependiendo de esta Comisión, sin muchos trámites burocráticos y poder, por resolución de esta misma Comisión en la próxima reunión, unificando los textos del señor senador Cabanchik y el mío y si hubiera un tercero tratar de unificar

> *los tres proyectos, crear la comisión para que empiece a avanzar* (Comisión de Relaciones Exteriores y Culto del Senado de la Nación, 2012: 2-3).

La Declaración de Ushuaia logró transformar la política llevada a cabo por el Congreso en materia de Malvinas, porque permitió un consenso generalizado y unánime respecto de la problemática, al unir a legisladores de la Cámara de Diputados y de Senadores más allá de los partidismos, y mostró una postura del Parlamento en su totalidad, lo cual también fue manifestado por el personal técnico de la Cámara cuando fue consultado por este tema.

A partir de ese momento, la estrategia central de los diferentes sectores políticos pasó por la inclusión de este documento en los foros internacionales. Aquí intervino directamente la diplomacia parlamentaria argentina y su accionar en organismos interparlamentarios y foros formales como el PARLATINO y EL EUROLAT, donde manifestó una participación activa relacionada con el tema de Malvinas.

Desarrollaremos este punto más adelante, cuando hagamos referencia a los restantes subtipos de la diplomacia parlamentaria.

El segundo eje es una continuación del debate implantado en la comisión en la reunión anterior, que se refería a la conformación de una Comisión Bicameral de Malvinas, cuyo tema sigue sin resolverse en el marco del Congreso. Este debate se centra en que la controversia es entre dos Estados parte, es decir que se vuelve a una estrategia bilateral y no tripartita, como se había planteado durante la década del noventa la administración del Dr. Menem.

Tomará la postura inicial y la hará suya el senador Marino, incluyendo también el dato histórico inédito del senador mandato cumplido Rodolfo Terragno.

> **Sr. Marino.** – No es nada nuevo. Es lo que se planteó cuando constituimos la Comisión por el tema Malvinas, que es un tema que nos comprende y nos tiene que interesar a todos.

La postura de la Unión Cívica Radical fue muy clara ese día. Todo lo que es Malvinas es un sentimiento que supera los partidos políticos para ser un problema o una solución de todos, que tenemos que trabajar entre todos.
Ahí hubo dos planteos muy claros. A lo mejor, usted, señor presidente, no se acuerda. Pero, si hacemos memoria, en ese momento, planteamos dos cosas que creemos que son importantes y queremos que se pongan a consideración.
La primera fue planteada por el señor senador Morales referente a la constitución de una comisión bicameral para abocarse al tema Malvinas. Dicha comisión también incluiría a profesionales, ex cancilleres y expertos en relaciones internacionales. La idea es, por supuesto, convocar a muchos expertos que hay en Argentina sobre el tema Malvinas.
Es decir, que Malvinas pase a ser una cuestión de Estado, que involucre absolutamente a todos. No sé qué es lo que va a proponer el señor senador Cabanchik, pero recordarán que esto se propuso cuando constituimos la Comisión y creemos que es fundamental que ocurra.
El segundo tema, que creo que no es menor, es lo que aprobamos aquí en el año 2007. Un proyecto de los señores senadores Terragno, Morales, Sanz y mío. Dicho proyecto fue votado por unanimidad, incluso por la propia presidenta de la Nación, que en ese momento era senadora nacional. Allí queríamos que Cancillería plantee ante el Comité de Descolonialización de las Naciones Unidas que no podemos entrar en una negociación tripartita como pretende el Reino Unido, sino que están las condiciones dadas para que sea una negociación bilateral entre el Reino Unido y nosotros.
Ellos hablan de la autodeterminación de los pueblos y no hay autodeterminación porque hay dos elementos claros. El primero es del año 1833, cuando quienes llegan a las Islas Malvinas, los británicos, expulsan de allí a los argentinos que estaban establecidos. No es que nos fuimos y entregamos el territorio. Nos sacaron. Esta es la realidad.
El segundo hecho, no menor, es después de la frustrada guerra de Malvinas por parte de Argentina, donde inmediatamente en el año 1983, el Parlamento del Reino Unido dictó una ley donde dice que todas las personas que habitan en el suelo de Islas Malvinas y todos los nacimientos que allí se produzcan,

> tienen la misma validez que los que se producen en Londres. ¿Qué es lo que quiere decir? Que son ciudadanos británicos. Tendríamos que tomar la propia legislación de ellos para echar por tierra este argumento que llevan a todos los foros donde están planteando la autodeterminación de los pueblos, como si los habitantes de Malvinas fueran pueblos originarios.
> Entonces, pretendemos que estas dos cosas que planteamos cuando se constituyó la Comisión, se pongan a consideración. La primera es la constitución de una comisión bicameral donde agrupemos y contengamos a todos. En estos temas de política internacional, entre más voces se oyen, mejores respuestas se tienen.
> Por supuesto, como decía el señor senador Filmus, acordamos en que esto lo tenemos que trasladar a todos los parlamentos de Latinoamérica. Creo que esto sería reforzar. Justamente, quienes nos están acompañando en este reclamo hablan de que no hay autodeterminación de los pueblos en el tema Malvinas. Creo que sería un error grosero no participar de esto, no hacer que Cancillería presente esto en Naciones Unidas.
> El otro tema es el de la comisión bicameral. No sé cuál es el planteo del señor senador Cabanchik, pero lo habíamos planteado con anterioridad. Una comisión abarcativa, amplia, convocando a todos los sectores. Eso es lo que pretendemos (Comisión de Relaciones Exteriores y Culto del Senado de la Nación, 2012: 4).

La intervención del senador Marino volvió a poner en escena el choque entre los principios de integridad territorial y libre autodeterminación de los pueblos que guía la discusión entre ambos Estados, considerando que el segundo carecía de aplicación para la problemática, ya que quienes habitan las islas no constituyen una población autóctona.

Agregó nuevamente el dato histórico de la ley sancionada por el Parlamento británico en 1983 y sumó a la discusión el tema de la Comisión Bicameral. Por su parte, el senador Cabanchik (senador mandato cumplido) presentó su proyecto sobre la formación de una Comisión Bicameral de Malvinas, que incluye algunos elementos interesantes para el análisis, por ejemplo, que el proyecto de la constitución de la comisión bicameral fuera de resolución y no de ley (ya que su creación sería transitoria), a la vez que, según su visión, debía tratarse de una comisión de expertos, que propusiera la elaboración de un documento (en este caso, el Libro Blanco) sobre el tema, para poder prestigiarla mucho más.

> Sr. **Cabanchik.** – En primer lugar, creo que la Declaración de Ushuaia fue muy importante. Espero que la podamos ratificar en la próxima sesión, el 14 de marzo. Me parece que esos diez puntos que elaboramos, votamos y firmamos prácticamente todos los sectores que estaban representados, muestran la voluntad de avanzar en la pluralidad dentro de una política de Estado en el tema Malvinas.
> En ese mismo sentido y recogiendo las distintas posiciones que veníamos trabajando con alguna idea similar, lo que proponemos en el proyecto es la creación de una comisión de expertos, donde habría seis representantes del Senado y seis de Diputados, propuestos por los distintos bloques, a fin de redactar lo que llamamos el Libro Blanco de Malvinas.
> Los británicos tienen una posición oficial de la Cámara de los Comunes, de su Parlamento. Y el Congreso Nacional argentino no tiene una posición oficial. Por ejemplo, esta Declaración va a ser una posición oficial del Congreso Nacional, porque están las dos cámaras allí integradas. Pero, es una declaración marco con los diez puntos que figuran. Lo que estamos proponiendo es algo más profundo. Tener un Libro Blanco de Malvinas del Congreso Nacional argentino que vaya con la Cancillería y todos nosotros a los distintos foros internacionales y acompañe la política del Ejecutivo, de modo tal que le dé mucha más legitimidad y fuerza, porque ahí vamos a estar todas las representaciones ¿Por qué comisión de expertos? Porque me parece que hay que prestigiar muy fuertemente esa posición, que no esté solamente en manos de los legisladores, sino también de los grandes especialistas que tenemos aquí. Recordábamos el otro día, hablando con el senador Filmus, el libro de Berazategui, de unas 800 páginas, muy completo, sobre el tema; por recordar el último que yo conozco, que es de hace pocos meses. Pero hay un montón de bibliografía de historiadores y de expertos en diplomacia que

podríamos aprovechar. Cada sector político tiene esa cercanía con distintos referentes. Esos, además, son referentes prestigiados internacionalmente, con lo cual que estén dentro de la elaboración de ese Libro Malvinas me parece que va a fortalecer la posición del Congreso.

Si es mixta o no es mixta es una cosa que me parece se puede debatir o analizar más pausadamente. Nosotros no la propusimos mixta por el siguiente razonamiento: los expertos proponen el documento, pero quienes finalmente tienen que tomar la decisión política son los representantes, es decir, nosotros y los diputados. Si es mixta, el problema es que hay una horizontalidad dentro de la comisión que luego puede no diferenciar las dos responsabilidades: la responsabilidad de producir el insumo, que es el Libro, y la responsabilidad de sancionarlo a través de un dictamen, que luego tendrá que ser votado por los plenos de las cámaras. Me parece que, teniendo una comisión bicameral de expertos, por un lado... ¿que asesora a quién, o que le da el Libro Blanco a quién? A las comisiones de Relaciones Exteriores de ambas cámaras. Ya estamos nosotros para recibir eso y tener que dictaminar o no en su favor. Y lo que hacemos es un proyecto de ley para aprobar el Libro Blanco que de allí resulte.

Esa es la secuencia que presenta nuestro proyecto, que es un proyecto de resolución; no es un proyecto de ley. Es una resolución que crea la bicameral de expertos –por decirlo rápido, "la bicameral"–, que es transitoria, no permanente, cuyo objetivo –y ahí termina su función, su constitución, su vida como comisión– es redactar el Libro Blanco. Una vez que las comisiones de Relaciones Exteriores lo tenemos, es ahí donde acordamos un proyecto de ley para aprobarlo o debatirlo y modificarlo.

Este es el esquema que nosotros planteamos, que me parece muy convergente con el que presentan tanto el senador Filmus como el senador Marino. Por supuesto, yo estuve presente y es parte de la idea que había propuesto el bloque radical de la bicameral. Pero la diferencia está en estos dos o tres aspectos, o sea: en primer lugar, expertos por un lado, comisiones por otro; en segundo término, en lugar de ser una bicameral permanente de Malvinas, aprovechar las de Relaciones Exteriores que ya tenemos y en las que estamos abocados al tema Malvinas; y, en tercera instancia, el objetivo

> del Libro Blanco como un caballito de batalla: así como ahora hablamos de la Declaración de Ushuaia, que es un modo de impactar en la opinión pública, hablar del Libro Blanco del Congreso Nacional (Comisión de Relaciones Exteriores y Culto del Senado de la Nación, 2012: 5-6).

El senador Marino se opone a que la creación de la comisión sea transitoria, para él debe ser permanente y no se debe resumir a la creación de un libro blanco:

> **Sr. Marino.** – Cuando nosotros planteamos la necesidad de una comisión bicameral, yo creo, senador, que fuimos muy claros. No era solamente de legisladores, diputados y senadores de la Nación, sino que además involucraba lo que usted termina de decir: a todos los que realmente trabajan o trabajaron el tema Malvinas. Incluso, hablábamos de incluir a ex cancilleres de todos los gobiernos, porque la verdad que cuando uno hace un seguimiento en la historia argentina de cómo se ha trabajado en el tema Malvinas, supera los partidos políticos y casi hay una cuota de responsabilidad repartida entre todos, en iguales proporciones.
>
> Lo del Libro Blanco me parece fantástico. Lo que sí creo es que nosotros no podemos crear una comisión a la que le pongamos comienzo y vencimiento. ¿Sabe por qué? Ojalá nos levantemos una mañana y sepamos que las Malvinas pasan a ser argentinas. Pero yo creo que es un tema que hay que trabajarlo mucho; que es un tema lento; que es un tema que lo hemos trabajado, por lo menos quienes pertenecemos a los partidos políticos y a la democracia, desde el diálogo, desde el convencimiento, desde incidir –como hablábamos recién con el senador Filmus– en todos los foros para que realmente se reconozca que las Islas Malvinas son argentinas.
>
> Yo, honestamente, repito lo que dije ese día: me inclino por una bicameral de legisladores y, además, convocar a esas personas que usted está diciendo; pero no le pondría fecha de vencimiento. Porque si nosotros vamos a hacer una bicameral de expertos que, una vez confeccionado o editado el Libro Blanco al que usted hace referencia, se termina... yo creo que no termina allí Malvinas. Ojalá recuperemos las Malvinas antes de que esté impreso el Libro, pero me parece que

> no sería lo aconsejable (Comisión de Relaciones Exteriores y Culto del Senado de la Nación, 2012: 6).

Hacia el final de la reunión, apareció nuevamente el tema de la constitución de los grupos de amistad, lo que nos permite reforzar más el supuesto inicial en torno a que la Comisión de Relaciones Exteriores y Culto del Senado de la Nación estaba ejerciendo la actividad de diplomacia parlamentaria, aunque no se la conociera con ese nombre. En esta oportunidad, se hizo referencia nuevamente a una de sus expresiones, al poner en discusión la falta de constitución de grupos de amistad bilaterales y la intención de la mayoría de los senadores de ser parte del grupo de amistad argentino-italiano:

> **Sr. Marino.** – Si me lo permiten, para que quede claro, cuando arrancamos la reunión dijimos que Malvinas es un tema de todos y por eso hay una declaración en conjunto. Esto está todo bárbaro y vamos a seguir trabajado juntos.
> Con respecto a lo de la comisión, [l]o que dice el senador es cierto, hay que buscar puntos de equilibrio y de consenso. Cada uno manifestará cómo quiere que funcione esa comisión y después se decidirá por el juego de las mayorías y las minorías. Si unos pensamos de una manera y otra mayoría piensa de otra, como hombre de la democracia, respecto [sic] las mayorías. Y mi pasado como intendente municipal me dice que lo que abunda no daña. Soy un hombre que trato de hablar poco y hacer más que hablar, eso me lo enseñaron mis años de intendente. Sé que Naciones Unidas toma esto como una negociación bilateral, pero Gran Bretaña sigue insistiendo en una negociación trilateral. Entonces, como digo, lo que abunda no daña. Hay un documento de este Congreso en el 2007 que es tomado de la propia legislación del Reino Unido de Gran Bretaña. Yo voy a seguir con esa postura porque, si bien respeto a Cancillería y la opinión de todos, pero soy un convencido de que en este tema lo que abunda no daña.
> Una cosa que me olvidaba y hemos hablado con el senador Filmus es que la vicepresidencia tiene a cargo la constitución de los grupos de amistad con los distintos países del mundo. Los invito a que envíen una nota a mi despacho o vayan a

> mi despacho y nos expresen el orden de prioridades de las comisiones en las que quisieran participar y después, seguramente, lo armaremos entre todos, porque si elegimos todos la comisión de Italia no va a haber lugar para todos, obviamente. Creo que aplicando el sentido común y el criterio de responsabilidad vamos a tener grupos de amistad con todos los países del mundo.
> Cuanto antes tengamos los grupos conformados, mejor.
> **Sr. Presidente.** – Hay algunos grupos que hay que conformarlos con urgencia porque están siendo demandados por Cancillería y por los países interesados (Comisión de Relaciones Exteriores y Culto del Senado de la Nación, 2012: 7-8).

Aquí nuevamente aparece la cuestión de la constitución de los grupos parlamentarios de amistad –potestad, para el año 2012, de la vicepresidencia de la Comisión de Relaciones Exteriores y Culto–. Un dato que nos presenta esta versión taquigráfica y que no puede pasarse por alto se refiere a que dichos grupos no se encontraban muy desarrollados para este momento; de hecho, según los dichos el senador, no había muchos constituidos hasta esa fecha, lo cual se podría traducir en un desconocimiento relativo a su funcionamiento o quizás un escaso interés de los senadores en formarlos. Sin embargo, no quedan dudas de que este tipo de técnica de la diplomacia parlamentaria estaba presente en la comisión desde su incorporación al Reglamento de la Cámara en el año 1995, pese a que no era muy desarrollada o conocida por los senadores.

La siguiente reunión de comisión se citó para el día 14 de marzo. Allí se expusieron una serie de temas, tales como la cuestión de la Declaración de Ushuaia y la constitución de la Comisión Bicameral de Malvinas, que se habían hablado en las reuniones previas de la comisión.

Para crear una comisión bicameral de tipo permanente en el marco del Senado de la Nación, era necesario citar como cabecera a la Comisión de Asuntos Constitucionales.

REPÚBLICA ARGENTINA VERSIÓN TAQUIGRÁFICA
CÁMARA DE SENADORES DE LA NACIÓN
REUNIÓN DE LA COMISIÓN DE RELACIONES EXTERIORES Y CULTO
Salón "Arturo Illia" — H. Senado de la Nación
14 de marzo de 2012
Presidencia del señor senador Fuentes

— En la Ciudad Autónoma de Buenos Aires, en el Salón Arturo Illia del H. Senado de la Nación, a las 12 y 17 del miércoles 14 de marzo de 2012

Sr. Filmus. — *Buenas días a todas y todos. Gracias, señor presidente.*

Para quienes no estuvieron en la última reunión de la Comisión de Relaciones Exteriores, principalmente quienes son miembros de la Comisión de Asuntos Constitucionales, nosotros en aquella oportunidad hicimos una evaluación de la reunión de Ushuaia, y de la declaración de Ushuaia, donde previo a un trabajo que realizamos entre diputados y senadores logramos una declaración común de diez puntos, que fue acordada aquí en el Congreso y luego fue llevada a la provincia de Tierra del Fuego, a Ushuaia; y como todos ustedes habrán leído, salió también consensuada y aprobada por unanimidad.

En principio, la primera discusión había sido en respuesta a los dichos de Cameron, y después pensamos que era mucho mejor, hubo varias propuestas, más que una cuestión coyuntural plantear una cuestión de principios, donde hoy íbamos a someter a consideración de la Cámara diez puntos, que son los que consideramos fundamentales para el cumplimiento de la resolución de las Naciones Unidas. Enfatizar la vía diplomática, condenar el militarismo, resguardar nuestros recursos naturales de la zona y plantear la cuestión regional como una cuestión fundamental e inclusive plantear la tarea que vamos a tener de mandar a todos los parlamentos del mundo esta declaración para conseguir la adhesión. Junto con eso hubo una presentación de tres proyectos distintos, con características diferentes, que pensábamos discutir la vez pasada en la Comisión de Relaciones Exteriores, pero a la existencia de tres proyectos también eso ameritó a que busquemos una forma de complementar las posturas y las distintas preocupaciones. Y un proyecto que había presentado quien les habla en principio de la creación de una comisión en el seno de la Comisión de Relaciones Exteriores, que era una cuestión simple de una comisión mixta entre senadores y expertos, surgió una muy buena propuesta del senador Cabanchik respecto de la creación de una comisión y una comisión bicameral, que fue una propuesta encabezada por el senador Morales. Entonces, postergamos. En ese momento no decidimos hacer ninguna de las tres, sino estudiar una forma de articular, y es lo que estamos sometiendo hoy, por eso la Comisión de Asuntos Constitucionales es la que tiene la cabecera porque es la creación de una comisión que va a ser permanente. Esperemos que no sea permanente, sino que lo sea hasta la recuperación de la soberanía de las Malvinas, y eso esté en algún momento como parte del resultado del trabajo de la Comisión en el balance.

En principio, hemos tomado de la propuesta del radicalismo y de la propuesta de Cabanchik los elementos centrales. Y tomando como modelo otras comisiones bicamerales nos parecía también interesante la propuesta del senador Cabanchik en el sentido de una comisión mixta, en la que participen expertos también. Entonces, estamos planteando una comisión permanente de ambas cámaras, con ocho senadores, ocho diputados y ocho expertos a sugerir y a resolver en la propia comisión.

La idea es que esa comisión no solo tenga como objetivo elaborar documentos e incluso juntar todos los aspectos que están vinculados a lo histórico, a lo legal, a los avances que hemos tenido en la diplomacia internacional, sino también organizar eventos, seminarios y debates para llevarlos a todo el país. Digamos, que no sea solamente un lugar de funcionamiento del Congreso de la Nación, sino llevar esta discusión, esta polémica y esta reafirmación de soberanía a todos los espacios; y también, por supuesto, como tarea la de la articulación con otros parlamentos de la región y mundiales, y nuestra articulación con los organismos intergubernamentales e interparlamentarios, como tienen que ver con el Mercosur, el Parlatino, la Unión Interparlamentaria Mundial, etcétera. Lo que ustedes tienen

> *y estamos hoy colocando en discusión, y en caso de que haya acuerdo, se podrá aprobar hoy mismo en el plenario, es la creación de esta Comisión Bicameral.*
> *Insisto, tiene su origen en tres proyectos de tres fuerzas distintas. Pero, nos parece que se ha podido llegar a una síntesis interesante* (Comisión de Relaciones Exteriores y Culto del Senado de la Nación, 2012: 1-2).

Sin embargo, pese a lo que plantea el senador Filmus en la reunión conjunta de las Comisiones de Asuntos Constitucionales y de Relaciones Exteriores y Culto, el acuerdo y el consenso estaban lejos de alcanzarse. Ello se pudo observar en las exposiciones de los senadores que representaban a diferentes bloques. Además, hay dos datos técnicos relacionados con las prácticas parlamentarias del Senado de la Nación que debemos poner en escena para comprender lo descrito en la referida versión taquigráfica.

El primero de ellos se relaciona con las firmas de los senadores para aprobar el proyecto. Al haberse citado correctamente a las dos comisiones que tenían competencia, se requería de 18 (dieciocho) firmas de senadores y no de 9 (nueve), como en el caso de que estuviera citada alguna de las dos. En segundo lugar, en la reunión se hizo referencia de que había un predictamen firmado, es decir, en el lenguaje legislativo, se supone que había un consenso previo, que se traduciría en la firma de un dictamen de comisión consensuado entre oficialismo y oposición. Sin embargo, la discusión en la comisión no se dio aparentemente en los términos planteados, y ello se puede ver reflejado en la postura del senador Marino:

> **Sr. Marino.** — Gracias, señor presidente.
> Cuando constituimos la Comisión de Relaciones Exteriores, el señor senador Morales junto a quienes integramos el bloque de la Unión Cívica Radical, plasmamos en un proyecto lo que era a nuestro entender una comisión bicameral. Consideramos que era necesaria y que sigue siéndolo, en un tema tan significativo y argentino como es Malvinas.

> Después, creo que el día 28 de febrero, el señor senador Cabanchik presenta una propuesta de una comisión con un tono distinto. Y, creo que el 7 de marzo, usted ha presentado una propuesta de una comisión de otras características.
> En la última reunión, habíamos quedado, si no lo recuerdo mal, es que se iba a convocar a una reunión de asesores para ver si de estos tres proyectos, se podían extraer partes de uno y de otro, para consensuar y terminar en un único proyecto.
> Me parece que hemos equivocado el procedimiento. Me entero en este momento, cuando traspasé la puerta del Salón Arturo Illia, que hay un predictamen. La verdad es que no sé quién lo hizo. No cumplimos con lo que dijimos. Me hubiera gustado que mis asesores también trabajaran en este tema. Es un hecho, prácticamente, consumado.
> Lo que les pediría es que pasemos a un cuarto intermedio para analizar si realmente estamos de acuerdo o no. O de lo contrario, que hagamos lo que no hicimos, que es una reunión de asesores, donde se defina si realmente este es el proyecto en el cual vamos a participar todos o no (Comisión de Relaciones Exteriores y Culto del Senado de la Nación. 2012: 3-4).

Como se manifestó previamente, no se plasmó un consenso entre las fuerzas políticas en la reunión de asesores para formular un único proyecto. El tipo de reunión al que hace referencia el senador Marino –si bien no se encuentra contemplado en el Reglamento de la Cámara– es de vital importancia en el tratamiento de los proyectos en las diferentes comisiones. Esta práctica legislativa se realiza previamente a la reunión de la comisión, y a ella asisten los asesores de cada uno de los senadores. Allí se exponen y se explican cada uno de los proyectos de los senadores que integran la comisión, para luego pasar a su tratamiento. Es en este marco donde, por costumbre, se suele establecer un consenso en relación con los proyectos para que luego, cuando pasan a comisión, su tratamiento sea más dinámico, sustentado en el consenso previo. Por esta razón, el senador Marino pidió, en la reunión de comisión, que se realizara una reunión de asesores donde se pudiera definir con claridad qué proyectos se tratarían finalmente.

A razón de este planteo del senador Marino, intervino el senador Filmus, quien señaló lo siguiente:

> **Sr. Filmus.** — Quizás hubo un malentendido. Creí que esto había circulado y que lo había mirado todo el mundo. Me llama la atención. Puede haber habido un problema de gestión. Me hago responsable y pido disculpas. También se puede leer el predictamen ahora.
> Esta propuesta toma centralmente un conjunto de aspectos, en primer lugar, en la cuestión formal de las otras comisiones bicamerales, y segundo, en lo sustantivo, como había mucho más desarrollo en los proyectos presentados por la Unión Cívica Radical y el señor senador Cabanchik; toma muchas de las cosas que estaban planteadas ahí.
> Mi proyecto proponía crear una subcomisión dentro de la Comisión de Relaciones Exteriores porque hay otra comisión de las mismas características en Diputados y nosotros aún no teníamos una comisión permanente de seguimiento del tema de Malvinas.
> Entonces, mi proyecto original proponía realizar un seguimiento del tema de Malvinas dentro de la Comisión de Relaciones Exteriores. A la propuesta de ustedes, respecto a crear una comisión bicameral, accedimos a esa idea y hemos retomado en lo central estos elementos, incorporando la idea de la comisión mixta, que también había planteado el señor senador Cabanchik, respecto de la incorporación de expertos. Ese fue el sentido. Perdonen si no se distribuyó. Creí que había sido enviado (Comisión de Relaciones Exteriores y Culto del Senado de la Nación, 2012: 4).

A partir de la intervención del presidente Filmus, la mayoría de los senadores que habían participado del debate pidieron un cuarto intermedio para poder debatir algunos puntos respecto de los cuales había disensos. Ellos eran si el proyecto iba a ser de ley o de resolución, la inclusión de un consejo consultivo, la participación de partidos políticos, y, finalmente, si la comisión sería bicameral o no. Filmus, por su parte, no era partidario de un cuarto intermedio, sino de una reunión de asesores debido a la complejidad que había tomado la cuestión.

> **Sr. Filmus.** -- En realidad, yo voy a hacer algunas sugerencias distintas de las que están acá.
> Yo no quiero hacer cuarto intermedio. Yo haría una reunión de asesores y me tomaría un tiempo para analizarlo, porque estamos hablando de cosas totalmente distintas. En primer lugar, las comisiones bicamerales salen por resolución. En segundo término, una comisión en donde hay expertos y en donde no hay solamente legisladores que definan políticas públicas me parece totalmente incompatible con la esencia de la democracia. Además, que esa comisión haga proyectos que después se pongan a consideración tampoco me parece bien porque estamos hablando de una comisión especial que tiene acá funciones muy definidas, que son recabar, recopilar, sistematizar información, organizar audiencias públicas, elaborar material de difusión, realizar acciones tendientes a actualizar, difundir, asistir y asesorar al Congreso de la Nación, emitir declaraciones, opiniones e informes y poner a consideración del Congreso las cosas que hace. No es una comisión que elabore proyectos de ley ni nada por el estilo, estamos hablando de una comisión en la que –insisto– hemos hecho un esfuerzo grande para tratar de recopilar los tres proyectos que teníamos (Comisión de Relaciones Exteriores y Culto del Senado de la Nación, 2012: 8).

Finalmente, la falta de un consentimiento generalizado en la reunión imposibilitó la concreción de los diversos proyectos, y su tratamiento en el recinto se pospuso.

Hacia agosto de 2013, se llamó a una reunión conjunta de las Comisiones de Relaciones Exteriores y Culto de las cámaras alta y baja, con objeto de plasmar una actividad parlamentaria afín a la temática de Malvinas.

En esta oportunidad, los invitados centrales a esa reunión fueron Marcelo Kohen, especialista en la defensa de la demanda argentina por la soberanía de las Malvinas, y Alicia Castro, embajadora argentina ante el Reino Unido. Marcelo Kohen, en su alocución, expuso algunos puntos trascendentales y datos relevantes, algunos de ellos, no considerados de público dominio:

"2013 – Año del Bicentenario de la Asamblea General Constituyente de 1813"

REPÚBLICA ARGENTINA
VERSIÓN TAQUIGRÁFICA
CÁMARA DE SENADORES DE LA NACIÓN
REUNIÓN DE LA COMISIÓN DE RELACIONES EXTERIORES Y CULTO
Salón Illia– H. Senado de la Nación
20 de agosto de 2013
Presidencia del señor senador Daniel Filmus

– En la Ciudad Autónoma de Buenos Aires, en el Salón Illia del H. Senado de la Nación, a las 12 y 21 del martes 20 de agosto de 2013:

Sr. Presidente. – Tiene la palabra el señor Marcelo Kohen.

Sr. Kohen. – Es un gran honor y un privilegio estar en este histórico recinto y poder abordar este tema tan caro a todos los argentinos. Creo que este recinto simboliza, quizás, mejor que nada, que el hecho de la cuestión de las Islas Malvinas es una política de Estado para todos los componentes de la sociedad argentina.

Ahora bien, ¿qué significa "política de Estado"? Hay dos aspectos que me parece importante destacar. Por un lado, está la cuestión de fondo sobre la política de Estado y, por otro lado, la cuestión procesal. En lo que hace a la cuestión de fondo, el primer elemento fundamental es la soberanía argentina sobre las Islas Malvinas, Georgias del Sur y Sandwich del Sur y los espacios marítimos importantes. El segundo elemento es el respeto del modo de vida de los habitantes. Y el tercero es que nuestra acción para recuperar el ejercicio de la soberanía se inscribe en el marco del respeto del Derecho internacional. Esos son los tres pilares de nuestra política de Estado.

Como les dije, no explicaré por qué las Islas son argentinas. Quizás pueda detenerme un poco en lo que hace al respeto del modo de vida de sus habitantes, que es uno de los

> elementos fundamentales de nuestra política de Estado y que recoge lo que la Asamblea General de las Naciones Unidas ha mencionado –podríamos decir la doctrina de las Naciones Unidas sobre la cuestión Malvinas–, que es la existencia de una disputa de soberanía, el respeto de los intereses de los habitantes, y esa es la manera de poner fin a la situación colonial.
>
> Lo que la disposición transitoria de nuestra Constitución hace es simplemente reiterar o adecuar en nuestro ámbito interno la posición, la doctrina, de las Naciones Unidas. Esto significa que los isleños no son una tercera parte. Esto también forma parte de la política de Estado. Pero el hecho de que no sean una tercera parte en la negociación y de que aquí hay una controversia de soberanía entre dos Estados, por supuesto no significa que la Argentina no toma en consideración la existencia de los isleños.
>
> Yo creo que el gobierno británico, en su política de propaganda en relación con la cuestión de las Islas Malvinas, trata de ponernos a los argentinos en una posición como que considera que en las Islas no hay habitantes, que es más importante el territorio que la gente, y lamentablemente inclusive en la opinión pública argentina algunas personas se han hecho eco de esta posición o de esta imagen que el Reino Unido trata de presentar (Comisión de Relaciones Exteriores y Culto del Senado de la Nación. 2013: 3-5).

Luego de que Kohen definiera por qué Malvinas sería un tema de Estado y señalara que la problemática estaría, según su visión, atravesada por dos cuestiones, la de fondo y la procesal, se ocupó de desarrollar cuáles serían los principales argumentos británicos en relación con Malvinas:

> **Sr. Kohen.** – Quisiera detenerme en los argumentos que los británicos utilizan para negar que haya negociaciones. En teoría los británicos dicen: “No habrá negociación de soberanía hasta tanto los isleños no nos pidan que negociemos soberanía con la Argentina”. Esto en el plano internacional incluso puede mover a risa que una parte en una controversia le diga a la otra: “Mire, en la controversia que tenemos yo tengo razón y usted está equivocado, por lo tanto si quiere que

> discutamos, tiene que aceptar mi posición". En últimas palabras esta es la actitud británica, porque el Reino Unido puede creer, pretender, invocar la libre determinación de los pueblos aplicable a los habitantes de las Islas si esa es su posición. En una controversia, cada parte define su posición. Nosotros vamos a decir: "No tiene asidero alguno, no tiene apoyo en las resoluciones pertinentes de la Asamblea General, que son las que regulan el proceso de descolonización". Pero este es otro punto en el que quizás merezca poner más énfasis. El Reino Unido pretende imponer a la otra parte en la controversia su posición, y eso no sirve como argumento para no negociar. Otro argumento que el Reino Unido utiliza es: "No se puede negociar con la Argentina porque la Argentina lo único que quiere en la negociación es que el Reino Unido reconozca su posición". Esta también es otra falacia, porque la Argentina incluso ya ha adoptado una actitud flexible en la cuestión Malvinas, porque la posición de máxima argentina no es lo que reivindica nuestro país. La posición de máxima sería: Las Islas son argentinas, por lo tanto, la Argentina hace en ese territorio lo que quiere. Podríamos decir: "Vamos a llevar 20.000 persona[s] para que residan en las Islas Malvinas"; "Aquellos que están actualmente si quieren quedarse, tendrían que cumplir tales y tales formalidades", y esas no es la posición argentina. La posición argentina no es la posición de máxima, por el contrario, es una posición que ha demostrado que estamos a la escucha de la posición de la otra parte y que aceptamos que hay que tener en cuenta el respeto del modo de vida de sus habitantes (Comisión de Relaciones Exteriores y Culto del Senado de la Nación, 2013: 9-10).

Pese a que estos argumentos suelen ser los más tradicionalmente citados en torno a la controversia entre ambos Estados, Kohen cita en la presente versión taquigráfica un aporte poco divulgado que hace referencia al Tratado de Southern Arana de 1850, que finaliza lo que sería la segunda intervención británica. Dicho tratado hace referencia

> al cese del bloqueo; al retiro de las tropas del sitio de Montevideo por parte de Rosas y al reconocimiento de que la libre navegación del río Paraná era interior de la Confederación

> Argentina sujeta a sus leyes y reglamentos, lo mismo que la del río Uruguay en común con el Estado Oriental (Levene, 1978: 299).

La parte británica retomó este acuerdo para exponer su postura frente al conflicto por Malvinas:

> **Sr. Kohen**. – Hemos visto también otros argumentos británicos recientes de los que incluso algunas personas aquí, en nuestro país, se han hecho eco –que me parece llamativo–, que se refieren ya a la historia de la controversia. Yo quisiera mencionarla porque muchas veces no hemos dado respuesta públicamente a estos argumentos británicos, por ejemplo, el argumento nuevo de que el Tratado Southern Arana de 1850, por el cual se pone fin al bloqueo del río de la Plata, puso fin a la cuestión de las Islas Malvinas.
> Este es un argumento británico novedoso, que incluso lo han hecho público y oficial en un documento que han distribuido en las Naciones Unidas. Si uno se detiene y examina la situación, puede demostrar muy claramente que la Convención de 1850 no tenía nada que ver con la cuestión de las Islas Malvinas y que a lo que se ponía término era a la controversia relativa, al bloqueo y a la navegación de los ríos. También llama la atención porque si fuera verdad que la Convención Southern Arana de 1850 puso fin a la controversia y la Argentina habría renunciado a su reivindicación, como lo pretende el Reino Unido, ¿por qué el Reino Unido no la invocó en 1884, cuando la cuestión de las Islas Malvinas volvió a ser discutida, o en 1888 y así de seguido? Porque lo lógico hubiera sido, si es verdad que esa Convención puso fin al conflicto, cuando vuelve a aparecer la cuestión después de esa Convención que el Reino Unido la mencionara y dijera: "Pero no, si ya pusimos término en virtud de esta Convención". No hay nada de eso (Comisión de Relaciones Exteriores y Culto del Senado de la Nación, 2013: 10).

Luego de la exposición de Kohen, hizo su participación la embajadora Alicia Castro, quien pasó a comentar cuáles fueron las tareas que se realizaron tras su llegada al Reino

Unido, luego de un período de cuatro años sin embajador en ese Estado. Sin embargo, hacia finales de su alocución, expuso una frase sugestiva, que no deja de ser valiosa a los fines de nuestro trabajo:

> **Sra. Castro.** – He querido compartir algunas cosas. Por supuesto, siempre estamos abiertos en la embajada. Compartimos muchas actividades parlamentarias, ya han venido dos veces los presidentes de la Comisión de Relaciones Exteriores. Creo en la diplomacia parlamentaria. Fui parlamentaria durante ocho años. Considero que ustedes han tenido excelentes iniciativas como la Declaración de Ushuaia o como el establecimiento de una reserva pesquera. Yo también confío en que vamos a profundizar, pulir y mejorar nuestro reclamo hasta que tengamos más y más gente convencida y el gobierno del Reino Unido esté más y más aislado (Comisión de Relaciones Exteriores y Culto del Senado de la Nación, 2013: 16).

Lo dicho por la embajadora Castro directamente asociaba estas tareas de la Comisión de Relaciones Exteriores y Culto a la diplomacia parlamentaria, lo que permitiría continuar reforzando el supuesto inicial de la investigación: que la Comisión cumplió tareas de diplomacia parlamentaria, sumado a que en este caso la embajadora se refirió específicamente a la actividad y la llamó por su nombre. Lo que no sabemos con certeza es si la llamó por su nombre porque consideraba que era una actividad de la diplomacia parlamentaria o porque la conoció con ese nombre después de observar esas tareas por parte de los parlamentos en el exterior, durante su cargo de embajadora en Londres.

Para la reunión de la comisión del 27 de marzo de 2014, nuevamente fue invitado el profesor Kohen, a fin de que realizara una exposición relacionada con el tema Malvinas. El acontecimiento de relevancia lo constituyó la ausencia por más de 24 (veinticuatro) años de una falta de pronunciamiento por parte de la Asamblea General de

Naciones Unidas y el 50.º aniversario de la Resolución 2.065 (XX).

En este marco, el especialista en Malvinas planteó una estrategia para implementar en el contexto del aniversario. Sus primeras palabras nos hablan de Malvinas como una política de Estado, que muestra una madurez política de todos los sectores involucrados, pero que no solo debía tomar en cuenta las acciones realizadas en diferentes foros, sino también el consenso de políticas.

REPÚBLICA ARGENTINA
VERSIÓN TAQUIGRÁFICA
CÁMARA DE SENADORES DE LA NACIÓN
REUNIÓN DE LA COMISIÓN DE RELACIONES EXTERIORES Y CULTO
Salón Gris – H. Senado de la Nación
27 de marzo de 2014
Presidencia del señor senador Ruperto Eduardo Godoy
– En la Ciudad Autónoma de Buenos Aires, en el Salón Gris del H. Senado de la Nación, a las 11 y 15 del jueves 27 de marzo de 2014:
Sr. Presidente *(Godoy). – Damos inicio a la reunión. En esta oportunidad contamos con la presencia de Marcelo Kohen, profesor de Derecho Internacional.*
Marcelo Kohen conoce bien el tema de Malvinas, así que aprovechemos para que nos dé su punto de vista, que es interesante porque está planteando alternativas para imaginar algunos caminos nuevos con el tema Malvinas.
Sr. Kohen. – Muchas gracias, señor presidente. Es un placer para mí estar nuevamente en la Comisión de Relaciones Exteriores del Senado, gracias al proyecto del senador de mi provincia, Rubén Giustiniani. Ya los he visitado el año pasado por iniciativa de Rubén y tuve el placer de discutir con los miembros de la Comisión. Hoy quiero hacer lo mismo sobre la base de una serie de puntos bien concretos.

En primer lugar, creo que todos los partidos políticos que están representados en esta casa son conscientes de la necesidad de llevar el tema de Malvinas como política de Estado, y eso es una muestra de madurez política. En una sociedad con tanta división está [sic] quizás es "la" cuestión fundamental que nos une a todos los argentinos. La política de Estado no sólo debe expresarse a través de declaraciones o de actividades comunes que puedan realizarse en diferentes foros, como la Unión Interparlamentaria u otros en el plano internacional, sino que también, a mi modo de ver, la política de Estado exige al Gobierno y a la oposición consensuar estrategias.
Sr. Presidente. – *Le pido, por favor, que hable un poco más fuerte para que pueda ser registrado.*
Sr. Kohen. – *Cómo no.*
Decía que la política de Estado no sólo significa trabajar para obtener declaraciones comunes –en esto destaco la importancia de la Declaración de Ushuaia–, sino que a través de la política de Estado se debe consensuar estrategias comunes. Cuando nosotros vamos al exterior, quien va al exterior es la Argentina, no va un Gobierno; hoy puede ser un gobierno, mañana puede ser otro. Entonces, quien va al exterior es la República Argentina.
Yo creo que hemos logrado avances en la cuestión Malvinas en estos últimos años, en volver a colocar a Malvinas en el plano internacional, porque durante cierto tiempo la cuestión prácticamente había pasado a un segundo plano en la atención de los otros países. No en el nuestro pero sí en los otros países. Hoy todo el mundo habla de Malvinas. Incluso, les puedo contar una pequeña anécdota. El martes estuve en la televisión suiza, en un programa sobre Crimea. Obviamente mi análisis de Crimea no lo digo así públicamente, pero tiene como base subyacente la cuestión Malvinas. Y no lo dije yo expresamente, porque si yo hablaba concretamente de Malvinas el efecto no era el mejor, pero un periodista suizo se refirió al doble estándar y mostró el ejemplo de Malvinas, cosa que yo había hecho en un artículo que había publicado la semana anterior en un diario de Ginebra. Creo que estamos en una situación en la cual necesitamos ir un poco más lejos de lo que hemos hecho hasta ahora en el plano multilateral.
Concretamente, de lo que quería hablarles era de la necesidad de volver a colocar la cuestión Malvinas en la Asamblea General de las Naciones Unidas. Como ustedes saben, el año que viene se cumplirán cincuenta años de la adopción de la

> primera resolución de la Asamblea General, la 20/65, que se adoptó en 1965. Es decir, hace cincuenta años la Asamblea General llamaba a las partes a que informe en el período siguiente sobre el resultado de las negociaciones. Cincuenta años han pasado y no sólo no hay resultado, sino que tampoco hay nuevas resoluciones de la Asamblea General.
> *Ahora bien, ¿cuál es la estrategia británica? La estrategia británica es mantener indefinidamente la situación existente y lograr que poco a poco la Argentina se acomode a esta situación –aun manteniendo el reclamo– sin ir, por ejemplo, a los foros universales y sin tomar medidas concretas que puedan alterar lo que es la posición de facto de las Islas por parte del Reino Unido.*
> *La última resolución de la Asamblea General de Naciones Unidas fue la resolución 4324 de 1988, que fue aprobada durante el gobierno del doctor Alfonsín. En esa época, se estaba vislumbrando la posibilidad de restablecer las relaciones diplomáticas con el gobierno británico. Luego el gobierno británico requirió al gobierno del doctor Menem que la cuestión no se plantee más en la Asamblea General. Hace entonces veinticuatro años que la Asamblea General no se pronuncia sobre la cuestión Malvinas. Por lo tanto, creo que volver a la Asamblea General es indispensable para preservar nuestra posición jurídica y también para introducir una nueva dinámica política en el ámbito internacional.*
> *Esta es una ocasión muy oportuna para hacerlo precisamente porque se van a cumplir los cincuenta años y por ende tenemos un argumento concreto para volver a la Asamblea General* (Comisión de Relaciones Exteriores y Culto del Senado de la Nación, 2014: 1-3).

Aquí se habla de la puesta en escena dentro del marco del multilateralismo de Naciones Unidas; cuestión que estuvo olvidada durante la década del noventa por parte de la administración de Carlos Menem, que planteó la cuestión en términos principalmente bilaterales en un primer momento, y luego dio paso a una estrategia trilateral con los *kelpers*. El gobierno de Néstor Kirchner había retomado la cuestión de Malvinas en el marco de Naciones Unidas, hecho que fue profundizado por la administración de Cristina Kirchner. El pedido de Kohen de volver a la Asamblea

General de Naciones Unidas se basa en la necesidad de preservar nuestra posición jurídica y, de esta manera, poder cubrirnos de posibles medidas unilaterales que el Reino Unido pueda adoptar.

Continuando con la versión taquigráfica, Kohen se realiza el siguiente planteo que deriva en una posible estrategia que implementar:

> **Sr. Kohen.** – Por otra parte, si uno se pregunta: cómo puede ser que un país como Cuba pueda obtener resoluciones en la Asamblea General condenando a los Estados Unidos por el embargo o estos países minúsculos del Océano Pacífico en una resolución contra Francia, otro miembro permanente del Consejo de Seguridad, ¿cómo no vamos a obtener nosotros una resolución para la cuestión Malvinas?
> Creo que se trata de una estrategia en varios tiempos. A mi modo de ver, esta es la ocasión propicia porque la próxima sesión de la Asamblea General será la anterior al 50 aniversario. Entonces, sería propicio proponer un proyecto de resolución en el cual la Asamblea General recuerde que en el próximo período se cumplirán cincuenta años y simplemente le pida a las partes que reanuden sus negociaciones como se lo requieren todas las resoluciones de la Asamblea General adoptadas o todas las resoluciones sobre Malvinas adoptadas por las Naciones Unidas.
> Este es un primer paso. Normalmente la Asamblea General en este tipo de resoluciones le pide a las partes que informen al año siguiente sobre cuál ha sido la aplicación de esta resolución. Creo que sería también muy importante, y éste es el segundo punto que quería proponer: el hecho de que la Argentina tenga una propuesta concreta como modo de solución del conflicto. Nosotros pedimos negociaciones, el Reino Unido nos dice que no. Pero el Reino Unido también invoca toda una serie de excusas totalmente injustificadas diciendo que la Argentina no tiene flexibilidad para negociar, lo único que quiere es alcanzar su objetivo y entonces no hay margen para la negociación. La disposición transitoria de la Constitución fija ya el resultado de la negociación, la Argentina no tiene nada que proponer. Es más, si uno habla con los isleños, ellos hasta creen que si la Argentina un día recupera

> el ejercicio de su soberanía vamos a expulsarlos o vamos a colonizarlos, etcétera.
> Creo que hace falta una propuesta concreta sobre cómo la Argentina ve la solución del conflicto. Por supuesto, si estuviéramos ante la inminencia de las negociaciones, no vamos a publicar en los diarios "Con esto vamos a la mesa de negociaciones", pero estamos todavía lejísimo de sentarnos en la mesa de negociaciones. Lo que tenemos que lograr es precisamente que esa posibilidad exista; es decir, sentarse a negociar.
> En ese contexto, si la Argentina va con una propuesta concreta, la hace pública, muestra al mundo quién está dispuesto a negociar, quién tiene flexibilidad, qué es lo que proponemos, que no es nada irracional. Pero eso, como decía antes, requiere el consenso de las fuerzas políticas aquí representadas. Eso se puede lograr a través de la actividad de una comisión que pueda crearse para hacer propuestas concretas, del trabajo de las dos comisiones de Relaciones Exteriores de ambas cámaras conjuntamente con la Cancillería (Comisión de Relaciones Exteriores y Culto del Senado de la Nación, 2014: 5).

Luego de los acontecimientos de marzo de 2014, se abrió un lapso de un año y medio durante el cual no encontramos novedades trascendentales para el tema Malvinas dentro de la Comisión de Relaciones Exteriores y Culto, más allá de algunos proyectos de declaración que hacen referencia al rechazo generalizado de las declaraciones del secretario de Defensa del Reino Unido de Gran Bretaña, Michael Fallon, que supone el aumento del presupuesto militar y la militarización de las Islas Malvinas, y otro proyecto de rechazo que fue tratado en la misma reunión de la comisión del 15 de abril de 2015, que se relaciona a la explotación y exploración de empresas petroleras en el área de adyacencia de las islas.

El triunfo electoral, hacia finales de 2015, de la coalición Cambiemos[2] trajo aparejada una serie de transformaciones

2 Se llama Cambiemos a la alianza electoral conformada entre la Unión Cívica Radical (UCR) y la Propuesta Republicana (PRO), que se consolidó de cara a las elecciones nacionales de 2015.

en la inserción internacional argentina, en comparación con los años anteriores. Ello se pudo materializar con claridad en el discurso que expuso el presidente Mauricio Macri al Congreso de la Nación, ya presentado en el capítulo II. Al asumir el cargo, el primer mandatario nombró como canciller a la funcionaria Susana Malcorra, que cumplía funciones diplomáticas en Naciones Unidas.

Las relaciones internacionales adquirían un nuevo impulso y significado para la coalición gobernante, que implicaba el relanzamiento de nuevos vínculos, entre los que se puede resaltar la relación bilateral con Gran Bretaña. En este contexto, Naciones Unidas emitió una recomendación en relación con la ampliación de la plataforma continental argentina, que significó un triunfo de una política de Estado de la diplomacia argentina.

Por esta razón, apenas abiertas las sesiones ordinarias del Congreso de la Nación en marzo de 2016, la Comisión de Relaciones Exteriores y Culto del Senado citó tanto a la subsecretaria de Malvinas, Antártida y Atlántico Sur, como a la canciller Malcorra. La primera versión taquigráfica corresponde a la reunión del 20 de abril de 2016, y en ella la Comisión Nacional del Límite Exterior de la Plataforma Continental (COPLA) expuso los logros obtenidos por parte de la diplomacia argentina en Naciones Unidas. Los aportes resultan ser significativos en cuanto al detalle brindado por los expertos respecto de los tecnicismos de la cuestión.

En el siguiente apartado, tres especialistas nos brindan un conjunto de detalles que nos permitirán obtener información adicional a la otorgada por los medios periodísticos. Comenzaremos por el ministro de la cancillería, Sr. Mársico, y luego expondrán la embajadora Králicas y la Dra. Frida Armas.

REPÚBLICA ARGENTINA
VERSIÓN TAQUIGRÁFICA
CÁMARA DE SENADORES DE LA NACIÓN
REUNIÓN DE LA COMISIÓN DE RELACIONES EXTERIORES Y CULTO
Salón Arturo Ilia – H. Senado de la Nación
20 de Abril de 2016
Presidencia del señor senador Julio César Cléto Cobos
– En la Ciudad Autónoma de Buenos Aires, en el salón Arturo Illia del H. Senado de la Nación, a las 12 y 11 del miércoles 20 de abril de 2016

Sr. Mársico.- *Muchas gracias. A solicitud del señor presidente, vamos a ser breves. Pero, nos pareció que era necesario hacer una introducción. Voy a hacer la parte más general y la doctora Frida Armas va a explicar específicamente la presentación argentina conforme a los criterios generales que voy a adelantar.*

Si vemos la primera figura[3] *ahí tenemos un modelo tridimensional de la plataforma. Hasta 1982, cuando se adopta la convención de Naciones Unidas sobre Derecho del Mar, para medir la extensión de la plataforma continental, se utilizaban dos criterios. Uno era el criterio de la profundidad. Es decir, que podía llegar hasta los 200 metros. Y el otro era un criterio más bien tecnológico. El criterio de la explotación. Hasta donde sea posible la explotación. Así era la legislación de los años 45 en adelante. Este último criterio favorecía a los Estados más desarrollados que tenían mayor tecnología.*

En 1982, se adopta la Convención de Naciones Unidas sobre Derecho del Mar, que se la denomina la Constitución de los Océanos. ¿Por qué? Porque es la primera vez que se regula en un solo instrumento jurídico todos los espacios marítimos y todos los usos del mar.

Entonces, específicamente, con respecto a la plataforma continental, la convención introduce un concepto clave en la definición. A diferencia de otros espacios, como Mar Territorial, que tiene un límite

3 Cabe aclarar que en esos momentos la expositora presentó a los asistentes un mapa.

preestablecido de 12 millas o la Zona Económica Exclusiva, que tiene un límite preestablecido de 200 millas medido desde la costa; en el caso de la plataforma, no va a haber un límite " sino que la convención va a decir que la plataforma es la prolongación natural del territorio bajo las aguas.

Entonces, esto planteó, ciertamente, un desafío para los negociadores de la convención, porque era necesario demostrar de manera científica y objetiva hasta dónde llegaba la corteza continental. A partir de ahí, empieza la corteza oceánica que es otro régimen.

Había que demostrar ante un órgano científico independiente qué se superaban las 200 millas. Ese órgano tiene la función de verificar si lo que plantea el Estado responde a la realidad geológica y a los criterios que establece el artículo 76 de la convención. Son fórmulas y restricciones que la doctora Frida Armas va a explicar con detalle y aplicadas específicamente a nuestra presentación.

Entonces, la Convención crea la Comisión del Límite de la Plataforma Continental. Este es un organismo científico, creado por la convención. Está constituido por 21 expertos independientes, que son elegidos a título personal y sobre la base de una representación geográfica equitativa.

Nosotros hemos tenido la suerte y el orgullo de tener siempre un comisionado argentino, desde la creación de la comisión. Actualmente, es el ingeniero Paterlini, quien se encuentra presente. Desde 2012, él es nuestro comisionado.

Dije que no hay un límite preestablecido. ¿Todos los Estados tienen que hacer esta presentación ante la Comisión de Límites? No. Solamente, aquellos Estados, como el nuestro, que puedan demostrar científicamente que la plataforma se extiende más allá. Los demás Estados, cuya plataforma no supera las 200 millas, no tienen que hacer nada.

La Convención de Naciones Unidas sobre Derecho del Mar fue objeto de una larguísima negociación de más de trece años. Entonces, por ejemplo la Argentina, Australia y otros países, estábamos en el grupo denominado "marginalista" y apoyábamos este concepto nuevo de prolongación natural. Había otros Estados minimalistas que querían que, al menos, se les resguardara un mínimo.

Entonces, la transacción es darle a todos los Estados un mínimo jurídico de 200 millas de plataforma, aunque la prolongación natural sea menor. Y aquellos Estados, como el nuestro, que puedan demostrar que la plataforma se extiende mucho más allá. Frida luego va a explicar que hay fórmulas, restricciones y hay máximos, de

> *hasta 350 millas o 100 millas medidas de la isobata de 2500 metros de profundidad.*
> *En la figura N° 2*[4] *vemos desde la línea de base hasta las 200 millas y en la siguiente imagen vemos también desde la línea de base hasta las 200 millas, que es la parte verde, y en azul profundo es lo que se ha trabajado en estos últimos veinte años.*
> *¿Por qué es importante establecer el límite? Porque el límite exterior de la plataforma continental marca el inicio de otra zona, que es jurídicamente distinta, que es la zona de los fondos marinos, de la que ningún Estado se puede apropiar porque es patrimonio común de la humanidad.*
> En cambio, en cuanto a la plataforma continental, la Convención le reconoce al Estado ribereño derechos de soberanía para explorar y explotar los recursos naturales. Estos derechos son exclusivos y excluyentes, y son independientes de toda ocupación real o ficticia y de toda declaración expresa. Esto quiere decir que nadie en nuestra plataforma continental –ahora, obviamente extendida– puede explorar recursos sin autorización expresa.
> *¿Qué se explota en la plataforma continental? Los recursos vivos, que son aquellos que se denominan recursos sedentarios. O sea, aquellos que durante su época de explotación se desplazan en continuo contacto físico con el suelo, como langostas, langostinos, vieiras, mejillones. Obviamente, también los recursos minerales y los hidrocarburos, lo cual abre una perspectiva económica muy importante* (Comisión de Relaciones Exteriores y Culto del Senado de la Nación, 2016: 2-3).

Como se puede observar, el ministro Mársico explicó la adopción de la Convención de Naciones Unidas sobre los Derechos del Mar y cómo esa convención había creado la Comisión Nacional del Límite Exterior de la Plataforma Continental. La importancia del avance en la materia, según el propio Mársico, radica en la demostración científica con pruebas fehacientes para poder obtener una extensión del límite, ya que es un órgano técnico y científico.

---

4 Cabe aclarar que en esos momentos la expositora presentó a los asistentes un mapa.

El triunfo tiene un impacto directo sobre la soberanía del Estado, ya que este puede explotar sus recursos sin pedir una autorización previa a otro Estado; en este sentido, la zona es rica en recursos ictícolas, minerales e hidrocarburos, lo cual incrementa sus posibilidades económicas y sus ingresos por sus posibles actividades. Társico, por su parte, no hace mención aquí al tema Malvinas, pero sí lo hace a *posteriori,* y le otorga un valor agregado a su exposición cuando relaciona la cuestión de la plataforma continental con el diferendo sobre Malvinas.

> **Sr. Társico.** – Vendría a ser una referencia a la cuestión de Malvinas, que tanto ha dado que hablar en la prensa. Ya en 2009, cuando se hace la presentación, la Argentina explicó que, conforme a las normas de la Convención y conforme al reglamento de la propia comisión, ésta no puede analizar ni calificar zonas que estén sujetas a una controversia de soberanía, a menos que haya un acuerdo entre las partes. Eso se dio en nuestro caso; nosotros hacemos la presentación completa y la subcomisión, cumpliendo las instrucciones de la comisión, cuando llega a la zona en disputa decide diferir el tratamiento –aparte de que existe una disputa–. Aquí está el verdadero valor, que es el reconocimiento –otro reconocimiento–, por un organismo de Naciones Unidas, de que hay una disputa de soberanía y que por eso no la puede tratar. Esto es importante, cuando la otra parte en la disputa la niega. Es eso. No es que el límite en la zona de Malvinas es definitivo y obligatorio para todos. Acá presentamos datos; los datos y los análisis quedan en la Secretaría de Naciones Unidas. Y en el reconocimiento de que existe una disputa, la comisión difiere su tratamiento.
>
> ¿Qué pasó con el Reino Unido? El Reino Unido hace su presentación sobre Malvinas. Esa presentación que hace el Reino Unido es objetada en su totalidad por la República Argentina y, nuevamente, la comisión dice lo mismo: aquí hay una disputa y esta presentación tampoco la podemos analizar. En nuestro caso, se forma una subcomisión que va a analizar todas las partes que ahora están sujetas a controversia, y que son las que Frida va a explicar. En el caso de la presentación británica, ni siquiera se forma una subcomisión.

> Yo quería hacer dos precisiones, si me permiten, en cuanto al tema de Malvinas. Creo que ha habido una gran confusión en la prensa argentina y también en la prensa británica. Posiblemente viene por el mapa; ese es nuestro mapa; ese es el mapa oficial; ese es el mapa que hemos presentado en Naciones Unidas. La comisión no establece el límite. El límite siempre lo fija el Estado. Entonces, la Comisión emite recomendaciones, como la emitió en nuestro caso. Y ahí la prensa británica y la oficina del primer ministro dijeron que las recomendaciones no son vinculantes y que no tienen ninguna importancia. Pero no es así; las recomendaciones son para el Estado, en este caso la Argentina, que hace la presentación. No son vinculantes para nosotros, que podemos aceptarlas –en este caso estamos muy satisfechos–, que podemos decir que no y hacer una presentación revisada, podemos aceptar una parte y hacer una presentación revisada sobre el resto. Pero –lo dice la Convención– en el caso en que el Estado establezca su límite tomando como base las recomendaciones de la comisión, este límite es definitivo y es obligatorio para terceros. Quiere decir que no es que no es vinculante, esa es una interpretación errónea. Entonces, en las zonas analizadas, que no están sujetas a controversia, el límite es obligatorio. Por lo tanto, si se quiere pescar mejillones o langostas en la milla 250, ahora eso es nuestro. Nuestro límite, en todos los casos, supera las 200 millas y llegará a las distancias que Frida les explicará.
>
> Yo les quería hacer esta precisión. El mapa no puede ser de otra manera; no puede ser sin poner el límite exterior, porque entonces tampoco podríamos proyectar la zona económica exclusiva que va desde Malvinas; no sería así. Eso sí sería debilitar nuestra posición (Comisión de Relaciones Exteriores y Culto del Senado de la Nación, 2016: 4-5).

El valor de lo trasmitido por Mársico reside en que Naciones Unidas continúa reconociendo que hay una disputa de soberanía sobre Malvinas, porque no puede expresarse sobre esa zona donde está el diferendo, a la vez que rechazó la presentación británica en su totalidad. La aclaración que realiza el ministro respecto de la interpretación que, a su entender, había realizado la prensa sobre el tema de los mapas resulta muy interesante. Las recomendaciones emitidas por la Comisión de Naciones Unidas son vinculantes para Argentina, y los límites son definitivos y obligatorios para terceros, en este caso, el Reino Unido. De esta manera, se ve fortalecida la posición argentina para la proyección de una zona económica exclusiva, a la vez que se reconoce la disputa de soberanía. El triunfo de la diplomacia argentina proyectó nuevas posibilidades en relación con el tema.

La intervención de la Dra. Frida Armas es técnica y rica en cuanto a los datos que aporta, ya que viene trabajando en la temática por más de veinte años. La exposición es bastante extensa, por lo cual intentaremos resumir los puntos más trascendentales. Comenzamos por dos preguntas:

> **Sra. Armas Pfirter.** – ¿Qué es lo que cambia con las recomendaciones de la comisión? Que los límites que están marcados en blanco, en este mapa[5], son límites que ningún otro Estado nos puede discutir. En el resto puede haber reconocimiento o no. Pero, lo que está marcado en blanco ningún Estado lo puede discutir.
> Como dijo Osvaldo, la Argentina hizo la presentación en 2009. Junto con nosotros, la realizaron un montón de Estados. En este momento, hay 77 presentaciones. La Comisión va a analizando [sic] por orden de llegada. La presentación argentina es el número 25. A título informativo nomás, la del Reino Unido, sobre Malvinas, es el número 45. Presentaron bastante después que nosotros.
> En 2012, se comenzó a analizar la presentación argentina. El análisis es realmente científico. Lo que el Estado tiene que demostrar es que el mapa que presentó coincide con los datos. Por eso, la presentación argentina pesaba como ocho toneladas. Hay que enviar todos los datos. Además, Argentina hizo la presentación original en español. Pero, mandamos nuestra propia traducción en inglés, para que fuera lo que la Argentina quería decir. Porque el idioma de trabajo de la comisión es el inglés. Por eso, cuando salgan las recomendaciones van

---

5 Cabe aclarar que en esos momentos la expositora presentó a los asistentes un mapa.

> a ver que están en inglés. La comisión trabaja en inglés. De todas maneras, estamos haciendo una traducción no oficial, que les ha sido adelantada a los señores senadores.
> El análisis de nuestra presentación lo que demostró es que la Argentina aplicó todos los métodos, criterios y fórmulas previstas en la convención de la manera que fuera más favorable para la Argentina y que fuimos los primeros en esgrimir argumentos geológicos para determinar el pie del talud, porque eso convenía a la Argentina. Hasta ahora, otros Estados lo habían intentado, pero no lo habían logrado.
> La Comisión, de acuerdo a lo que tiene que hacer porque está en la Convención, analizó, primero la determinación del pie del talud, después la aplicación de las fórmulas y, luego, las restricciones.
> ¿Qué significa esto? Acá vemos un esquema de la plataforma. La plataforma es la prolongación natural del territorio bajo el mar. Es decir, hay que demostrar que el continente se extiende más allá. Eso es lo que el Estado tiene que fijar para demostrar su límite. Entonces, en la convención se acordó que la plataforma jurídica iba a ser como una ficción, porque en realidad abarca lo que geológicamente es plataforma, pero también lo que es talud, que es cuando esa corteza continental va bajando hacia las profundidades oceánicas con una inclinación mayor, y abarca lo que se denomina emersión. Es decir, la zona donde se depositan los sedimentos. Para países como la Argentina, que tiene muchos sedimentos, era muy importante, porque ahí podría haber hidrocarburos (Comisión de Relaciones Exteriores y Culto del Senado de la Nación, 2016: 7).

Volviendo al tema de la recomendación, lo que se plantea es que los límites están fuera de la discusión, es decir que son aceptados como válidos y obligatorios. Claramente, hay una correspondencia entre los datos presentados y los mapas, manifestada en evidencia concreta, o sea que los métodos, los criterios y las formas presentados en la convención fueron los correctos. El segundo planteo que hace la Dra. Armas es el siguiente:

> **Sra. Armas Pfirter.** – ¿Qué son las recomendaciones que hemos recibido de la Comisión? Son el análisis que la comisión hizo. Probablemente, muchos de ustedes esperan ver una hojita donde diga: "la Argentina tiene razón en esto". Son 91 páginas donde se va haciendo un análisis y se va contando qué se hizo en cada sesión. Son bastante aburridas. Pero, hay que ir sacando lo que ahí se va diciendo.
> Acá se ve el índice de las recomendaciones. La Comisión analizó por partes las dos secciones que iba a analizar en esta oportunidad. Como dijo el ministro Mársico, la parte de la disputa se posterga para más adelante. La parte que va a analizar es la norte, desde el primer punto hasta la zona que fue objetada por el Reino Unido, que es la plataforma que empieza a derivar de Malvinas. Y, después, la parte que proviene del sur, al sur de Tierra del Fuego. Acá es donde digo que no hay ningún problema con Chile. En esa zona, Chile manifestó que no tiene plataforma continental (Comisión de Relaciones Exteriores y Culto del Senado de la Nación, 2016: 7).

Lo que explica la Dra. Armas son las dos secciones en las que se dividió el análisis, norte y sur, sin considerar la zona en disputa entre Argentina y Reino Unido. En relación con una posible disputa con Chile, aclara que, en la zona sur, Chile no tiene plataforma continental. Sin embargo, debemos incluir un punto interesante. En la presente versión taquigráfica, la especialista hace referencia a una cuestión que ciertamente salió en la prensa y por la que algunos funcionarios salieron a hablar. Hacemos referencia a que Chile adoptó una actitud similar a la del Reino Unido.

> **Sra. Armas Pfirter.** – Además de lo que dijo el ministro Mársico, hoy en los diarios –en la prensa, y tal vez algún funcionario haya dicho algo sobre eso– sale, por ejemplo, lo de Chile. Chile tomó la misma actitud que el Reino Unido. Es decir, no hizo la presentación sobre su sector antártico, pero presentó una nota diciendo que eran reclamantes de soberanía del sector antártico y que iba a realizar la presentación más adelante. Esto había sido conversado con Chile. No hay realmente ningún problema objetivo. Los dos países sabíamos y ellos hicieron lo mismo que nosotros. Reivindicaron

> la plataforma continental que proviene de su sector antártico que, también, se superpone con la argentina. Creo que esto es un malentendido de la prensa, a raíz de los mapas (Comisión de Relaciones Exteriores y Culto del Senado de la Nación, 2016: 6).

La expositora no le da mucha trascendencia a este hecho y lo toma más como algo esperado y lo categoriza como un malentendido de la prensa, ya que supuestamente se había conversado con el país vecino.

Hacia el final de la reunión, se dio participación a los senadores para que pudiesen realizar las preguntas que considerasen pertinentes. No es la intención, en este punto, replicar todas ellas, sino alguna que nos resulte de interés o esclarecedora en relación con los hechos que estamos tratando. En este sentido, se nos presentan dos planteos. El primero de ellos, realizado por la senadora de la provincia de La Pampa, Norma Durango, que formuló lo siguiente:

> **Sra. Durango.** – Muchas gracias, señor presidente. En principio, también, quiero felicitarlos y felicitar al equipo. En líneas generales, acuerdo con lo que ha dicho el señor senador Rozas. Ustedes son un ejemplo de política de Estado. Han desarrollado una tarea apasionante, además de necesaria e imprescindible.
> Quiero preguntarles si ustedes consideran que este Congreso tendría que ratificar esta recomendación de la convención con alguna legislación. Si así fuera, todos los que estamos aquí, podríamos ponernos a trabajar (Comisión de Relaciones Exteriores y Culto del Senado de la Nación, 2016: 11).

El planteo resultó de interés no solo por los senadores presentes en la Comisión, sino por el equipo de la COPLA y el Poder Ejecutivo Nacional. Este, en la figura de Mársico, expuso que se presentaban dos opciones. Una, basada en la Ley 23.968, que establece nuestros espacios marítimos y fija el límite de la plataforma, lo que, a su entender, habría requerido de un proceso de demarcación. Por otro lado, también podría considerarse un decreto, porque no se estaría estableciendo un límite, sino una demarcación. Finalizó sosteniendo que, dadas la importancia y la significación que reviste la cuestión, lo más apropiado sería una ley del Congreso.

Por su parte, el senador por la Ciudad Autónoma de Buenos Aires Pino Solanas no había logrado leer en su totalidad el informe distribuido en la Comisión, para lo cual realiza el siguiente planteo:

> **Sr. Pino Solanas.** – En el año 2009, ¿cuántos kilómetros cuadrados de plataforma continental presentó Argentina?
> **Sra. Armas Pfirter.** – La presentación, en el año 2009, fue esta misma, señor senador. La Argentina presentó este mismo límite de la plataforma continental, más allá de las 200 millas. Por eso, el logro, en realidad, es que de la parte que se analizó, nos reconocieron todo. Incluso, un poquito más que pudimos ir agregando. La otra parte no fue analizada. La presentación del año 2009 es ésta. Lo que se hizo durante los siguientes años fue actualizar algunos datos que se iban obteniendo con mejor tecnología. Pero, la presentación fue ésta.
> **Sr. Pino Solanas.** – La pregunta complementaria es cuánto presentó el Reino Unido, sobre la plataforma continental y el océano, en el año 2009.
> **Sra. Armas Pfirter.** – Sí, fue en el año 2009. La de ellos, no se tocó. La Comisión dijo "recibo la presentación del Reino Unido. Argentina hace una objeción. Hay una disputa. No la analizo". Y la dejó separada porque no se formó subcomisión. La superficie no la sé. Pero, el límite es casi el mismo que el presentado por la Argentina. Varía en algún sector, en el norte, porque ellos no consideran algunas islas, como la Negra, generando plataforma continental. Al norte de Sandwich[6] marcan una zona como si fuera plataforma continental, pero es una misma formación. La comisión ya les negó plataforma en la isla Ascensión. Nuestros científicos consideraron que ahí no había.
> Es muy similar.

---

6 La expositora se refería a las islas Sándwich del Sur.

> **Sr. Pino Solanas.** – La última pregunta es qué es lo que exactamente incluyen esos 1.700.000 kilómetros. ¿Contempla o está afuera de todas las zonas de discusión?
> **Sra. Armas Pfirter.** – No. Es toda la plataforma continental argentina. Como dijimos es el límite actual de la Argentina. No es la zona que quedó definitiva y obligatoria porque ha sido analizada. La zona analizada es de más de 350 mil kilómetros cuadrados.
> **Sr. Pino Solanas.** – ¿El reconocimiento firme es sobre 1.700.000 kilómetros?
> **Sra. Armas Pfirter.** – No. Ese es el límite de la Argentina. Pero, hay una parte que está sujeta a controversia.
> El límite que nadie nos puede discutir son más de 350 mil kilómetros cuadrados.
> **Sr. Pino Solanas.** – ¿Cuánto quedaría sin ninguna discusión?
> **Sra. Armas Pfirter.** – Sin ninguna discusión, más de 350 mil kilómetros cuadrados (Comisión de Relaciones Exteriores y Culto del Senado de la Nación, 2016: 12-13).

La siguiente reunión de la Comisión se programó para el 4 de mayo. Aquí nuevamente el Poder Legislativo, con base en el artículo 71 de la Constitución Nacional, citó a la canciller Malcorra para exponer en relación con los lineamientos de política internacional del nuevo gobierno.

Entre los temas más sustanciales que resaltar en la reunión, sobresalen los siguientes ejes: la ampliación de la plataforma continental, Malvinas, la intervención de fuerzas de paz multinacionales en Colombia, la posible participación de la brigada conjunta Cruz del Sur con Chile, y el Mercosur y la Unión Europea.

REPÚBLICA ARGENTINA
VERSIÓN TAQUIGRÁFICA
CÁMARA DE SENADORES DE LA NACIÓN
REUNIÓN DE LA COMISIÓN DE RELACIONES EXTERIORES Y CULTO
4 de mayo de 2016
Presidencia del señor senador Julio César Cléto Cobos
– En la Ciudad Autónoma de Buenos Aires, en el Salón Arturo Illia del H. Senado de la Nación, a las 11 y 9 del miércoles 4 de mayo de 2016
Sr. Presidente (Cobos). – *Buenos días a todos. Queremos agradecer la presencia a la ingeniera Canciller, su presencia aquí responde a la invitación y la inquietud de esta Comisión de Relaciones Exteriores que trabaja codo a codo con el Poder Ejecutivo, así que consideramos oportuna su presencia acá y se lo agradecemos. Estamos a la espera de conocer los lineamientos de la política internacional. Hay varios temas que, sin perjuicio de las preguntas que luego harán los senadores y las senadoras, reflejan la inquietud de la comisión: uno, es el tema de la extensión de la plataforma continental y el impacto sobre este diferendo que mantenemos, y que ya es histórico, con Inglaterra; otro, es el tema de la intervención de las fuerzas de paz en Colombia y la posible intervención de Cruz del Sur en forma conjunta con Chile; el Mercosur y la Unión Europea, esos son los temas generales, pero seguramente habrá otras inquietudes de cada senador. Señora Canciller, le damos la bienvenida y le damos la palabra.*
Sra. Canciller (Malcorra). – *Muchísimas gracias, senador. Ustedes probablemente me han escuchado decir algo que no todo el mundo comparte, pero lo voy a decir de nuevo acá porque quiero explicar porqué lo digo que es la cuestión de desideologizar la política exterior. No soy una persona inocente que cree que las*

ideologías no existen, al contrario, creo profundamente que las ideologías existen, pero me parece que los vínculos de inserción y de proyección de la Argentina y los nuestros en particular tienen que estar conducidos por otros ejes que son los ejes del interés de la Argentina. Y el interés va más allá de las ideologías en términos prácticos. Por eso es que decimos que estamos abiertos a hablar con todos, a sentarnos con todos y estamos abiertos a incluir todos los temas sobre la mesa, montados en un principio de empecemos por las cosas que nos unen, en lugar de las cosas que nos separan.
En cualquier relación, incluyendo la de matrimonio -yo tengo casi 40 años- siempre uno tiene esto de Pareto, hay un 80 por ciento en lo que está de acuerdo y hay un 20 por ciento que no siempre está tan de acuerdo. Mi responsabilidad es construir sobre el 80...
Bueno, a lo mejor los porcentajes pueden ser distintos... [Risas]. Mi responsabilidad es construir sobre el 80 para ver si a través de los puentes de confianza que eso genera o uno achica el resto o reconoce que el resto estaciona al costado y sigue otros carriles. Esto aplica desde los vínculos a la región, como a los vínculos con el Reino Unido, en el que tenemos un eje de diferencia que no solamente es histórico y pasa por el profundo entendimiento y sentimiento del pueblo argentino, sino que está refrendado por la Constitución y tenemos la responsabilidad de avanzar. Pero me parece que centrarnos solo en eso, nos hace perder oportunidades de una serie de otras cosas en el vínculo con el Reino Unido (Comisión de Relaciones Exteriores y Culto del Senado de la Nación, 2016: 1-2).

Estas palabras de la canciller nos brindan algunas ideas complementarias a las ya expuestas en el capítulo II. La primera cuestión para mejorar la inserción internacional de Argentina y los vínculos con los demás Estados pasa, según su criterio, por desideologizar la política exterior, lo que nos permitiría diversificar los vínculos e intercambios. Esta fórmula debe de ser un principio general y debe de aplicarse también a las relaciones con el Reino Unido, en las que se nos presentan diferendos sustanciales. Lo que resalta la funcionaria es que, si solo nos centramos en un punto de la relación (en este caso, Malvinas), nos perderemos las oportunidades que puedan surgir en un amplio abanico de opciones. Ello no implica la renuncia al tema de Malvinas como prioritario.

Este concepto de desideologizar la política exterior se presenta en un momento en el cual Argentina requería de nuevos vínculos comerciales regionales e internacionales, ya que la economía presentaba indicadores macroeconómicos y un deterioro en los términos de intercambio externos.

Luego, Malcorra continúa su exposición explicando por dónde deberían comenzar a crecer los vínculos comerciales:

> **Sra. Canciller (Malcorra).** – Creemos fuertemente que esta vinculación con el mundo es de círculos concéntricos. El primer lugar de vinculación con el mundo es nuestro vecindario; son nuestros vecinos. Cualquier país del mundo parte de un análisis geopolítico inicial que tiene que ver con los que están alrededor. Nosotros estamos en una asociación que pasa por la geografía, somos vecinos de los que somos y nuestros vecinos nos tienen a nosotros como vecinos. Entonces, hay que trabajar muchísimo en la construcción con nuestros vecinos, esto significa trabajar Mercosur, esto significa trabajar UNASUR[7], CELAC[8] y OEA (Comisión de Relaciones Exteriores y Culto del Senado de la Nación, 2016: 2).

Aquí aparece claramente uno de los primeros indicadores de la política exterior del nuevo gobierno: la relación con los países vecinos. Luego de la crisis del año 2001, la región volvió a presentarse como el espacio geográfico por excelencia para Argentina, principalmente a través del rol estratégico que cumplió Brasil en la asociación económica. Sin embargo, Malcorra sostiene que esos lazos de hermandad y de integración latinoamericana no se materializaron en datos concretos, y al respecto expone lo siguiente:

---

7 Unión de Naciones Sudamericanas.
8 Comunidad de Estados Latinoamericanos y Caribeños.

> **Sra. Canciller (Malcorra).** – También tengo que decirles que yo creo en la retórica de los hechos y he escuchado mucho decir "la integración de la región" o "la integración latinoamericana" pero cuando miro los datos objetivos, los indicadores de intercambio comercial o intraregión y los indicadores de inversión directa intraregión son lamentables. Entonces, soy de las que va a empujar la integración a partir de que nos fortalezcamos mutuamente, una región que es más autoabastecida y, además, se proyecta al mundo. Esto incluye la cuestión de la dicotomía Atlántico-Pacífico que, de nuevo, se ha llevado al extremo en una posición que no nos posiciona bien. Nosotros tenemos que encontrar la forma de mejorar los puentes. El Mercosur necesita definitivamente un vehículo de salida hacia el Pacífico, tenemos que hacer un proyecto de integración y de infraestructura que nos vincule, pero este proyecto de integración e infraestructura aparte favorece muchas provincias que, de otra manera, quedan muy alejadas de todo, tiene que tener una visión del espacio que vamos a ocupar y cómo lo vamos a ocupar en función de la Alianza del Pacífico. Por supuesto, inmediatamente después, en esto de los círculos concéntricos viene Estados Unidos, Europa, China y Rusia y con todos hemos estado trabajando (Comisión de Relaciones Exteriores y Culto del Senado de la Nación, 2016: 2).

Por lo tanto, pese a que hablamos de una integración latinoamericana, los datos fácticos puntuales nos muestran, según los dichos de la funcionaria, otra realidad en materia de inversión directa y de intercambio comercial. Precisamente, este debe ser el primer puntal, y, una vez que mejoremos las relaciones dentro de la región, podremos insertarnos mejor en el ámbito internacional. El siguiente paso sería la vinculación *Atlántico-Pacífico* para luego pasar al último círculo concéntrico: Estados Unidos, Europa, China y Rusia.

Una vez finalizada la exposición sobre cómo debería ser la inserción estratégica de la Argentina y los vínculos del país, la funcionaria hace referencia al logro obtenido en relación con los límites exteriores de la plataforma continental, para luego mencionar brevemente el tema Malvinas:

> **Sra. Canciller (Malcorra).**- Brevemente, senador, en base a sus tres puntos específicos, lo que pasó con la plataforma continental es maravilloso. Tengo cero de crédito en eso. Tengo el único honor y satisfacción de haber estado en la línea de recepción cuando se produjo. Es un trabajo de veinte años, de gente profesional, multisectorial, porque no sólo es la Cancillerías [sic], hay muchos otros. Gente que ha hecho un caso extraordinario, que ha defendido los intereses de la Argentina desde lo que tiene que ser la política exterior, que es una política de Estado. No ha sido ideológico, no ha sido sectorial, no ha sido parroquial. Ha sido el Estado defendiendo los intereses de la Argentina. Esto prueba que cuando somos consistentes, cuando somos profesionales, cuando tenemos los elementos y los defendemos bien, de la forma que hay que defenderlos, que no es necesariamente con la altisonancia de los gritos, se logran resultados. Hemos logrado el máximo resultado al que podíamos aspirar. Non plus ultra. Y no tengo yo nada que ver con eso, es el mérito de mis antecesores, pero sobre todo es mérito de ese equipo de trabajo, con quienes hoy vamos a tener un pequeño brindis. Quiero juntarlos a todos y decirles gracias en nombre de los argentinos. Es extraordinario. Quiero ser clara. Esto excluyó dos temas. Excluyó el tema de Malvinas, porque obviamente hay un litigio y entonces la Comisión no se podía expedir, pero estableció una lógica, y excluyó también el tema de la Antártida, porque está discurriendo por otro carril. Así que hemos logrado todo (Comisión de Relaciones Exteriores y Culto del Senado de la Nación, 2016: 3-4).

Las palabras de la canciller resaltan el triunfo en relación con los límites exteriores de la plataforma continental por el trabajo interdisciplinario e interministerial, dejando de lado una política ideológica. La funcionaria se encargó de aclarar que Malvinas y Antártida no son parte del logro obtenido por lo que hemos explicado con anterioridad. Luego de su exposición, se realizaron algunas preguntas sobre diferentes temáticas. La cuestión de Malvinas fue tratada por la senadora por Tierra del Fuego Miriam Boyadjian y por el senador Alfredo Luenzo, de la provincia de Chubut.

> **Sra. Boyadjian.** – Buenos días y gracias por estar con nosotros a pesar de su cargada agenda, lo cual es muy importante y creo que nutre mucho las situaciones que tenemos cada uno de nosotros en nuestras provincias con relación a los países vecinos. Concretamente, como senadora por Tierra del Fuego, que incluye Antártida e Islas del Atlántico Sur, quería hacerle algunas consultas con respecto a mi provincia.
> En principio, obviamente, le pregunto por la condición de Malvinas. Sabemos que dentro del organigrama de Cancillería se ha bajado el rango de secretaría. Pero entendemos que se está planteando una nueva relación bilateral con Gran Bretaña. Y me gustaría saber, desde su lugar, qué acciones concretas van a ir planteando con relación a la política que tiene que ver con Malvinas para seguir reclamando nuestros derechos sobre las mismas e, incluso, sobre el Atlántico Sur (Comisión de Relaciones Exteriores y Culto del Senado de la Nación, 2016: 10).

La senadora plantea que, al asumir la nueva administración, dentro de la estructura ministerial de la Cancillería, se habría bajado el rango del que gozaba el tema de Malvinas. La canciller sostiene la situación en contrario con respecto a este punto, y señala que de hecho continúa siendo un tema de agenda estructural y prioritaria, y lo hace planteándolo de la siguiente manera.

> **Sra. Canciller (Malcorra).** – Una referencia al tema de que una Secretaría se transformó en Subsecretaría. Primero, históricamente, Malvinas fue Subsecretaría. Se tomó una decisión en cierto momento de moverla a Secretaría. Yo no soy de las que creen que esos gestos, necesariamente, ataquen el corazón de las cosas. Este archivo lo lleva la canciller. Si algo les puedo decir es que se elevo [sic] de rango. Es un tema que yo hablo personalmente. Hablo personalmente con el Reino Unido y lo hablo en términos inequívocos. Lo que les quiero dar es el reaseguro de que sí es cierto, lo llevamos. Si ustedes

> observan, a la subsecretaría le pusimos "Malvinas y Atlántico Sur", porque también creíamos que había de abordarlo en una visión mucho más amplia; no solamente Malvinas per se.
> El reaseguro que les quiero dar es que está en las prioridades de la canciller. Y, como tal, es central a mi agenda (Comisión de Relaciones Exteriores y Culto del Senado de la Nación, 2016: 11).

Por su parte, el senador Luenzo concentró su alocución sobre tres grandes ejes. Transcribimos sus palabras a continuación:

> **Sr. Luenzo.**- Muchas gracias, presidente. Un gusto. Yo comparto territorio con la senadora de Tierra del Fuego y veo que el tema Patagonia Argentina está muy vinculado a un concepto vivo que nosotros discutimos diariamente, que tiene que ver con el término vinculado a la geopolítica. En este aspecto, por ser la geopolítica un término vivo, no son casuales los conflictos territoriales que hemos tenido recientemente en la Patagonia Argentina. Digo "recientemente" en términos históricos, obviamente: el tema Chile, el tema Inglaterra.
> La consulta es: ¿cuál es la visión que se tiene, desde este lugar, desde la visión geopolítica continental, de la Patagonia Argentina? ¿cuál es la idea que se tiene con respecto al vínculo que se puede restablecer, eventualmente –más allá de colocar bajo un paraguas, o bajo el concepto que uno quiera definirlo, al conflicto con Inglaterra–, la relación entre Malvinas Argentinas y el continente? Le pregunto esto porque, desde el punto de vista operativo, históricamente se trabajó durante décadas en la integración y en el vínculo entre Comodoro Rivadavia y Malvinas.
> Y fundamentalmente pensando en el Océano Pacífico, ¿cuál es el elemento articulador que considera usted para la Patagonia Argentina en su conjunto? (Comisión de Relaciones Exteriores y Culto del Senado de la Nación, 2016: 12).

El planteo del senador Luenzo pasa por una cuestión geopolítica, entendida como "una relación entre política y espacio geográfico, pero no cualquier espacio geográfico, sino aquel que concentra intereses para los Estados"

(Hutschenreuter, 2014: 123). En este caso, la geopolítica se refiere a una relación particular entre la región patagónica y las islas para, a partir de este vínculo, definir una relación. La canciller Malcorra contesta sobre lo planteado por el senador en los siguientes términos:

> **Sra. Canciller (Malcorra).** – Gracias, presidente. Voy a empezar por Malvinas, porque hubo toda una referencia a Malvinas, Patagonia. Voy a tratar de hacer un resumen de todas esas preguntas.
> Primero que nada, la administración del presidente Macri –ustedes lo saben bien– ha puesto un énfasis inicial muy fuerte, a través del Plan Belgrano, en la región del norte, porque sentía fuertemente –usted hizo mención a eso, senador Romero– que había una postergación. Empalmando con el hecho de que este año tenemos nuestro Bicentenario, había toda una simbología importante en lanzar esto, y están al tanto de todo lo que se está haciendo con el Plan Belgrano. Y se está trabajado y se está pensando en algo –no voy a decir "equivalente", porque las realidades son distintas– también hacia el sur, hacia la Patagonia.
> Una de las grandes realidades del desarrollo en el mundo es que el desarrollo está condicionado por la población. Es decir, en lugares que hay poca población es más difícil lograr un desarrollo de proyección de largo plazo. Entonces, todo esto hay que pensarlo muy abarcativamente.
> Tenemos que reconocer que como argentinos hemos fracasado en la idea de centralizar más la cosa en Patagonia, de lograr que nuestra población perciba a la Patagonia como un foco de interés. Es un poco el huevo y la gallina: hay que lograr generar las oportunidades.
> Entonces, hay un pensamiento que se está desarrollando en este sentido; hay un trabajo que se está haciendo. Yo supongo que va a llevar un poquito de tiempo cristalizarlo, porque hay que hacerlo bien, pero les aseguro que hay un trabajo en marcha en ese sentido.
> A mí me parece que también tenemos que vender la Patagonia de una manera distinta. Alguien me decía una cosa muy interesante: se habla mucho de los países escandinavos y de lo extraordinarios que son los países escandinavos. La

Patagonia, que desde la óptica central de Buenos Aires se ve como un lugar inhóspito, tiene 5 grados menos de diferencia térmica de la que tienen los extraordinarios países escandinavos.

Entonces, depende de cómo uno arme las narrativa [sic] para explicar las oportunidades. Creo que hay que pensar esto muy bien. La Patagonia tiene todo lo que significa la oportunidad de renovables a través de energía eólica; la Patagonia tiene una serie de cuestiones que pueden transformarla en un foco de tecnología muy interesante. Entonces, hay un pensamiento que se está desarrollando en este sentido, pero que también tiene que tener una pata de poblar. Y poblar puede no ser poblar con enormes cantidades de gente, pero buscar el perfil de gente que dé con esta idea de polos de desarrollo de ciertos perfiles, etcétera. Así que eso se lo aseguro.

La cuestión de Malvinas: es obvio que este es el tema más difícil que tenemos para desmontar. Es obvio que nosotros tenemos una visión muy clara respecto de nuestro reclamo sobre Malvinas, muy indiscutible. Como dije antes, esto es parte de nuestra responsabilidad como funcionarios ante lo que establece la Constitución. Es decir que no hay "tu tía" con el tema de Malvinas. El tema es el cómo. Yo aprendí esto en mi experiencia de Naciones Unidas. Como ustedes saben, yo no pertenecía a la diplomacia antes de ir a Naciones Unidas. Creo que el manejo del tiempo en estas cuestiones es esencial, porque las realidades no son estáticas; las realidades van cambiando con tecnología, con cambio climático. Se hacía referencia al paso del sur. El paso del sur va a adquirir un valor distinto, a raíz de las consecuencias del cambio climático.

A veces, alguna de las consecuencias puede jugar a favor en algunos elementos. Una vez que están provocadas, tienen que lograr hacerse de la oportunidad, cosa que analiza en nuestra contrapartida el Reino Unido también. Entonces, esto hay que pensarlo muy estratégicamente. Usted hacía referencia a que históricamente se produjeron aproximaciones mayores con las Islas. Hay que ver hasta dónde, qué conviene, de qué manera. A mí me parece que hay algunas cuestiones tácticas de tipo humanitario, de tipo viajes de emergencia, extracciones de emergencias. Me parece que hay una serie de cuestiones en las cuales uno puede, por lo menos, hacer algunos avances. Pero todo esto lo tiene que contextualizar

> en una visión estratégica macro de hacia dónde van las cosas (Comisión de Relaciones Exteriores y Culto del Senado de la Nación, 2016: 13).

1.1. La Unión Interparlamentaria Mundial (UIP) y los Grupos Parlamentarios de Amistad (GPA) en el marco de la Comisión de Relaciones Exteriores y Culto del Senado de la Nación

Pudimos ver anteriormente cómo la comisión desarrolló actividades relacionadas con la diplomacia parlamentaria, pero *ex officio*. Retomamos una versión taquigráfica de la comisión en relación con estas dos formas de diplomacia parlamentaria, la UIP y los GPA, para intentar reforzar otro de los supuestos de trabajo: el éxito alcanzado por el Senado de la Nación en el desarrollo de actividades de diplomacia parlamentaria respecto de la cuestión Malvinas se vio favorecido por la adopción, en determinados momentos, de una metodología informal y su abordaje en forma previa al Poder Ejecutivo Nacional.

En la reunión de la comisión del 7 de abril de 2010, aparecen unos datos primarios interesantes al respecto. El primero de ellos se refiere a una reunión entre delegaciones de Argentina y del Reino Unido e Irlanda del Norte en el marco de la UIP.

> **Sr. Presidente (Filmus)** – Lo más interesante de todo esto –quizás, lo podamos contar con más detalle en otra reunión– es que hemos tenido, junto con el señor senador Giustiniani, una extensa e intensa reunión con legisladores del Reino Unido. Cinco legisladores del Reino Unido participaron de la reunión, que fue a pedido de ellos. Por supuesto, ellos comenzaron planteando temas vinculados al seguimiento de la Cumbre de Medio Ambiente; en segundo lugar, plantearon el tema de armamentismo atómico, el control y el papel de nuestro país. Charlamos sobre esos temas y, luego, fuimos muy duros en el planteo respecto de Malvinas, tema sobre el que haremos un pequeño informe para que se pueda distribuir también.

> Deseo señalar que no sólo se comprometieron en transmitir todo lo discutido, sino también nos pidieron que, si hubiera una comisión de amistad, enviemos una delegación para seguir dialogando sobre estos temas. Nosotros planteamos lo mismo. Ellos tienen movimiento en las cámaras hasta el mes de junio y nos pidieron que después de ese mes tratáramos de hacer alguna visita. Creo que cuando tengamos la reunión –que era para mañana y se levantó por la visita del presidente chileno– con el canciller Taiana deberíamos preguntarle qué espacio hay para un acercamiento parlamentario en este tema (Comisión de Relaciones Exteriores y Culto del Senado de la Nación, 2010: 2-3).

Lo que aparece aquí es una reunión de la delegación argentino-británica mantenida en el marco de la Unión Interparlamentaria Mundial, que se realizó en un contexto más distendido –aunque no menos intenso, de acuerdo con lo manifestado por los legisladores argentinos–, en la que se comenzaron a plantear algunos temas de agenda bilateral relativos al medio ambiente y el armamentismo atómico, para luego pasar al tema de Malvinas.

La decisión de conformar grupos de parlamentarios de amistad se sustenta en lo que señalamos anteriormente: la institucionalización en el tiempo de estos grupos y la posibilidad que brindan de armar una agenda de temas en común. A simple vista es notorio que esta es una práctica parlamentaria común para el Reino Unido, que los conforma asiduamente.

La *informalidad* del abordaje (característica de la diplomacia parlamentaria) permitió un intercambio rico en materia de temas y dejó abierta la posibilidad de incrementar esos vínculos mediante la creación de una comisión o Grupo Parlamentario de Amistad Bilateral, a expreso pedido británico, para continuar los intercambios. En este caso, la diplomacia parlamentaria se muestra exitosa, como una herramienta pertinente para el abordaje de ciertos temas que el Poder Ejecutivo no puede encarar directamente. El senador Giustiniani hace notar el balance positivo de la reunión y el intercambio entre parlamentarios en relación con Malvinas en los siguientes términos:

> **Sr. Giustiniani.** — Fue muy buena la reunión. Se comprobó la dureza del planteo británico. La reunión arrancó con ellos planteando la crítica a nuestro decreto por la cuestión del transporte dentro de las aguas. Es decir, ellos nos reclamaban a nosotros. Primero Daniel [Filmus] y, luego, quien les habla salimos con todo nuestro planteo.
> La reunión fue cerrada y había dos parlamentarios oficialistas que son de bastante peso político, uno es presidente de la Comisión de Relaciones Exteriores y el otro es un viejo parlamentario, yo lo conozco de todas las reuniones de la Internacional Socialista, del Partido Laborista. Son pesos pesados políticamente dentro de Gran Bretaña. Además, había dos liberales. Ellos quedaron en informar la reunión a su gobierno. Les manifestamos nuestra histórica postura, el cumplimiento de las resoluciones de las Naciones Unidas, la nueva situación existente, etcétera. Ellos siempre remiten a la determinación de los isleños y les dijimos que al haberles dado la ciudadanía plena se confirmaba la corrección de nuestra tesitura histórica de que las negociaciones siempre debían ser entre los dos estados y no entre tres partes como siempre plantearon ellos. No dijeron nada al respecto.
> Reitero, considero que fue una reunión muy positiva. Asimismo, fue muy positivo el discurso de la delegación argentina, que dio Daniel, en cuanto a hacer énfasis en la cuestión de Malvinas (Comisión de Relaciones Exteriores y Culto del Senado de la Nación, 2010: 3-4).

En relación con la constitución del Grupo Parlamentario de Amistad argentino-británica, esto fue puesto en discusión por parte de uno de los integrantes de la comisión, quien se amparó en que en este caso no debería llamarse de esa manera y señaló que sería difícil poder constituirlo.

Cabe aclarar que, durante el período que estamos abordando, no se constituyó ningún grupo parlamentario de amistad, lo que señala que las relaciones bilaterales no pasaban por un buen momento, debido a las tensiones oportunamente mencionadas. Ello no implicaba renunciar a mantener un vínculo en otros ámbitos para el senador Romero, pero sí la dificultad de conformar un "grupo de amistad":

> **Sr. Romero** – Valoro que en la reunión de la Unión Interparlamentaria se haya podido reinstalar el tema de las Malvinas. Hace varios años que no llamábamos la atención con ese tema y creo que es muy importante que se debata.
> Creo que hay que aprovechar la visión de los legisladores en nuestro ámbito. Nosotros no vamos a contradecir la política de Argentina. Si bien las relaciones exteriores las lleva el Poder Ejecutivo, como dice la Constitución, la cuestión de Malvinas es un tema de Estado; incluso, puedo decir que tal vez sobrepasa el concepto de "cuestión de Estado", es mucho más importante aun por la historia y lo sentimental que agrega la problemática de ser una cuestión que nos une a los argentinos.
> La verdad es que creo que no hay que ser ingenuos y caer en ninguna trampa del Foreign Office. Sé que es muy difícil el hecho de poder formar una comisión que se llame "de amistad". En realidad, habría que llamarla "comisión de vinculación o de acercamiento". La verdad es que será muy difícil lograr integrantes para algo que se llame "de amistad". Sin embargo, esto no quita que uno pueda dialogar en los ámbitos oportunos. La experiencia universal demuestra que aun los países más enfrentados por distintas guerras mantienen un diálogo y han reconstruido un futuro a partir de ese diálogo (Comisión de Relaciones Exteriores y Culto del Senado de la Nación, 2010: 5).

Sobre el final de la reunión, la misma versión taquigráfica nos aporta un dato más que resulta de trascendencia. Cuando, en el capítulo I, hablamos de las características de la diplomacia parlamentaria, enumeramos, entre las más salientes, los compromisos con los principios democráticos por su contribución a la paz mundial y al pluralismo representativo. Este último resulta ser realmente el valor destacado de la diplomacia parlamentaria frente al Poder

Ejecutivo: su carácter plural, que admite la participación y la representación de todos los partidos políticos en temas como Malvinas, para que puedan ser tratados como políticas de Estado. Esta diferencia de la diplomacia parlamentaria respecto de la clásica posiciona a la primera en un sitio adecuado para lograr consensos multisectoriales. Así lo ve el senador Filmus con referencia a la constitución de los grupos de amistad:

> **Sr. Presidente.** — Deseo mencionar dos cuestiones antes de comenzar con el temario del día de la fecha.
> La primera cuestión se refiere a que cuando salgamos lo hagamos en delegaciones plurales. Por ejemplo, en el caso de Malvinas éramos cinco partidos distintos que estábamos yendo en la delegación argentina. Esto impacta con quienes nos entrevistamos, realmente se muestra que hay cuestiones que son de Estado y no del partido gobernante (Comisión de Relaciones Exteriores y Culto del Senado de la Nación, 2010: 5).

Aquí el senador Filmus observa que la pluralidad es un valor trascendental de la diplomacia parlamentaria y que los grupos de amistad deben constituirse sobre la base de este principio rector; a la vez que, si lo vemos desde la perspectiva británica, es una estrategia que se puede explotar porque permite que haya disensos sobre los cuales se debe trabajar.

> **Sr. Presidente.** — Esto, a la inversa, nos viene bien, es decir que la delegación del Reino Unido sea plural. Uno lee muchos documentos donde no es homogénea la posición y quienes hoy están en la oposición, mañana pueden estar en el gobierno. Entonces, quizás haya fisuras que después nos permiten agarrarnos de algunos elementos para la discusión posterior. Creo que debemos avanzar en todas estas cuestiones y, como se dijo recién, en la discusión con Cancillería. Sabíamos que era posible este pedido de entrevista. En realidad, los ingleses no vinieron a pedir una entrevista por el tema de Malvinas, sino que venían por otros temas. Es más, el tema de

> Malvinas lo sacaron ellos criticando la decisión de la señora presidenta de controlar los barcos que vienen de las islas. La verdad es que cuando empezamos a discutir y apareció, incluso, el tema de los isleños, etcétera, pudimos observar las opiniones diferentes que ellos tenían al respecto (Comisión de Relaciones Exteriores y Culto del Senado de la Nación, 2010: 6)

1.2. El Parlamento Latinoamericano (PARLATINO) y la Asamblea Parlamentaria Euro-Latinoamericana (EUROLAT) en el marco de la Comisión de Relaciones Exteriores y Culto del Senado de la Nación

Las actividades llevadas a cabo en el contexto del PARLATINO denotan la importancia histórica que tiene la región en la inserción internacional de Argentina. Desde la creación de este foro parlamentario regional, hacia finales de la década del ochenta, la participación de nuestro país fue permanente y diversa. En relación con Malvinas, se trabajó sobre un consenso generalizado en el cual se emitía alguna declaración de soberanía o alguna resolución que tenía como eje central el rechazo de ciertas acciones por parte del Reino Unido. Lamentablemente, al igual que en el caso de las versiones taquigráficas, cuando se solicitó la información, volvimos a tener inconvenientes relacionados con la falta de documentación entre los años 1989 y 2008, aproximadamente.

Pese a ello, sí pudimos contar con algunos datos que nos facilitó la Dirección General de Diplomacia Parlamentaria. El primero de ellos es una Declaración de Soberanía en Malvinas del año 2009, que se encuentra con la nomenclatura MD/2009/05.

Allí se expone que "se reafirma el respaldo a los legítimos derechos de la República Argentina", a la vez que se resalta "el interés regional para que los gobiernos de Argentina y del Reino Unido reanuden negociaciones", y finalmente se sostiene el firme "rechazo a la pretensión de considerar a las Islas Malvinas, Georgias del Sur y Sándwich del Sur como países y territorios a los que puede aplicarse la Cuarta Parte del Tratado Constitutivo de la Comunidad Europea" (MD/ 2009/05).

En el año 2010, la actividad dentro del foro fue más intensa. Incluyó una resolución que manifestaba tanto el rechazo por la explotación hidrocarburífera en las Islas Malvinas, como el apoyo firme de la soberanía argentina sobre ellas (MD/2010/01).

Como señalamos antes respecto de las versiones taquigráficas, no pudimos contar con documentos anteriores al año 2009. La resolución que a continuación se presenta nos aporta información adicional que puede suplir dicha falta de datos de momentos previos:

> RECHAZO A LA EXPLORACIÓN HIDROCARBURÍFERA EN LAS ISLAS MALVINAS Y REAFIRMACIÓN DE LA SOBERANÍA ARGENTINA
> RESOLUCIÓN MD/2010/01
> LA MESA DIRECTIVA DEL PARLAMENTO LATINOAMERICANO
> VISTO
> *Que es propósito del Parlamento Latinoamericano, conforme el artículo 4ª de su Estatuto, luchar por la supresión de toda forma de colonialismo y neocolonialismo, así como oponerse a la acción imperialista en la región.*
> *Que la Asamblea del Parlamento Latinoamericano ha aprobado desde sus primeras reuniones resoluciones y declaraciones de apoyo a la reivindicación argentina sobre la soberanía en las Islas Malvinas, Georgias del Sur y Sandwich del Sur* (MD/2010/01) [el destacado es nuestro].

Del visto surgen dos datos trascendentes. El primero de ellos se relaciona con que, para la región, la situación de Malvinas es definida como colonialista o neocolonialista, lo que en algún momento se había planteado en el marco de Naciones Unidas. El segundo dato de importancia radica en que, si bien no se poseen documentos anteriores con respecto a Malvinas en el Senado de la Nación, es posible deducir –a partir de la frase en negrita– que estos han existido.

Como información adicional a la aportada, la misma reunión del año 2010 brinda otro dato. En el punto VI de su parte resolutiva, se insta al EUROLAT a *"incorporar la cuestión del archipiélago de las Islas Malvinas, Islas Georgias del Sur e Islas Sandwich del Sur en el temario permanente de sus reuniones"* (MD/2010/01) (el destacado es nuestro).

En este último foro, creado en el año 2006, la actividad desarrollada por Argentina fue bastante intensa. En relación con Malvinas, pudimos acceder algunos documentos que nos fueron facilitados por la Subdirección General de Diplomacia Parlamentaria. Algunos de ellos son de público conocimiento, y otros no. El primero de ellos es del 12 de septiembre de 2012 y se refiere al rechazo de los juicios de valor que se incluyen en el párrafo 76 de la Resolución del Parlamento Europeo respecto de las Islas Malvinas. Dentro de los considerandos, hay dos puntos neurálgicos que debemos resaltar.

El primero hace referencia a que el mencionado juicio de valor iría en contra de la postura de no involucramiento manifestada reiteradamente por funcionarios de las instituciones europeas; y el segundo, que las Malvinas y sus espacios circundantes pertenecen legítimamente a la Argentina y no al Reino Unido, ya que fueron indebidamente ocupados.

RESOLUCIÓN DE RECHAZO A LOS DESAFORTUNADOS JUICIOS DE VALOR INCLUIDOS EN EL PÁRRAFO 76 DE LA RESOLUCIÓN DEL PARLAMENTO EUROPEO EN CUANTO A LAS ISLAS MALVINAS

CONSIDERANDO

– *Que la Unión Europea tradicionalmente se ha abstenido de adoptar una posición sobre la disputa de soberanía entre la República Argentina y el Reino Unido de Gran Bretaña e Irlanda del Norte, entendiendo que se trata de un contencioso bilateral entre dos Estados soberanos, miembros de las Naciones Unidas, que tienen la*

> *obligación de resolverlo como reiteradamente lo exige la comunidad internacional.*
> *– Que las Islas Malvinas, Georgias del Sur y Sándwich del Sur, y los espacios marítimos circundantes, son parte integrante del territorio nacional de la República Argentina que, ilegítimamente ocupados por el Reino Unido de Gran Bretaña e Irlanda del Norte, son objeto de una disputa de soberanía entre ambos países, la cual ha sido reconocida por la Organización de Naciones Unidas y que no ha podido resolverse hasta el presente debido a la persistente negativa del Reino Unido de Gran Bretaña e Irlanda del Norte a reanudar las negociaciones con la República Argentina* (EUROLAT, 2012).

Finalmente, se resolvió rechazar los juicios de valor incluidos en el párrafo 76 de la Resolución del Parlamento Europeo, se instó a su corrección y se reiteró el interés de una solución pacífica a la disputa.

La reunión de la Asamblea Parlamentaria del EUROLAT de enero de 2013, llevada a cabo en Santiago de Chile, tuvo una agenda diversa de temas: desarrollo sustentable, lucha contra el narcotráfico y la delincuencia organizada, migración, globalización y crisis financiera, cambio climático, energía y fuentes no renovables, otros temas de interés birregional y fortalecimiento de la institucionalidad de la asociación estratégica birregional. La cuestión de Malvinas fue tratada dentro de *otros temas de interés birregional.* Allí, la Asamblea expuso lo siguiente:

> La Asamblea ha debatido la "Cuestión de las Malvinas" en sus diversos órganos y favorece el diálogo para una solución pacífica, justa y duradera en el marco de las resoluciones pertinentes de Naciones Unidas (comprendida la Resolución 2065 (XX) y *la abordará nuevamente en sus próximas reuniones* (EUROLAT, 2013) (el destacado es nuestro).

Así fue como, en la reunión de ese mismo año, celebrada en Vilnius (Lituania), el 15 de julio, se realizó una declaración de rechazo al referéndum en las Islas Malvinas, tema ya mencionado en el apartado II.

1.3. Breve síntesis de las actividades de la Comisión de Relaciones Exteriores y Culto del Senado de la Nación y de las técnicas de la diplomacia parlamentaria desarrolladas en ese ámbito

Llegados a este punto, podemos hacer una síntesis de lo hallado y analizado hasta el momento. Como se pudo ver en la primera parte, el Reglamento de la Cámara de Senadores introdujo actividades y técnicas de la diplomacia parlamentaria en la comisión hacia las décadas del ochenta y del noventa, momento en que desarrolló estas actividades de manera espaciada y sin una estructura adecuada. No pudimos desarrollar la temática en cuestión durante ese lapso, ya que no se cuenta con el material primario.

Las versiones taquigráficas fueron nuestras fuentes primarias de evidencia, que nos permitieron reforzar el supuesto de que la Comisión de Relaciones Exteriores y Culto desarrolló tareas de diplomacia parlamentaria a través de diferentes expresiones, como las relaciones parlamentarias internacionales y los grupos parlamentarios de amistad, pero sin tener conocimiento de ello, ya que no se la conocía con este nombre en el Senado, y se las realizaba de oficio.

De esta manera, la Comisión de Relaciones Exteriores y Culto puede ser considerada como un antecedente de la diplomacia parlamentaria en Argentina, debido a sus prácticas consuetudinarias y de tipo reglamentarias. También se pudo observar que las actividades que realizó la diplomacia parlamentaria en algunos organismos internacionales fueron un primer paso que permitió sentar un diálogo sobre una amplia agenda de temas, que luego podrían ser abordados por el Poder Ejecutivo. Como estrategia de complementación de tareas y de abordaje de problemáticas, se muestra que, en algunos casos –como Malvinas–, puede resultar eficiente. Como elemento adicional, para el período 2010-2015, nos encontramos con cierta conducción del tema Malvinas desde el Senado de la Nación. Esto es así debido a las iniciativas y actividades planteadas por el Poder Legislativo, no solo en términos cuantitativos, sino también de orden cualitativo.

En síntesis, la diplomacia parlamentaria existió en el Senado de la Nación a través de diferentes prácticas legislativas, pero no con ese nombre, y, hasta el año 2015, fue escasamente desarrollada en algunas técnicas dentro de la comisión.

En relación con la Unión Interparlamentaria Mundial y los Grupos Parlamentarios de Amistad, se constituyeron en prácticas diplomáticas internacionales que han permitido el acercamiento entre las partes en disputa, al permitir, en un ambiente más informal y distendido, que se fomentaran las relaciones internacionales sobre otras temáticas que no fueran estrictamente aquellas respecto de las cuales había un conflicto. Así lo demostró la reunión en la Unión que permitió un acercamiento entre las delegaciones y la posibilidad de constituir un nuevo vínculo bilateral sobre la base de la creación de un grupo de amistad.

El abordaje informal no quitó, sin embargo, que se pudieran poner en evidencia las diferencias mantenidas sobre las disputas, pero se lo hizo desde una revalorización del diálogo. Esta estrategia permitió, primero, plantear una comunicación a través de un órgano parlamentario internacional, y, luego, su posible expansión a otros ámbitos, como el caso de los GPA, donde es posible extender aún más el intercambio. Ello es así porque, al existir una institucionalización, implica cierta permanencia en el tiempo; a diferencia de otros tipos de diplomacia parlamentaria, se puede construir una agenda de temas y darle cierta periodicidad. Es por esta razón por la que los parlamentarios británicos querían constituir un GPA bilateral. Este, si bien no se constituyó en lo inmediato, como veremos más adelante, sería de suma importancia para abordar el tema Malvinas y para que posteriormente el Poder Ejecutivo pudiera continuar con los puntos conversados por el Poder Legislativo.

Por último, cabe resaltar que la constitución plural y democrática –sustentada por una representación de todos los partidos políticos con diferentes visiones– habla de una política exterior más integrada, es por eso por lo que los GPA permiten un nivel de integración y consenso mayor que otros tipos de diplomacia parlamentaria, porque se fomentan y crecen sobre la constitución de políticas de consenso y comunes.

2. El surgimiento del concepto de "diplomacia parlamentaria" en el Senado de la Nación

Como bien se señaló en el capítulo I, las modificaciones en la estructura del Senado de la Nación introdujeron "cambios destinados a facilitar la coordinación de actividades y el control de los actos de sus miembros" (Robbins, 1994: 497). Esta transformación abrupta, radical y multidimensional se asocia con un proceso de reingeniería general del Senado de la Nación, llevado a cabo por la nueva administración que asumió en diciembre de 2015, la cual intenta adaptar la organización a un nuevo entorno[9], que coincide con la asunción de un nuevo gobierno luego de doce años.

Esta innovación dotó a la estructura de una mayor complejidad, formalismo y centralización (escasa participación de los miembros), "características centrales de una estructura de tipo mecanicista" (Robbins, 1994: 525), que afectó áreas, direcciones generales, competencias, misiones y funciones, entre otros. La pregunta que deberíamos realizarnos en este marco de transformaciones es la siguiente: ¿cómo

---

9 En el presente trabajo, definiremos el entorno, siguiendo la obra de Stephen Robbins, con el concepto "comportamiento organizacional", como aquello compuesto por instituciones o fuerzas externas a la organización y con potencial para afectar su rendimiento.

afectó el cambio institucional a la diplomacia parlamentaria y sus técnicas?

Las modificaciones le concedieron un mayor protagonismo, lo cual se evidencia en la creación de una Dirección General que depende de la Secretaría Parlamentaria del Senado de la Nación, que le otorga de esta manera una institucionalización mediante la cual es reconocida por su nombre como una actividad parlamentaria. Bajo esta Dirección General, se agruparon las diferentes expresiones o técnicas, tales como los Foros Parlamentarios Formales (UIP, PARLATINO y EUROLAT), los Grupos Parlamentarios de Amistad y la Dirección de Enlace con el Ministerio de Relaciones Exteriores y Culto.

Los cambios significan una disminución de la relevancia de la Comisión de Relaciones Exteriores y Culto del Senado de la Nación –que históricamente realizaba de oficio tareas de diplomacia parlamentaria– y una ampliación de las tareas o actividades de la Dirección General de Diplomacia Parlamentaria y sus expresiones. Entre las nuevas funciones, podemos resaltar "la asistencia técnica en su vinculación con otros Parlamentos, Organizaciones y Foros de la Comunidad Internacional y la colaboración en las tareas que realicen las comisiones en el campo de las relaciones internacionales" (DP-0263/16, Anexo XII).

Es notorio que la diplomacia parlamentaria argentina ha llegado para quedarse, y que las modificaciones que se introdujeron en las relaciones internacionales parlamentarias están destinadas a lograr una mejora institucional en las prácticas parlamentarias del Senado de la Nación. En este sentido, se torna interesante observar que las actividades desarrolladas por la diplomacia parlamentaria a partir de 2016 se han profundizado en relación con Malvinas, aunque no todas sus técnicas por igual. Por ejemplo, en comparación con el período anterior que describimos, presentan un crecimiento exponencial los grupos parlamentarios de amistad con respecto a las restantes formas de diplomacia parlamentaria.

2.1. Grupo Parlamentario de Amistad argentino-británico y la Unión Interparlamentaria Mundial (UIP)

El primer salto cualitativo dado por la diplomacia parlamentaria del Senado de la Nación está dado por la constitución del Grupo Parlamentario de Amistad argentino-británico[10]. Como pudimos ver en la versión taquigráfica del 7 de abril de 2010, hasta esa fecha no se había constituido formalmente un grupo de amistad. La reunión mantenida por ambas delegaciones en el marco de la UIP dejó traslucir el interés de los parlamentarios británicos por su conformación. Sin embargo, el interés por parte de los legisladores argentinos era escaso, quizás la expresión vertida en esa oportunidad por el senador Romero y las crecientes tensiones desde la llegada de Cameron al poder y los ejercicios militares en las Islas Malvinas –temas mencionados en el capítulo II– apaciguaron los ánimos para su constitución.

La asunción de las nuevas autoridades de la Cámara de Senadores en diciembre de 2015 y el cambio en relación con la reinserción internacional de la Argentina trajeron consigo un nuevo impulso para la diplomacia parlamentaria, que implicó el incremento del interés cuantitativo y cualitativo por la constitución de los grupos parlamentarios de amistad, entre ellos, el argentino-británico, lo que permitió desarrollar particularmente este formato de dicha técnica parlamentaria. La delegación argentina se formó a principios de 2016, y en la actualidad permanece con la misma constitución plural y multipartidaria que caracteriza a la diplomacia parlamentaria como tal:

- Federico Pinedo, presidente provisional del Senado, PRO.

---

10 El Grupo Parlamentario de Amistad argentino-británico durante el presente período de 2016 coincidió con las actividades llevadas a cabo por la tercera técnica de la diplomacia parlamentaria descripta en la clasificación, las actividades realizadas por los presidentes de Cámara (Presidencia Provisional del Senado de la Nación).

- Lucila Crexel, presidente de la Comisión, Movimiento Popular Neuquino.
- Julio Cobos, presidente de la Comisión de Relaciones Exteriores, Cambiemos.
- Rodolfo Urtubey, PJ, Frente para la Victoria.
- María Laura Leguizamón, PJ, Frente para la Victoria.
- Ruperto Godoy, PJ, Frente para la Victoria.
- Miriam Boyadjian, Movimiento Popular Fueguino.
- Oscar Castillo, Frente Cívico y Social de Catamarca (Senado de la Nación, 2016)

La primera actividad llevada a cabo por el grupo de amistad se desarrolló entre el 6 y el 8 de junio de 2016 en Londres. Tomaremos como fuente de esta reunión el comunicado de prensa de la Embajada Argentina en Londres. Allí se destacaba el carácter multipartidario en la constitución de ambas delegaciones y el cambio cualitativo en la relación bilateral en los primeros meses de la gestión del presidente Macri.

Un elemento que destacar al principio de la reunión tuvo que ver con la declaración del senador Federico Pinedo relativa a la posición nacional sobre la cuestión de Malvinas, en la que sostuvo que el mantenimiento del reclamo de soberanía no impediría que ambos países pudieran trabajar en conjunto en todas aquellas áreas respecto de las que existan intereses convergentes. La contraparte británica tomó nota de ello y avanzó sobre la necesidad de mejorar los niveles de comercio e inversión (Embajada Prensa, 2016: 1).

La reunión se constituyó sobre una *agenda bilateral plural*, en la cual se incluyeron los siguientes temas, que serán abordados en las próximas reuniones entre parlamentarios:

- Seguridad y lucha contra el terrorismo internacional.
- Ciencia y tecnología.
- Cultura y educación.
- Agenda global y cuestiones conjuntas entre América Latina y Europa.

- Inversión extranjera directa, marcos normativos, integración regional.
- Internacionalización de las medianas empresas y su incorporación a la cadena productiva (Embajada Prensa, 2016: 1).

Finalmente, la reunión concluyó con una cena en la residencia del embajador Carlos Sersale Di Cerisano, a la que asistieron parlamentarios de todas las regiones y fuerzas políticas del Reino Unido.

En los primeros días de septiembre, tuvo lugar la visita de sir Alan Duncan a la Argentina, destinada a mantener reuniones con funcionarios locales y a participar del Foro de Inversiones y Negocios organizado por el gobierno argentino. Dicha visita puede ser descrita como un síntoma de mejora en las relaciones bilaterales y como parte de una tarea realizada previamente por la diplomacia parlamentaria argentina, que había ampliado los lazos y la agenda bilateral en la reunión previa de junio.

En este caso, resultó ser una herramienta estratégica efectiva para el mejoramiento de las relaciones bilaterales y un complemento de las tareas del Poder Ejecutivo. La reunión mantenida con el Poder Ejecutivo nacional versó sobre los siguientes temas:

- Consultas políticas de alto nivel;
- Lucha contra la corrupción y el crimen organizado;
- Ciencia, tecnología, derechos humanos y cuestiones de género;
- Cultura y educación;
- Comercio e inversiones;
- G20;
- OCDE;
- Seguridad y defensa;
- Atlántico Sur;
- Refugiados (MRECIC Prensa, 2016)[11].

---

11 Comunicado de prensa n.º 304/16.

El tema Malvinas fue incluido bajo el tópico Atlántico Sur. Ambos gobiernos acordaron que la fórmula de soberanía del párrafo 2 de la declaración conjunta del 19 de octubre de 1989 –abordada en el capítulo II– se aplicaba a este comunicado conjunto y a todas sus consecuencias. En este contexto, se acordó adoptar las medidas apropiadas para remover todos los obstáculos que limitan el crecimiento económico y el desarrollo sustentable de las Islas Malvinas, incluyendo comercio, pesca, navegación e hidrocarburos (MRECIC Prensa, 2016). A su vez, se tocó el tema de las conexiones aéreas entre las Islas Malvinas y el continente. Al respecto, y de conformidad con los principios establecidos en la declaración conjunta del 14 de julio de 1999, ambas partes acordaron que serían establecidas conexiones en aéreas adicionales entre las Islas Malvinas y terceros países. En este contexto, acordaron el establecimiento de dos escalas adicionales mensuales en territorio continental argentino, una en cada dirección (MRECIC Prensa, 2016). Sin embargo, en el comunicado de la Cancillería, no se establece ningún detalle al respecto.

El tercer punto trata de la identificación de ADN de los soldados argentinos sepultados en el cementerio de Darwin como NN. Se convino que las conversaciones sobre esta delicada cuestión humanitaria serían llevadas a Ginebra sobre la base de una evaluación del Comité Internacional de la Cruz Roja, complementada por las conversaciones bilaterales que sean necesarias (MRECIC Prensa, 2016).

La primera reunión de Grupos Parlamentarios de Amistad, realizada en junio, establecía que la siguiente sería realizada en el marco de la UIP en noviembre (Embajada Prensa, 2016: 2). Allí, la delegación encabezada por el presidente provisional del Senado de la Nación, Federico Pinedo, y Nigel Evans, legislador de la Casa de los Comunes, abordaron la cuestión de Malvinas. En este sentido, el senador sostuvo:

> Hoy dimos un paso adelante en relación con Gran Bretaña al haber acordado con representantes de la fuerza que hoy

gobierna ese país la necesidad de dialogar por Malvinas para buscar una solución dentro del Derecho Internacional que garantice los intereses y el modo de vida de los isleños[12].

Hacia principios del año 2017, se concretó nuevamente la visita de parlamentarios argentinos al Reino Unido en el marco de los Grupos Parlamentarios de Amistad de la UIP. Si bien esta reunión podría quedar fuera del espacio temporal tomado para el presente trabajo, decidimos incluirla por el valor de la información a la que pudimos acceder por parte del Senado de la Nación (en parte, inédita), y porque nos permitirá reforzar parte de los supuestos del trabajo. Pudimos acceder a tres informes correspondientes a enero y febrero de ese año realizados por la Dirección General de Diplomacia Parlamentaria del Senado de la Nación, los cuales detallan las siguientes actividades.

El primero de ellos[13] expone el ambiente cordial, positivo y constructivo de las reuniones. La delegación argentina estuvo conformada por los miembros del Grupo Parlamentario de Amistad Federico Pinedo, Lucila Crexell y Rodolfo Urtubey, pero se sumaron en esta oportunidad diputados nacionales como Eduardo Amadeo (PRO), Alejandro Grandinetti (Frente Renovador) y Margarita Stolbizer (GEN). En esta oportunidad, la agenda de temas versó sobre seis puntos centrales, entre los cuales se destacaba Malvinas, y que pasaremos a detallar a continuación:

- Almuerzo de trabajo mantenido con el viceministro de Comercio Internacional, Greg Hands, quien expresó la expectativa que existe en el Reino Unido sobre Argentina para ampliar el comercio bilateral y los proyectos

12 El extracto y parte de la información referente a Malvinas en la reunión de la UIP fueron extraídos del portal de Internet "Parlamentario": www.parlamentario.com.

13 Este informe puede ser considerado como la primera etapa de la visita de los parlamentarios argentinos al Reino Unido, que se realizó entre finales de enero y principios de febrero de 2017.

de inversión en áreas de infraestructura, comunicaciones, transporte y energía.

- Reunión con lord *mayor* de la City de Londres, Alderman Andrew Parmley. Los puntos desarrollados en la reunión en materia económica giraron en torno a la realización en Argentina de la Cumbre Ministerial de la OMC en diciembre de 2017 y la presidencia argentina del G20. A su vez, se dialogó sobre infraestructura, energías renovables y financiación para pymes. Se resaltó, por parte de Reino Unido, el trabajo parlamentario en la Ley de Mercado de Capitales y, en particular, en la Comisión de Finanzas de la Cámara de Diputados. Al igual que en la primera reunión bilateral de parlamentarios, se subrayó la importancia del ingreso argentino en la OCDE y la importancia de la cooperación en ciencia y tecnología.
- Reunión con el ministro de Estado para Europa y América, sir Alan Duncan, ministro de Estado del Ministerio de Relaciones Exteriores y de la Mancomunidad de Naciones para Europa y las Américas. En ella, surgió la cuestión de Malvinas. Se coincidió en cuanto a que la normalización de la relación permitiría crear condiciones para facilitar, en el largo plazo, el diálogo al respecto. Se planteó la idea de generar confianza y lazos entre el continente y las islas, respetando el modo de vida de los habitantes. La confianza mutua debería tener como sustento temas concretos de beneficio para ambas partes, pero cada una de ellas debería hacer las reservas correspondientes en tema de la soberanía. Duncan expresó el deseo de concretar nuevos vuelos lo antes posible, y comprendió la necesidad argentina de discutir el tema en el Parlamento. Finalmente, sugirió el monitoreo conjunto de *stocks* de pesca como tema de beneficio mutuo (Informe, 2017: 2)
- Reunión mantenida con los miembros del Comité de Relaciones Exteriores de la Cámara de los Lores. Participaron la baronesa Hilton Lord Hopping y lord Purbis

of Tweed, entre otros. La delegación argentina reiteró la posición nacional, así como el doble mandato constitucional: recuperación del ejercicio de soberanía por medios pacíficos y el respeto al modo de vida de los habitantes (Informe, 2017: 3). "Se pensó en las formas de acercar las islas al continente, para generar las condiciones de diálogo" (Informe, 2017: 3). "Otros temas de la reunión fueron posibilidades de cooperación en el marco de Naciones Unidas, como desarrollo, cambio climático, paz y seguridad. Hacia el final de la reunión se destacó el trabajo parlamentario de Argentina en el tratamiento de la ley de responsabilidad penal" (Informe, 2017: 3).

- Reunión con lord Fowler, presidente de la Cámara de los Lores. Se tocaron temas atinentes a la inversión y el comercio bilateral. Ambas partes resaltaron la necesidad y el interés por el desarrollo de la vía ferroviaria, como herramienta para indispensable para el comercio. "Se resaltó el legado cultural de los trenes británicos en Argentina y la posibilidad de un acuerdo sobre el tema para empresas británicas" (Informe, 2017: 4). "Surgió el tema Malvinas, respecto al cual se sostuvo que las relaciones entre ambos pueblos son inmejorables, siendo el momento ideal para generar confianza y vínculos entre las islas y el continente" (Informe, 2017: 4).
- Reunión con los miembros de ambas cámaras del Parlamento británico. Se mencionó el interés argentino por ingresar a la OCDE y el apoyo británico al respecto. "La delegación argentina invitó al presidente del Grupo Parlamentario de Amistad con Argentina Mark Menzies a visitar nuestro país y participar de la reunión de la UIP en Argentina en 2017" (Informe, 2017: 4). Hacia el final del encuentro, se hizo mención a los episodios de violencia perpetrados en el cementerio de Darwin, donde se encuentran sepultados los soldados argentinos. Menzies consideró ofensivo el ataque.

El segundo informe tuvo lugar en febrero y corresponde a las actividades y reuniones mantenidas por los parlamentarios argentinos en Glasgow, Escocia. La segunda etapa de la visita se focalizó en una agenda plural, que incluyó reuniones con empresarios, estudiantes, académicos y funcionarios de la Secretaría de Cultura, Turismo y Asuntos Internacionales, y autoridades del Parlamento escocés. Aquí no se puso énfasis en el tema Malvinas, ni por parte de la delegación argentina ni por el lado escocés.

De las varias reuniones mantenidas en Escocia por la delegación argentina, el tema Malvinas solo aparece nombrado en la reunión llevada a cabo en la Universidad de Edimburgo. Dicha delegación visitó el rectorado y fue recibida por las autoridades responsables del Departamento de Estudios Contemporáneos de América Latina. Esta universidad reviste una importancia particular, puesto que es una de las más antiguas del Reino Unido, ya que fue fundada en 1852, y figura en el puesto diecinueve a escala mundial.

Los representantes de la universidad sostuvieron que uno de sus objetivos era

> ampliar el espectro de países e instituciones con los cuales mantienen acuerdos de cooperación y programas de intercambio. La delegación argentina describió la agenda cumplida durante la gira y los lugares y las instituciones visitados. La representación explicó los cambios producidos en la política argentina, lo que da prueba de madurez, generando credibilidad y confianza en el largo plazo (Informe, 2017: 2).

Hubo dos reuniones más que merecen ser mencionadas, aunque ellas no hayan tenido a Malvinas como tema central.

- Reunión con Ken Macintosh, diputado (MSP) y presidente del Parlamento escocés (*Presiding Officer*): el diputado resaltó los lazos existentes con la República Argentina, relacionados con la presencia de una importante comunidad escocesa en el país, y celebró el acercamiento entre ambos países. La delegación argentina, por su parte, remarcó "el cambio de actitud de nuestro país posibilitando el diseño de importantes lineamientos de mediano y largo plazo, que constituyen una política de Estado" (Informe, 2017: 1). "Esta reunión estuvo centrada sobre el tema del Brexit y sus repercusiones, subrayando que en el caso de Escocia más del 60% de los votantes, se manifestaron en contra del retiro de la Unión Europea" (Informe, 2017: 2).

- Reunión con Fiona Hyslop, secretaria de Cultura, Turismo y Asuntos Internacionales del gobierno escocés: la delegación argentina precisó el consenso de tener una política exterior focalizada en la obtención de beneficios concretos para el país. "El Brexit aquí fue visto como una oportunidad para el Reino Unido quién pasará a ser un actor global y para Argentina que podrá incrementar sus exportaciones hacia el Reino Unido en sectores donde la Unión Europea pone trabas" (Informe, 2017: 2).

Finalmente, el último informe de febrero resume cuáles serán los temas de la agenda interparlamentaria bilateral. "La misma se fijó con la Comisión de Relaciones Exteriores de la Cámara de los Lores, para lograr un seguimiento. La delegación sugiere que se converse con la Cancillería" (Informe, 2017: 1). La agenda interparlamentaria se basará en las siguientes áreas:

1. Relaciones económicas
    - Programa de financiamiento para el crecimiento y la inserción internacional de pymes.
    - Programa de asesoramiento legal a pymes en ambos países.
    - Inserción de productos argentinos en cadenas internacionales de valor y en canales de comercialización británicos.

    - Evaluación de complementación de mercados de servicios.
2. Asesoramiento
    - Cursos de formación parlamentaria.
    - Seguridad en el fútbol.
3. Seguimiento
    - Ingreso de Argentina a la OCDE.
    - Asistencia de seguridad sobre amenazas transnacionales.
4. Colaboración multilateral
    - Derechos humanos.
    - No proliferación de armas nucleares.
    - Terrorismo – fundamentalismo.
    - Cambio climático.
    - Fortalecimiento de la justicia.

En cuanto a las actividades de la diplomacia parlamentaria en el PARLATINO, el 14 de octubre de 2016, se dirigió una nota a la mesa directiva y a la junta directiva para que se tomara conocimiento de los ejercicios militares ilegítimos llevados a cabo por parte del Reino Unido en la Islas Malvinas, que incluyeron el lanzamiento de misiles Rapier.

La nota tuvo como finalidad que los señores miembros de la mesa directiva y de la junta dieran su apoyo al rechazo del acto unilateral de Gran Bretaña. La nota fue firmada por los siguientes parlamentarios: Liliana Fellner, Adolfo Rodríguez Saá, Eduardo Fabiani, Luis Lusquiños, Silvia Giacoppo y Miriam Boyadjian.

A raíz de esta nota, el PARLATINO emitió una declaración sobre Malvinas en la que manifestaba la preocupación con respecto a la realización por parte del gobierno británico de ilegítimos ejercicios militares en las Islas Malvinas entre los días 19 y 28 de octubre (PARLATINO, 2016).

Hacia el final del documento, se insta a las partes a cumplir con las resoluciones de Naciones Unidas y otros organismos internacionales (PARLATINO, 2016).

El año 2016 se cerraba con una serie de actividades fructíferas y con un dinamismo diferente respecto de años anteriores en materia de diplomacia parlamentaria, que permitió un acercamiento y el restablecimiento de un vínculo bilateral que se encontraba deteriorado.

Con respecto al EUROLAT, no encontramos ninguna actividad durante el año 2016 en relación con el tema de Malvinas.

3. Conclusiones del apartado III

A lo largo del capítulo, pudimos ver que la diplomacia parlamentaria en el Senado de la Nación no es una actividad nueva, sino que solo quizás recientemente se la conozca con ese nombre, pero hace más de treinta años que se la ejerce en el ámbito parlamentario mediante diferentes técnicas o formas. La primera introducción de una técnica de la diplomacia parlamentaria en el Reglamento de la Cámara tuvo lugar en el año 1984, y se la conoce con el nombre de "organismos parlamentarios internacionales", que académicamente recibe otra denominación: "foros parlamentarios formales".

La segunda forma, conocida como "grupos parlamentarios de amistad", recién se introdujo hacia mediados de la década del noventa y, a diferencia de la anterior expresión, no se desarrolló en su plenitud sino hasta recientemente. Cabe destacar que ambas técnicas se desarrollaron en el marco de la Comisión de Relaciones Exteriores y Culto del Senado, y sus competencias están enumeradas en el artículo 69 del Reglamento de la Cámara. Ello nos permite descubrir dos grandes hallazgos de importancia para el presente trabajo.

El primero de ellos se refiere a que la Comisión efectivamente realizó tareas de diplomacia parlamentaria relacionadas con sus diferentes expresiones, además de su tarea de control del Poder Ejecutivo mediante la citación de funcionarios por el artículo 71 de la Constitución Nacional y la firma de tratados internacionales establecidos en el artículo 75, incisos 22 y 24. El segundo es que la Comisión hizo efectivamente diplomacia parlamentaria pero sin saberlo, ya que no la conocía por ese nombre. Pudimos reforzar ambos supuestos con la evidencia proporcionada por las respectivas versiones taquigráficas de las sesiones, donde se hacía referencia a las actividades llevadas a cabo en organismos internacionales o en los grupos de amistad, pero nunca se las llamó "técnicas", "formas", "expresiones" ni "diplomacia parlamentaria".

Esta evidencia, que nos permite reforzar los supuestos planteados, nos lleva a considerar efectivamente a la Comisión de Relaciones Exteriores y Culto como el antecedente histórico por excelencia de la diplomacia parlamentaria en el Senado, a la vez que como una expresión de ella. Por lo tanto, debemos incluirla como el primer estamento de la disciplina en Argentina, en cuanto se atiene a las clasificaciones que hemos enumerado y descrito en el marco teórico. Allí, las tareas realizadas respecto de Malvinas fueron arduas e incluyeron desde la posibilidad de la constitución de una comisión de Malvinas, hasta la Declaración de Ushuaia. Lo más paradójico de ese período (2010-2015) es el relativo liderazgo que tuvo el Poder Legislativo del Senado de la Nación frente al Poder Ejecutivo en lo relativo al tratamiento de esta cuestión. Las acciones llevadas a cabo no solo por el Senado de la Nación, sino por el Parlamento en su conjunto fueron conducidas desde dicho poder, que era el que desarrollaba la agenda sobre el tema, pese a la fuerte influencia en la conducción de la política exterior

Respecto del supuesto de trabajo relacionado con la complementación de tareas entre los Poderes Legislativo y Ejecutivo, pudimos ver concretamente que, en los casos en los cuales la diplomacia parlamentaria pudo abordar los temas previamente a la llegada del Ejecutivo, obtuvo resultados concretos que luego este último pudo capitalizar. La efectividad de la estrategia está en función de su *metodología informal y distendida* para el abordaje de temas problemáticos como el que nos ocupa.

Podemos citar varios ejemplos. El primero de ellos lo hallamos en la versión taquigráfica del 7 de abril de 2010. En la reunión mantenida en el marco de cordialidad y distención de la UIP, la delegación argentina que se encontraba en dicho organismo se reunió con sus pares británicos, y juntos abordaron cuestiones que hacían al armamentismo atómico y al medio ambiente, entre otras, y luego se llegó al tema de Malvinas. Otro ejemplo nos remonta a la primera visita de parlamentarios argentinos bajo la asunción del presidente Macri. Allí, luego de la visita exitosa de junio de 2016, llegó al país Alan Duncan. Esta reciprocidad demostrada por parte del Reino Unido fue posible gracias a la diplomacia parlamentaria desplegada previamente. Este proceso exitoso iniciado por la diplomacia parlamentaria no se detuvo allí y continuó en una reunión de parlamentarios mantenida hacia fin de año para concluir en el último encuentro entre los grupos de amistad entre ambos Estados en febrero de 2017.

En todos estos encuentros, los parlamentarios argentinos hicieron planteos sobre Malvinas, en los que dejaban clara la postura al respecto, pero logrando ampliar notoriamente la agenda de temas, que hasta ese momento se circunscribía específicamente a la controversia sobre la disputa de soberanía. Sin embargo, de todas las expresiones de diplomacia parlamentarias que desarrollamos en el presente capítulo, la que más se desarrolló y obtuvo más beneficios políticos y económicos fueron los GPA. Esto fue posible porque estos grupos son realmente la expresión propia del Parlamento y de la diplomacia parlamentaria, y su desarrollo puede implicar beneficios a la diplomacia tradicional. El resto de las técnicas incluyen participaciones en foros formales o informales, donde se exponen y se debaten cuestiones (entre ellas, las de Malvinas), pero no gozan de un poder de negociación o de avance sobre temas de agenda. En la diplomacia parlamentaria, los avances se logran mediante una agenda bilateral de temas que requieren de un continuo seguimiento, por eso prevalecen los GPA sobre otras formas que se constituyen sobre la base del multilateralismo. Los avances en Malvinas o en temas relacionados con las islas se consiguieron con el abordaje bilateral que proporcionaron los GPA mediante una metodología informal y *plural*.

Esta última característica de la diplomacia parlamentaria es el valor esencial por excelencia de esta actividad, así como el éxito en el cual debe basarse todo tipo de estrategia diplomática. En varias de las versiones taquigráficas y en los memorándums, la composición plural y multipartidaria de las delegaciones argentinas fue resaltada por el Reino Unido como un signo de credibilidad, confianza y proyección. No es un tema nuevo, ya que se planteó previamente en versiones taquigráficas la necesidad de que los grupos se constituyeran de la manera más plural posible. Si bien parece que ambas cuestiones remiten a lo mismo, no es así, y cabe la necesidad de aclararlo. En la primera versión taquigráfica de 2010, se expone la estrategia de "salir en grupos plurales" y aprovechar la pluralidad del GPA británico, como estrategia para buscar el disenso y allí plantear la estrategia de soberanía de Malvinas. La constitución del GPA argentino tiene como finalidad mostrarse plural para generar confianza y uniformidad de criterio con referencia a la postura de Malvinas, dejando claro que, más allá de que se puedan estrechar lazos en otras áreas que puedan significar beneficios mutuos, Argentina se muestra férrea en su postura relativa al ejercicio de la soberanía sobre las islas.

El crecimiento de la diplomacia parlamentaria en Argentina requiere de una conjunción de estrategias de Estado que abarquen tanto al Poder Ejecutivo como al Legislativo. La interdependencia global y la mayor democratización del Estado imposibilitan el abordaje de cuestiones desde la diplomacia del Ejecutivo. En la medida en que ambos poderes trabajen por separado, más se dificulta la consecución de los objetivos. Para ello, la diplomacia parlamentaria requiere de un mayor grado de institucionalización como práctica parlamentaria y de consenso político y multipartidario sobre políticas de Estado legislativas.

Apartado IV

Conclusiones generales

En líneas generales, la diplomacia parlamentaria se mostró como una actividad novedosa y relativamente nueva (en cuanto a su nombre) que complementó las tareas del Poder Ejecutivo en relación con Malvinas, pese a que este tiene un fuerte liderazgo en la planificación, conducción y ejecución de la política exterior en un sistema presidencial, lo cual puede complementarse con el hecho de que, durante parte de los gobiernos de Carlos Menem, Fernando de la Rúa, Eduardo Duhalde, Néstor Kirchner y en parte del gobierno de Cristina Fernández de Kirchner, se conformaron mayorías parlamentarias que acompañaron las políticas del Poder Ejecutivo en materia de política internacional.

Los discursos de asunción presidencial y de apertura de sesiones ordinarias nos mostraron la importancia que tuvo y tiene el tema Malvinas para las diferentes administraciones en los lineamientos de política exterior, posicionándolo como el interés vital por excelencia. Pese a ello, y a las dificultades para encontrar una continuidad en las políticas nacionales implementadas para su abordaje que oscilaron entre la bilateralidad y la multilateralidad, la cuestión de Malvinas fue acompañada por la oposición. Aunque fue realmente hacia la primera década del presente siglo cuando la problemática en cuestión comenzó a ser abordada y tratada más como un tema de Estado, volviendo a sustentar el debate sobre los principios de integridad territorial y libre autodeterminación de los pueblos, y a las resoluciones de las Naciones Unidas no acatadas por el Reino Unido.

En este sentido, el Parlamento en la figura del Senado de la Nación ha realizado contribuciones substanciosas a los debates y las acciones llevados a cabo en torno a Malvinas, tanto a través de su Comisión de Relaciones Exteriores y Culto, como de las distintas técnicas de diplomacia parlamentaria que se encuentran agrupadas hoy bajo esta Dirección General que lleva su nombre. En este sentido, si bien la diplomacia parlamentaria no se presenta como una actividad nueva desarrollada por el Parlamento y por parlamentarios en materia de política exterior, sí podemos sostener que se la conoce recientemente con ese nombre.

El Senado de la Nación, a lo largo de los treinta y cuatro años desde el restablecimiento de la democracia, ejerció tareas de diplomacia parlamentaria a través de diferentes actividades, técnicas o formas. La más tradicional de ellas se asocia con las *tareas de control* que tiene el Poder Legislativo sobre el Ejecutivo. La reforma constitucional de 1994 aportó un elemento más al control tradicional del Legislativo sobre el Ejecutivo: la aprobación o el rechazo de tratados internacionales. De esta manera, pese a que en un sistema presidencial el Poder Ejecutivo históricamente monopoliza la política exterior, la última reforma otorgó un atributo más al Legislativo.

Además de estas tareas tradicionales en materia de diplomacia parlamentaria, aparecieron, a principios de la década de los ochenta y a mediados de los noventa, diversas expresiones o técnicas que se desarrollaron en el Senado de la Nación dentro del marco de la Comisión de Relaciones Exteriores y Culto. Este dato es proporcionado por el Reglamento de la Cámara de Senadores y sus diferentes reformas, que nos hablan de una serie de actividades relacionadas con la diplomacia parlamentaria llevadas a cabo por la comisión.

En este sentido, nos encontramos con la primera de ellas hacia 1984, con el advenimiento de la democracia, y se la conoce con el nombre de "organismos parlamentarios internacionales", aunque académicamente también se la suele mencionar con el nombre de "foros formales parlamentarios". La segunda expresión de diplomacia parlamentaria se introdujo hacia mediados de la década del noventa y se conoce con el nombre de "grupos parlamentarios de amistad", actividad que se fue desarrollando paulatinamente hasta alcanzar un momento exponencial en la actualidad por el número de grupos constituidos.

Esta información adquirida a través del Reglamento de la Cámara y de las respectivas versiones taquigráficas analizadas nos lleva a concluir con respecto al primer supuesto que la Comisión de Relaciones Exteriores y Culto del Senado de la Nación desarrolló tareas de diplomacia parlamentaria tradicionales, mezcladas con técnicas o expresiones de diplomacia parlamentaria bajo su cargo. Esto nos permite inferir la importancia para el presente estudio que tiene la comisión en una serie de aspectos.

El primero de ellos se refiere a que podemos considerar a la comisión tanto por sus tareas y actividades, como por las técnicas parlamentarias que desarrolló y desarrolla aún en la actualidad, como el primer *antecedente histórico* de diplomacia parlamentaria en el Senado de la Nación.

En segundo lugar, y relacionado con el punto anterior, pese a ser la comisión el ámbito en el cual se encontraban incluidas, las expresiones de diplomacia parlamentaria no se desarrollaron en plenitud. Se pudo observar al respecto las dificultades para conformar los grupos parlamentarios de amistad de países como Croacia, Australia y el Reino Unido, entre otros.

En tercer lugar, podemos sostener con los datos obtenidos que la comisión efectivamente cumplió tareas de diplomacia parlamentaria, pero lo hizo *ex officio* ya que no las conocía con ese nombre. Pudimos reforzar estas conjeturas con la evidencia proporcionada por las respectivas versiones taquigráficas, donde se hacía referencia a las actividades llevadas a cabo en organismos internacionales o en los Grupos de Amistad, pero nunca se las llamó "técnicas", "formas", o "expresiones", ni tampoco "diplomacia parlamentaria".

Por lo tanto, debemos incluirla como el primer estamento de diplomacia parlamentaria en el Senado de la Nación, acercándonos a las clasificaciones del marco teórico que comienzan por la comisión como un primer antecedente. Dentro del marco de esta, el tema Malvinas ocupó un lugar central en el tratamiento de proyectos de declaración, resolución o de ley, entre los que podemos destacar la constitución de una Comisión Bicameral Permanente de Malvinas y la Declaración de Ushuaia. A través de este último hecho fáctico, se puede observar durante el período que va de 2010 al 2013, aproximadamente, una conducción de la cuestión de Malvinas por parte del Senado de la Nación y del Congreso en general. Este liderazgo por parte del Legislativo sobre el Ejecutivo en la agenda sobre el tema Malvinas nos llevó a desmitificar la idea de que en un sistema presidencial el Poder Ejecutivo es el que conduce la política exterior y el Parlamento debe reducir su participación a una mera tarea de control.

A su vez, se pudo demostrar con evidencia concreta en relación con los supuestos que se referían al éxito alcanzado por el Senado de la Nación en el desarrollo de actividades de diplomacia parlamentaria con respecto de la cuestión Malvinas, que se vio favorecido por la adopción -en determinados momentos- de una metodología informal y su abordaje en forma previa al Poder Ejecutivo y el supuesto de que la diplomacia parlamentaria de Malvinas llevada a cabo por el Poder Legislativo (Senado de la Nación) se presentó como un complemento útil en relación con Malvinas para las tareas realizadas por la diplomacia tradicional del Poder Ejecutivo, y que su abordaje previo a él allanó y permitió la consecución de objetivos vitales para la diplomacia tradicional. Ello fue producto de una metodología *informal* y *distendida* (características de la diplomacia parlamentaria) que tuvo como eje central al *diálogo* constructivo que no solo contribuyó a poner sobre la mesa un conjunto de intereses antagónicos no resueltos, sino que permitió la ampliación de una agenda de temas bilaterales de interés entre Gran Bretaña y Argentina, más allá de la disputa latente.

Para reforzar estas conclusiones, contamos con varios datos que podemos volver a poner en escena. En el marco de la reunión mantenida en la Unión Interparlamentaria Mundial (UIP) en abril de 2010, la delegación argentina que se encontraba en el organismo se reunió con sus pares británicos, tras lo cual se abordaron cuestiones que hacían al armamentismo atómico y al medio ambiente, entre otras, para finalmente pasar al tema de Malvinas. Allí el diálogo *constructivo* y *plural* entre las delegaciones permitió la posibilidad de conformar un grupo parlamentario de amistad que posibilitara el abordaje de estos ejes temáticos además de Malvinas. En la misma versión taquigráfica, se expone la estrategia de "salir en grupos plurales" y aprovechar la pluralidad del grupo parlamentario británico de amistad como estrategia para buscar el disenso y allí plantear la cuestión de la soberanía de Malvinas. Sin embargo, con las herramientas expuestas a lo largo del trabajo, podemos sostener que, si bien la pluralidad puede ser considerada una estrategia útil para enfocar algunas situaciones problemáticas aprovechando el disenso, ella es más bien una característica propia de la diplomacia parlamentaria y que precisamente ahí reside su valor, en el hecho de que haya una composición plural que incluya a los partidos de la oposición, a diferencia de la conducción de la diplomacia tradicional por parte del Poder Ejecutivo, donde la política exterior la ejerce solamente el oficialismo.

En este sentido, y a través de diferentes memorándums, fue posible ver cómo la diplomacia parlamentaria argentina (ya con su nombre propio) se desplegó a través de reuniones mantenidas en el marco de la UIP y de los grupos parlamentarios de amistad, abordando el tema Malvinas y otros, que derivaron en una *reciprocidad* mayor por parte del Reino Unido que la desempeñada por el gobierno de Fernández de Kirchner. Dentro de estas reuniones, se puede destacar como un contraste evidente expuesto con la administración anterior la composición plural y multipartidaria de las delegaciones argentinas que fueron resaltadas por el Reino Unido como un signo de credibilidad, confianza y proyección de las relaciones bilaterales a medio plazo.

En todos estos encuentros, fue posible observar planteos por parte de parlamentarios argentinos sobre Malvinas, dejando clara la postura al respecto, pero logrando ampliar notoriamente la agenda de temas bilaterales, que hasta ese momento se circunscribía específicamente a la controversia sobre la disputa de soberanía. Sin embargo, estamos en condiciones de sostener que, de todas las expresiones de diplomacia parlamentaria, la que más se desarrolló y obtuvo más beneficios políticos y económicos fueron los grupos parlamentarios de amistad, lo que nos lleva a reforzar el supuesto de que los GPA fueron el formato predominante y el cual permitió más el desarrollo de la diplomacia parlamentaria respecto a Malvinas. Ello responde a que los GPA son realmente la expresión propia del Parlamento y de la diplomacia parlamentaria como tal, y así quedó demostrado a lo largo del capítulo III, donde su constitución demostró ser de trascendencia para el restablecimiento del vínculo bilateral.

Con relación al resto de las técnicas de la diplomacia parlamentaria que incluyeron la participación argentina en diversos foros formales como el PARLATINO y el EURO-LAT, se utilizaron fundamentalmente para exponer y dar a conocer diversas situaciones respecto a Malvinas, tales como el reclamo permanente por la soberanía de las islas y los ejercicios militares británicos, pero no plantearon un cambio cualitativo en la relación entre Argentina y el Reino Unido en relación con Malvinas, y tampoco aportaron una agenda de temas.

Algunos de estos aspectos que se desenvolvieron durante la administración de Cristina Fernández de Kirchner y continuaron durante el primer año del gobierno de Mauricio Macri u otros se modificaron, pero pese a ello la diplomacia parlamentaria siguió teniendo un protagonismo de primer orden como una estrategia de inserción internacional empleada para complementar los intereses del Poder Ejecutivo. Las transformaciones realizadas en la estructura organizacional mecanicista del Senado de la Nación en diciembre de 2015 modificaron el manejo de la diplomacia parlamentaria, creando una Dirección General en el seno del Senado que depende del secretario parlamentario y que tiene bajo su órbita las diferentes técnicas de la diplomacia parlamentaria y la coordinación general de estas, y ya es posible divisar con claridad tanto sus actividades como sus formas por su nombre.

Si bien el período de análisis para evaluar los resultados es corto, en el caso de la gestión de Mauricio Macri, estos mostraron avances significativos sobre todo con relación al GPA argentino-británico, y, en el caso del resto de las formas de diplomacia parlamentaria, se realizaron constantes reuniones periódicas en donde el espacio del foro fue utilizado tanto para denunciar acciones consideradas ilegítimas por parte de Argentina, como para continuar el reclamo sobre la soberanía de las islas.

En el seno de la Comisión de Relaciones Exteriores y Culto, se produjeron debates poco conocidos por la opinión pública pero ricos en datos aportados por los interlocutores que participaron en ellos. Por nombrar alguna información expuesta en la comisión, tenemos la intervención del exsenador mandato cumplido Rodolfo Terragno, que aportó el dato poco conocido acerca de la sanción de la British Nationality (Falkland Islands) Act 1983, y el Tratado Arana-Southern de 1850, que invoca el Reino Unido como parte de la finalización de la disputa sobre Malvinas, entre otros que se pueden destacar.

En este sentido, la diplomacia parlamentaria se mostró participativa en torno de la temática y aportó datos de relevancia, a la vez que su interacción a través de sus diversas formas mostró que es un actor que puede aportar valores esenciales a la comunidad internacional.

Para fortalecer el ámbito de acción de la diplomacia parlamentaria, se requiere de una conjunción de estrategias de Estado que abarque tanto al Poder Ejecutivo como al Legislativo. La interdependencia global y la mayor democratización del Estado pueden dificultar el abordaje de cuestiones desde la diplomacia clásica del Ejecutivo. En la medida en que ambos poderes trabajen por separado, la consecución de los objetivos se dificultará. Para ello, la diplomacia parlamentaria requiere para su crecimiento de un mayor grado de institucionalización como práctica parlamentaria y de consenso político y multipartidario sobre políticas de Estado legislativas. Un elemento que puede aportar esa previsibilidad y consenso multipartidario es la introducción del concepto de "diplomacia parlamentaria" y sus interacciones en el Reglamento de la Cámara de Senadores.

Como se pudo observar en los casos de México y de Nicaragua, los cuerpos definieron con precisión en su reglamento qué es la diplomacia parlamentaria y enumeraron sus correspondientes técnicas o formas. Al ser el reglamento un conjunto de reglas generales que se refieren al funcionamiento del cuerpo, si se introdujera una reforma similar en el Senado argentino a las planteadas por estos Estados, se produciría un cambio cualitativo en ordenar con mayor precisión las prácticas parlamentarias relacionadas a la diplomacia parlamentaria. A su vez, al ser aprobada por la mayoría de la Cámara, podríamos hablar de un cierto consenso de los parlamentarios sobre qué es y cómo funciona la diplomacia parlamentaria y cuáles son sus técnicas. Como sucede con las reformas constitucionales, los cambios que se introducen quieren reflejar las influencias de nuevas prácticas y el peso del contexto histórico. La misma aproximación se puede hacer para el caso del Reglamento del Senado de la Nación, si el contexto cambió al igual que las prácticas parlamentarias relacionadas a la diplomacia parlamentaria, ello debe tener una correspondencia en el Reglamento de la Cámara.

Recapitulando, el objetivo general del trabajo que se refiere al rol que desempeñó la diplomacia parlamentaria en relación con Malvinas presentó períodos donde el Parlamento mostró baja participación y una conducción de los asuntos desde el Poder Ejecutivo, con un período reciente que va desde el 2010 hasta el 2016 aproximadamente, en el que la diplomacia parlamentaria fue protagonista y pionera en acercamientos entre Argentina y el Reino Unido. No solo en temas que hacen a la controversia de Malvinas, sino en la obtención de acuerdos como por ejemplo la identificación de los soldados argentinos NN muertos en combate. Por lo tanto, la diplomacia parlamentaria resultó un instrumento útil para la consecución de acuerdos sobre problemáticas no resueltas referidas a Malvinas y una herramienta estratégica para el Poder Ejecutivo.

El objetivo específico tratado puntualmente en el capítulo I que analizaba la relación entre el Poder Ejecutivo y el Poder Legislativo y el surgimiento de la diplomacia parlamentaria nos condujo a ver que, si bien el sistema presidencial se focaliza sobre el Ejecutivo, la globalización, la interdependencia y la democratización hicieron que este ya no sea un jugador exclusivo que monopoliza la política exterior, resaltando el papel de otros actores como el Parlamento. Es así que, si bien la diplomacia parlamentaria no se presenta como una actividad reciente, sí se la conoce recientemente con ese nombre y adquirió importancia hacia principios del 2010, aunque no todavía con su nombre actual.

El segundo objetivo específico relacionado a los lineamientos de política exterior de Malvinas que se pudieron encontrar en los discursos de asunción presidencial y de apertura de sesiones ordinarias nos dejó ver que la cuestión de Malvinas se presenta como un interés vital presente en todos los gobiernos. Sin embargo, las estrategias para el abordaje de esta problemática mostraron períodos de alternancia en las estrategias para el abordaje, con etapas de continuidad. De todas ellas, a partir de la asunción de Néstor

Kirchner y luego de su esposa Cristina Fernández de Kirchner, fue posible divisar una continuidad y un tratamiento de la cuestión más como una política de Estado, donde el Poder Legislativo, a través de una diplomacia parlamentaria activa, se posicionó como un protagonista que marcaba la agenda sobre el tema Malvinas, dejando en un segundo plano al Poder Ejecutivo.

El último objetivo que se vinculaba a la caracterización del rol de la diplomacia parlamentaria en el Senado de la Nación puso en evidencia que la diplomacia parlamentaria tuvo recientemente un rol activo con este nombre. Lo que significa que antes hubo técnicas que se desarrollaron dentro del marco de la Comisión de Relaciones Exteriores y Culto, pero que eran realizadas *ex officio* y sin tener una relevancia institucional. El cambio de gobierno y la necesidad debido a la recesión económica y el aislamiento internacional de redefinir la inserción internacional del país, conjuntamente con las transformaciones estructurales en el Senado de la Nación, coadyuvaron a darle un nuevo rol a la diplomacia parlamentaria que se tradujo en una tarea de acompañar la nueva inserción internacional desde una participación que complemente las tareas del Poder Ejecutivo.

Para finalizar, estamos en condiciones de concluir que, con la información que pudimos analizar, se han reforzado los supuestos teóricos que se plantearon inicialmente en la investigación y que sostenían lo siguiente:

- el Poder Legislativo, específicamente el Senado de la Nación, en la figura de la Comisión de Relaciones Exteriores y Culto, ha desarrollado tareas de diplomacia parlamentaria aun antes de adoptar oficialmente esa denominación, respecto de la cuestión Malvinas;
- la institucionalización de grupos bilaterales de amistad ha sido el formato predominante, y uno de los cuales permitieron desarrollar más la diplomacia parlamentaria llevada adelante por el Senado de la Nación respecto de la cuestión Malvinas;

- el éxito alcanzado por el Senado de la Nación en el desarrollo de actividades de diplomacia parlamentaria respecto de la cuestión Malvinas se vio favorecido por la adopción –en determinados momentos– de una metodología informal y su abordaje en forma previa al Poder Ejecutivo;
- y la diplomacia parlamentaria de Malvinas llevada a cabo por el Poder Legislativo (Senado de la Nación) se presentó como un complemento útil en relación con Malvinas para las tareas realizadas por la diplomacia tradicional del Poder Ejecutivo.

Por lo tanto, con base en las evidencias presentadas y los supuestos que pudieron corroborarse a lo largo del presente capítulo, estamos en condiciones de formular la siguiente conclusión final:

> *La diplomacia parlamentaria llevada a cabo por el Senado de la Nación respecto a la cuestión de Malvinas es una herramienta complementaria en la inserción internacional a las tareas desarrolladas por el Poder Ejecutivo nacional, viéndose favorecida por un abordaje previo de las problemáticas y por una metodología informal que permite la consecución de objetivos esenciales para la política exterior, teniendo como formato predominante los grupos parlamentarios de amistad.*

Bibliografía

Fuentes primarias

Acta Constitutiva de la Asamblea Parlamentaria Euro-Latinoamericana (EUROLAT).

Agenda de negociación de la delegación del Senado de la Nación con respecto a Malvinas y otros temas de Diplomacia Parlamentaria, enero de 2016.

Comunicado de la Embajada Argentina en Londres, 6 y 8 julio de 2016.

Comunicado de Prensa del Ministerio de Relaciones Exteriores y Culto de la Nación (MRECIC) del 16 de junio de 2006 n.º 277/06.

Comunicado de Prensa del Ministerio de Relaciones Exteriores y Culto de la Nación (MRECIC) del 30 de marzo de 2007 n.º 099/07.

Comunicado de Prensa del Ministerio de Relaciones Exteriores y Culto de la Nación (MRECIC) del 13 de septiembre de 2016 n.º 304/16.

Comunicado de Prensa del Ministerio de Relaciones Exteriores y Culto de la Nación (MRECIC) del 19 de septiembre de 2016 n.º 310/16.

Constitución de la Nación Argentina de 1994.

Declaración Conjunta de las Delegaciones de la República Argentina y del Reino Unido de Gran Bretaña e Irlanda del Norte emitida en Madrid, Organización de Estados Americanos, octubre de 1989.

Declaración Conjunta de las Delegaciones de la República Argentina y del Reino Unido de Gran Bretaña e Irlanda del Norte, febrero de 1990.

Declaración Conjunta Argentino-Británica, julio de 1999.

Declaración de la OEA, 4 de julio de 2002.

Decreto Presidencial del Honorable Senado de la Nación DP 0263/16, anexos XII, XV y XVI.

Decreto 2446/85 del Consejo para la Consolidación de la Democracia.

Embajada Argentina en Londres, Comunicado de Prensa, 6 y 8 de julio de 2016.

Estatutos de la Unión Interparlamentaria Mundial (UIP).

Estatuto del Parlamento Latinoamericano (PARLATINO).

Informe de la visita de parlamentarios argentinos a Gran Bretaña en el marco de la invitación del British Group de la UIP, enero de 2017 (Dirección General de Diplomacia Parlamentaria del Senado de la Nación).

Informe de la visita de parlamentarios argentinos a Gran Bretaña y Glasgow, Escocia, febrero de 2017 (Dirección General de Diplomacia Parlamentaria del Senado de la Nación).

Mensaje presidencial del Dr. Ricardo Alfonsín a la Honorable Asamblea Legislativa, 1.º de mayo de 1984, pp. 133-134.

Mensaje presidencial del Dr. Carlos Saúl Menem a la Honorable Asamblea Legislativa, 1.º de mayo de 1990, pp. 22-23.

Mensaje presidencial del Dr. Carlos Saúl Menem a la Honorable Asamblea Legislativa, 1.º de marzo de 1995, p. 28.

Mensaje presidencial del Dr. Carlos Saúl Menem a la Honorable Asamblea Legislativa, 1.º de marzo de 1999, pp. 35-38.

Mensaje de asunción presidencial del Dr. Fernando de la Rúa a la Honorable Asamblea Legislativa, diciembre de 1999, p. 15.

Mensaje presidencial del Dr. Fernando de la Rúa en el primer período ordinario de sesiones del Congreso de la Nación, p. 18.

Mensaje presidencial del Dr. Fernando de la Rúa en el segundo período ordinario de apertura de sesiones del Congreso de la Nación, p. 23.

Mensaje presidencial del Dr. Eduardo Duhalde a la Honorable Asamblea Legislativa, 1.º de marzo de 2002, p. 23.
Mensaje de asunción del presidente Dr. Néstor Carlos Kirchner a la Honorable Asamblea Legislativa, diciembre de 2003, p. 20.
Mensaje presidencial del presidente Néstor Carlos Kirchner a la Honorable Asamblea Legislativa, 1.º de marzo de 2004, pp. 32-33.
Mensaje presidencial del presidente Dr. Néstor Carlos Kirchner a la Honorable Asamblea Legislativa, 1.º de marzo de 2007, pp. 39-40.
Mensaje de asunción de la presidente Dra. Cristina Fernández de Kirchner a la Honorable Asamblea legislativa, 10 de diciembre de 2007, p. 14.
Mensaje presidencial de la Dra. Cristina Fernández de Kirchner a la Honorable Asamblea Legislativa, 1.º de marzo de 2012, p. 38.
Mensaje presidencial del presidente ingeniero Mauricio Macri en la apertura del período de sesiones ordinarias del Congreso de la Nación, 1.º de marzo de 2016, p. 13 y 14.
Reglamento de la Cámara de Senadores de la Nación.
Resolución de Naciones Unidas 1514 (XV)
Resolución de Naciones Unidas 1541 (XV)
Resolución de Naciones Unidas 2065 (XX)
Resolución de Rechazo a la Exploración Hidrocarburífera en las Islas Malvinas y Reafirmación de la Soberanía Argentina. PARLATINO 2011.
Resolución de rechazo a los desafortunados juicios de valor en cuanto a las Islas Malvinas incluidos en el párrafo 76 Parlamento Europeo Latinoamericano (EUROLAT) 2012.
Tratado de Institucionalización del Parlamento Latinoamericano (PARLATINO), 1987.
Versión taquigráfica de la reunión de la Comisión de Relaciones Exteriores y Culto del Senado de la Nación, 7 de abril de 2010.

Versión taquigráfica de la reunión de la Comisión de Relaciones Exteriores y Culto del Senado de la Nación, 26 de enero de 2012.
Versión taquigráfica de la reunión de la Comisión de Relaciones Exteriores y Culto del Senado de la Nación, 7 de marzo de 2012.
Versión taquigráfica de la reunión de la Comisión de Relaciones Exteriores y Culto del Senado de la Nación, 14 de marzo de 2012.
Versión taquigráfica de la reunión de la Comisión de Relaciones Exteriores y Culto del Senado de la Nación, 20 de agosto de 2013.
Versión taquigráfica de la Comisión de Relaciones Exteriores y Culto del Senado de la Nación, 27 de marzo de 2014.
Versión taquigráfica de la Comisión de Relaciones Exteriores y Culto del Senado de la Nación, 20 de abril de 2016.
Versión taquigráfica de la Comisión de Relaciones Exteriores y Culto del Senado de la Nación, 4 de mayo de 2016.
Versión taquigráfica de la Comisión de Relaciones Exteriores y Culto del Senado de la Nación, 5 de octubre de 2016.

Fuentes secundarias

Alberdi, Juan Bautista (2009). *Bases y punto de partida para la organización política de la República Argentina*. Editorial Terramar, Ciudad Autónoma de Buenos Aires.
Asamblea Nacional Nicaragua (2015). *Diplomacia Parlamentaria de la Asamblea Nacional de la República de Nicaragua*. Dirección de Relaciones Internacionales Parlamentarias, Managua, Nicaragua.
Baquedano, María Elena (2017). El principio de autodeterminación de los pueblos al cumplirse cincuenta años de

sanción de la Resolución 2065, en Norberto Consani *et al.* (comps.), *Malvinas y La construcción de un reclamo soberano. Pasado, presente y futuro.* UNLP. Facultad de Ciencias Jurídicas y Sociales.

Beck, Nathaniel (1991). Comparing Dynamic Specifications: the Case of Presidential Approval, en *Political Analysis*, vol. III, n.º 1.

Bologna, Alfredo Bruno (2006). *Política exterior del gobierno de Kirchner*. Editorial Universidad Nacional de Rosario, CERIR, Rosario.

Bologna, Alfredo Bruno (2010). *Política exterior de Cristina Kirchner. Apreciaciones promediando su mandato*. CERIR; Rosario.

Bologna, Alfredo Bruno (2014). *La política exterior de Cristina Fernández de Kirchner al finalizar su mandato*. CERIR, Rosario.

Bologna, Alfredo Bruno (2017). Los derechos argentinos sobre las Islas Malvinas, en Norberto Consani *et al.* (comps.), *Malvinas y la construcción de un reclamo soberano. Pasado, presente y futuro*. UNLP. Facultad de Ciencias Jurídicas y Sociales.

Botana, Natalio (1985). *El orden conservador: la política argentina entre 1880 y 1916*. Editorial Sudamericana, Buenos Aires.

Burgos Quezada, Mauricio y Riffo Muñoz, José (2014). *Diplomacia Parlamentaria*. Senado de Chile, Valparaíso.

Calderón Patiño, Juan Pablo (2005). *Los retos de la Diplomacia Clásica y la función de la Diplomacia Parlamentaria*. Editorial Universidad Iberoamericana, México.

Calduch Cervera, Rafael (1993). *Dinámica de la Sociedad Internacional*. Editorial Centro de Estudios Ramón Areces, Madrid.

CARI (1999). *Las Islas Malvinas y la política exterior Argentina durante los 90s: Acerca de su fundamento teórico y de la Concepción de una política de Estado*. Editorial Consejo para las Relaciones Internacionales (CARI), Buenos Aires.

Chitarroni, Horacio (2015). *La investigación en ciencias sociales: lógicas, métodos y técnicas para abordar la realidad social.* Editorial Universidad del Salvador, Ciudad Autónoma de Buenos Aires.

Colautti, Carlos (1996). *Derecho Constitucional.* Editorial Universidad, Buenos Aires.

Dallanegra Pedraza, Luis (1981). La problemática del orden, en Luis Dallanegra Pedraza, *Geopolítica y Relaciones Internacionales*. Editorial Pleamar, Buenos Aires.

De Icaza, Carlos (1999). *La diplomacia contemporánea*. Consejo Nacional para la Cultura y las Artes, México.

Diez de Velasco Vallejo, Manuel (2008). *Las Organizaciones Internacionales.* Editorial Tecnos, Madrid.

Diez de Velasco Vallejo, Manuel (1999). *Instituciones de Derecho Internacional Público*. Editorial Tecnos, Madrid.

Floria, Carlos y García Belsunce, César (2009). *Historia de los Argentinos*. Editorial el Ateneo, Buenos Aires.

García Chourito, José Guillermo (2016). *Las actividades internacionales de las Cortes Generales (1978-2011): Un ejemplo de Parlamentarismo Internacional de los órganos legislativos.* Tesis Doctoral, Universidad de Santiago de Compostela, Facultad de Derecho.

García Escudero Márquez, Piedad (2008). Diplomacia y Cooperación Parlamentarias: Las Cortes Generales. *Revista Parlamentaria de la Asamblea de Madrid,* n.º 19, Editorial Asamblea de Madrid, Madrid.

García Montero, Mercedes (2009). *Presidentes y Parlamentos: ¿Quién controla la actividad legislativa en América Latina?* Editorial Centro de Investigaciones Sociológicas, Madrid.

Giménez Martínez, Miguel Ángel (2014). *Los inicios de la diplomacia parlamentaria en España durante la Legislatura Constituyente* (1977-1979). Serie V Historia Contemporánea.

González, Ariel Sebastián (2007). *La zona de paz y cooperación del Atlántico Sur (ZPCAS): Renacimiento y ¿Renovación?* Universidad de Tucumán, San Miguel de Tucumán.

Hernández Sampieri, Roberto, Collado Fernández, Carlos y Baptista, Lucio (2003). *Metodología de la investigación*. Editorial Mac Graw Hill, México.

Hutschenreuter, Alberto (2014). *La gran perturbación, políticas entre Estados en el siglo XXI*. Editorial Almaluz, Argentina.

Keohane, Robert y Nye, Joseph (1988). *Poder e interdependencia. La política mundial en transición.* Editorial Grupo Editor Latinoamericano, Buenos Aires.

Lanús, Juan Archivaldo (1984). *De Chapultepec al Beagle, política exterior argentina: 1945–1980.* Editorial Emecé, Buenos Aires.

Lanzaro, Jorge (2003). *Tipos de presidencialismo y coaliciones políticas en América Latina.* Editorial CLACSO, Buenos Aires.

Levene, Ricardo (1978). *Lecciones de historia argentina*. Editorial de Belgrano, Buenos Aires.

Lijphart, Arend (1984). *Las democracias contemporáneas*. Editorial Ariel, 1984, Barcelona.

Linz, Juan y Valenzuela, Arturo (1994). *Las crisis del presidencialismo, perspectivas comparadas.* Editorial Alianza; Madrid.

Linares Quintana, Segundo V (2008). *Tratado de Interpretación Constitucional Homenaje a Karl Loewenstein*. Colaboración de Antonio Castagno, Editorial Abeledo Perrot, Buenos Aires.

Lipset, Seymour Martín (1990). La centralidad de la cultura política. *Journal of Democracy*, vol. 1, n.º 4, traducción de Miguel de Luca.

Loewenstein Karl (1986). *Teoría de la Constitución*. Editorial Ariel, Barcelona.

Mainwaring, Scott y Soberg, Shugar (2002). *Presidencialismo y democracia en América Latina*. Editorial Paidós, Buenos Aires.

Malamud, Andrés y Stavridis, Stelios (2011). Parliaments and parliamentarians as international actors, en Bob Reinalda (Ed.), *The Ashgate Research Companion to Non-State Actors*. Ashgate, Surrey, Reino Unido.

Marín, Guillermo (2002). Diplomacia nueva, diplomacia vieja, en *Gestión y Análisis de Políticas Públicas*, n.º 23.

Mastropierro, O., Troncoso, M., Luchetti, J. y Argemi, C. (2017). La política exterior argentina respecto de las Islas del Atlántico Sur entre 1999 y 2015, en Norberto Consani *et al.* (comps.), *Malvinas y la construcción de un reclamo soberano. Pasado, presente y futuro*. UNLP. Facultad de Ciencias Jurídicas y Sociales.

Morgenthau, Hans (1986). *Política entre las naciones, la lucha por el poder y la paz*. Editorial Grupo Editor Latinoamericano, 3.º edición, Argentina.

Munck, Gerardo y Snyder, Richard (2007). La Ciencia Política según sus maestros. *Revista de Ciencia Política*, vol. 28, n.º 2, Johns Hopkins University Press, Baltimore.

Muñoz, María Paz Richard y González Chávez, Jorge (2011). *Diplomacia Parlamentaria: Abordajes conceptuales y expresiones en el Reglamento de la Cámara de Diputados*. Dirección de Servicios de Investigación y Análisis, México.

Nino, Carlos (2005). *Un país al margen de la ley*. Editorial Planeta, Argentina.

Novaro, Marcos (2003). Presidentes, equilibrios institucionales y coaliciones de gobierno en Argentina (1989-2000), en Jorge Lanzaro (comp.), *Tipos de presidencialismo y coaliciones políticas en América Latina*. CLACSO, Buenos Aires.

Ortiz Sánchez, Leonides (2006). *La Diplomacia Parlamentaria en México*. Editorial Convergencia, Ciudad de México.

Pérez Liñán, Aníbal (2009). *Juicio político al presidente y nueva inestabilidad política en América Latina*. Editorial Fondo de Cultura Económica, Buenos Aires.

Pezzano, Luciano (2017). La libre determinación de los pueblos como argumento del Reino Unido para obstaculizar el arreglo de la cuestión Malvinas, en Norberto Consani *et al.* (comps.), *Malvinas y la construcción de un reclamo soberano. Pasado, presente y futuro*. UNLP. Facultad de Ciencias Jurídicas y Sociales.

Pitt Villegas, Julio (2007). *Aportes para una mejora en la calidad institucional. Historia del reglamento del Honorable Senado*

de la Nación. Instituto Federal de Estudios Parlamentarios (IFEP), Argentina, Ciudad de Buenos Aires.
Pría, Melba (2008). Las relaciones internacionales del siglo XXI: hacia una diplomacia ciudadana. *Revista de Relaciones Internacionales de la UNAM*, n.º 101-102.
Remiro Brotóns, Antonio (1984). *La acción exterior del Estado*. Editorial Tecnos, Madrid.
Robbins, Stephen (1994). *Comportamiento organizacional*. Editorial Prentice Hall.
Rodríguez Giavarini, Adalberto (2000). La política exterior argentina. En *Archivos del Presente*, n.º 20, Buenos Aires.
Rosatti, Horacio (2001). *El presidencialismo argentino después de la reforma constitucional*. Editorial Rubinzal – Culzoni, Universidad Católica de Santa Fe, Argentina.
Russell, Roberto y Tokatlian, Gabriel (2003). *El lugar de Brasil en la política exterior argentina*. Editorial Fondo de Cultura Económico, Argentina.
Sáenz Quesada, María (2006). *La Argentina. Historia de su país y su gente*. Editorial Sudamericana, Buenos Aires.
Sartori, Giovanni (1994). *Ingeniería Constitucional comparada*. Editorial Fondo de Cultura Económica, Ciudad de México.
Serrafero, Mario (1999). Presidencialismo argentino. ¿Atenuado o reforzado? *Araucaria. Revista Iberoamericana de Filosofía, Política, Humanidades y Relaciones Internacionales*, vol. 1, n.º 2.
Solana, Fernando (2000). *Seis años de Diplomacia Parlamentaria 1994-2000: Actividades de la Comisión de Relaciones Exteriores del Senado de la República*. Legislatura LVII, México.
Spanier, John (1991). *La política exterior norteamericana a partir de la segunda guerra mundial*. Editorial Grupo de Editor Latinoamericano, Argentina.
Stepan, Alfred y Skach, Cindy (1998). Presidencialismo y parlamentarismo en perspectiva comparada, en Juan José Linz y Arturo Valenzuela (coords.), *La crisis del*

presidencialismo. Perspectivas comparadas. Editorial Alianza Universidad, España.

Tomassini, Luciano (1989). *Teoría y práctica de la política internacional.* Editorial Universidad Católica de Chile, Chile.

Universidad Nacional de La Plata (2017). *Malvinas y la construcción de un reclamo soberano, pasado, presente y futuro.* Editorial Universidad de La Plata, Facultad de Ciencias Jurídicas y Sociales, La Plata.

Vallejos de la Barra, Federico (2004). La Diplomacia Parlamentaria: un nuevo instrumento en la ejecución en la política exterior de los Estados. En *Diplomacia,* n.º 97, Academia Diplomática de Chile.

Van Chrismar, Julio (2010). *Los Objetivos Nacionales, base de la política nacional de Estado.* Academia de la Guerra del Ejército de Chile, Santiago de Chile.

Parte II. Investigaciones posteriores

Reflexiones de los últimos años

Luego de la presentación de la investigación sobre diplomacia parlamentaria de Malvinas, quise reflexionar más profundamente sobre el objeto de estudio. Sentí que me había quedado material de la tesis doctoral y el tema estaba en creciente auge académico y político, al punto que muchas instituciones educativas comenzaron a confeccionar diplomaturas, materias, seminarios en las carreras y charlas que atrajeron la atención y el interés por la diplomacia parlamentaria en Argentina. El concepto ganaba terreno y se insertaba en la ciencia política y las relaciones internacionales, pero a la vez se corría el riesgo de ensanchar la connotación y la denotación de muchos conceptos y dimensiones, lo que puede traducirse en una disolución de este y una pérdida de su verdadera esencia y definición.

Muchas veces, debemos ser cuidadosos a la hora de ingresar en un campo poco explorado donde no se ha generado un conocimiento profundo aún, porque, al no contar con herramientas suficientes, puede hacernos pecar de improvisados abordar cuestiones con cierta liviandad que requieren un estudio más específico. Cada Congreso nacional tiene un conjunto de prácticas parlamentarias en materia de relaciones internacionales que lo definen como tal y que son parte de su "cultura política". Por tal razón, debemos observar y registrar todo aquello que el Congreso realiza con prudencia a la hora de comparar casos y circunstancias, ya que tiene particularidades propias de su cultura, su historia y las prácticas. Solo por dar un ejemplo, en el caso de la diplomacia parlamentaria, la Honorable Cámara de Diputados de la Nación hace ya varios años que utiliza el término "diplomacia parlamentaria" y toma en cuenta técnicas o formas de esta que han perdurado pese al cambio de las autoridades. En el caso del Senado de la Nación, esto es diferente. El nombre surgió concretamente hacia el año 2016, pero ha sufrido transformaciones estructurales y modificaciones, e inclusive en nuestros días el término no aparece en la estructura del Senado como tal. En el caso de México, la Cámara de Diputados establece en su reglamento el concepto de "diplomacia parlamentaria" y sus técnicas. En el caso argentino, no se lo menciona en el reglamento de la Cámara, lo cual sería un gran paso en torno a aceptar cuáles son las técnicas o formas que gozan de consenso político y brindar mayor certidumbre al proceso parlamentario.

Todo conocimiento requiere de un proceso de madurez y asimilación; por tal razón, en *Pensar las Relaciones Internacionales desde la Diplomacia Parlamentaria* (2020), creí necesario encontrar una definición del concepto desde nuestra experiencia parlamentaria y dejar planteadas las técnicas o formas desde nuestras prácticas, lo cual sembraba un desafío distinto al anterior, requería de un cierto dominio del área y de una profundización del conocimiento adquirido. A pesar de estos avances, reflexionaba sobre la necesidad de ahondar, perfeccionando algunas ideas que pudiesen aportar elementos substanciales.

De esta manera, comencé nuevamente estudios posdoctorales en la Universidad Mediterránea de Reggio Calabria, con la idea de mejorar más la connotación del término y sus características. En estas últimas, desarrollé algunas particularidades propias del caso que pude analizar que me sorprendieron y pienso pueden ayudar a mejorar la diplomacia parlamentaria y sus estudios posteriores. Me refiero a la capacidad de adaptación (flexibilidad) y como instancia previa al Poder Ejecutivo. Sin lugar a dudas, elementos que proyectan al campo como una posible herramienta estratégica, en el actual contexto de inseguridad e incertidumbre. Así, luego de la estancia posdoctoral, logré publicar la investigación en la reconocida revista *Relaciones Internacionales* del IRI-UNLP, vol. 31, n.º 63, previa revisión por doble referato ciego, llamada "La contribución de la diplomacia parlamentaria al derecho internacional humanitario: el caso de los caídos en Malvinas" (2022). Fue un avance importante para las caracterizaciones, pero aún restaba potenciar el trabajo y difundirlo. De esta manera, me convocó el Honorable Congreso de Perú para escribir algo vinculado a la región. Pensé que era el momento acorde para difundir allí estos hallazgos, y pensar que, en el marco de la región sudamericana, donde la zona de paz se consolidó como un área estable en cuanto a las amenazas convencionales, aunque con una heterogeneidad importante de amenazas complejas que nos hace ser más cautos a la hora de hablar de conflictividad, la diplomacia parlamentaria puede ser una herramienta estratégica útil para el Poder Legislativo en la medida que pueda contribuir a la construcción de la paz. El artículo se publicó en la revista *Cuadernos Parlamentarios* n.º 29 con el título de "Diplomacia parlamentaria en América Latina: Una herramienta estratégica para el Poder Ejecutivo" (2023).

Un año más tarde, en un contexto de rivalidades crecientes en las relaciones internacionales, y de un multilateralismo que brillaba por su ausencia, desarrollé algunas de estas ideas en una columna de opinión del diario *Perfil*, llamada "Una nueva oportunidad para la Diplomacia Parlamentaria" (2024). Encaré el tema de la política exterior y caractericé el mundo de ese momento como heterogéneo, conflictivo, descentralizado, despiadado y peligroso, donde el ritmo está determinado en gran parte por la confrontación entre Estados Unidos y China. En este contexto, las actividades que lleva a cabo el Congreso Nacional se presentan como una herramienta estratégica útil, pudiendo elaborar una agenda propia en materia de política exterior, pero acompañando y complementando la inserción internacional del Poder Ejecutivo. Esto nos presenta la posibilidad de un Congreso activo en materia de política exterior capaz de acompañar la inserción internacional del Poder Ejecutivo, pero teniendo una agenda con cierta autonomía en materia de relaciones internacionales que incluye aspectos de cooperación entre parlamentos y parlamentarios y organismos internacionales. La construcción de la agenda posibilita el trazado de relaciones virtuosas internacionales con una multiplicidad de actores domésticos e internacionales, pero que no pueden sustituir los lineamientos establecidos por la diplomacia clásica bajo una forma de gobierno presidencial o ir en contra de ellos. El mundo se ha transformado profundamente, y los vínculos entre los actores estatales y no estatales se llevan a cabo en múltiples niveles y a través de una gran diversidad de canales.

Estos cambios conllevan una necesidad de flexibilidad en los procesos de negociación, permeabilidad a diversos contextos en sus vínculos con otros parlamentos y poderes, y como una instancia de acercamiento para el diálogo constructivo en un mundo cada vez más inseguro y complejo. Es aquí donde debemos animarnos a dar un paso más. Estamos ante nuevos desafíos y quizás nuevas amenazas, y proyecto el "quizás" porque muchos hablan de las nuevas viejas amenazas, y sostengo que el mundo las enfrentó ya en el pasado, pero que en las últimas décadas la creciente globalización, interdependencia y las redes internacionales nos condujeron hacia una convergencia de amenazas complejas que hoy están potenciadas por una incertidumbre que se alimenta por la falta de racionalidad en el comportamiento de los principales actores. De las llamadas "nuevas viejas amenazas", la que es realmente nueva y propia del avance tecnológico que estamos viviendo es el dominio del ciberespacio, que, a diferencia del resto de las amenazas, no tiene fronteras físicas conocidas.

¿Cuál es la contribución que puede hacer la diplomacia parlamentaria en este contexto de inseguridad? ¿Realmente es una herramienta que puede aportar utilidad al Poder Ejecutivo? Creo, sin dudas, que la diplomacia parlamentaria puede coadyuvar como herramienta complementaria a la consecución de objetivos políticos y económicos esenciales para *el interés nacional* de los Estados. Pero aquí es donde debemos tomar la cuestión con seriedad y preguntarnos cuáles son esos intereses nacionales vitales de la política exterior argentina, impostergables para la nación en el contexto actual. Muchos no lo saben, o dudan de cuáles son. Otros no los comunican abiertamente, al punto que la sociedad no sabe cuáles son. Algunos partidos políticos definen algunos de ellos en una agenda, y otros permanecen fuera. Ningún país se volvió gravitante en las relaciones internacionales sin haber definido esto, por una cuestión básica. ¿Por qué? Simplemente porque un país es producto de su historia, su cultura, sus vínculos, y todo ello confecciona una identidad propia que surge de lo que nosotros pensamos que somos y de la interacción con los otros actores, de ahí que el otro tiene un rol clave en la confección de mi identidad. Es así como Argentina atravesó a lo largo de su historia maneras diferentes de vincularse con el mundo, teniendo vital importancia las percepciones que desarrollaron las elites políticas acerca de cómo y con quién debíamos vincularnos.

Hay una primera etapa que nace con la construcción de la reducción a la unidad y se extiende hasta la década del 30, con la crisis de la bolsa de Estados Unidos. La política exterior se asociaba a un modelo de desarrollo económico agroexportador, donde la mirada de inserción internacional pasaba por los mercados y no las fronteras[1], con un acercamiento al Reino Unido (principal actor hegemónico) y un cierto distanciamiento de la región latinoamericana. La crisis económica de 1929 representó una bisagra, ya que las transformaciones en el ámbito internacional marcaron límites a la política exterior y al modelo de desarrollo. Hubo debates entre las elites políticas acerca del rumbo por seguir, así como si estaban dadas las condiciones para un desarrollo a través de la sustitución de importaciones. La respuesta fue una acentuación de la dependencia, el pacto Roca-Runciman. Luego de la Segunda Guerra Mundial, nuevos cambios en el contexto internacional y doméstico

---

[1] Así lo sostenía José Paradiso en su libro *Debates y trayectorias de la política exterior argentina* (1993).

condujeron a buscar un nuevo paradigma de política exterior. Esta vez la creciente confrontación entre Estados Unidos y la Unión Soviética, sumada a las penalizaciones que Argentina sufrió por su actitud de rebeldía y tardía declaración de guerra, exigía una visión diferente. Diversificación de vínculos comerciales, no ingreso a los organismos económicos internacionales, acercamiento a la región, adopción de un modelo de sustitución de importaciones, equidistancia de las potencias hegemónicas, entre otras cuestiones. A este modelo se lo conoció con el nombre de "globalismo"[2].

Finalmente, y luego de la duración de este paradigma por más de cincuenta años, la caída del Muro de Berlín provocó una perspectiva renovada de la política exterior. El triunfo del capitalismo neoliberal (económico y político) y la formación de un mundo unipolar exigían la adopción de una visión que reflejase los cambios que acaecían en el ecosistema internacional. De esta manera, el plegamiento a Estados Unidos y al orden internacional, la construcción de regímenes económicos regionales como modelo de integración y desarrollo, y el alto perfil en foros internacionales y regionales diseñaron un nuevo modelo que se llamó "aquiescencia pragmática"[3], que supone poner en el centro de la escena un interés nacional definido en términos comerciales[4].

Fue en este último modelo donde la diplomacia parlamentaria, a raíz de la reforma constitucional de 1994, tuvo facultades específicas en relaciones internacionales a través del artículo 75 inciso 22 y 24. No es que antes el Parlamento no haya sido un lugar donde las figuras políticas de alto nivel discutían acaloradamente sobre la política exterior y los diversos cursos de acción. Pero, a partir de esta década,

---

2 Roberto Russell y Juan Gabriel Tokatlian lo llaman en estos términos en su libro *El lugar de Brasil en la Política Exterior Argentina.*

3 Conocido en estos términos en el trabajo de Roberto Russell y Juan Gabriel Tokatlian, quienes lo llaman de esta manera en su libro *El lugar de Brasil en la Política Exterior Argentina.*

4 Definido en estos términos por Russell y Tokatlian en la misma obra.

el Congreso desarrolló un interés mayor a razón de potestades específicas en la materia.

A mi entender, el Congreso es uno de los ámbitos para la discusión de estas cuestiones, en donde la *pluralidad representativa* del Parlamento y de la diplomacia parlamentaria como tal abre las puertas a los grandes acuerdos políticos que ayudan a brindar una imagen positiva del país en el exterior, ya que, a diferencia de lo que muchos pueden pensar, construir desde el consenso da la fortaleza necesaria para transmitir madurez política, algo indispensable para los vínculos con otros países en el concierto internacional. Esto es un valor que debería acercarnos a los grandes acuerdos. No pienso en mirar a Europa como la gran utopía, sino quizás en ser más humildes mirando a nuestros vecinos, que pasaron por procesos similares, pero que respondieron a esos desafíos desde un lugar distinto.

Sostengo de esta manera que, en un ambiente democrático, el Congreso es un lugar destacado para discutir políticas públicas de mediano y largo plazo, sabiendo que los tiempos de mediano y largo plazo en Argentina pueden llevarnos a connotaciones múltiples en comparación con otros países. Pero, si algo demostró el Congreso en los momentos analizados en la tesis y en los *papers* posteriores, fue el alto grado de cohesión interna, que se replicó en un accionar conjunto parte de una *Gran Estrategia*, que trajo entre sus grandes frutos llevar a todos los lugares posibles el conocimiento de la causa Malvinas. El Congreso debe recobrar el protagonismo como un actor clave de la política exterior. Allí reside la diversidad, y sobre ella deben construirse visiones de mediano y largo plazo, con un diálogo constructivo y maduro, que tenga como eje central un interés nacional claro y preciso que ayude a la consecución de grandes objetivos nacionales pospuestos como el desarrollo.

Los momentos que atraviesa el mundo hoy no son los mejores. Conflictividad creciente y un multilateralismo casi con certificado de defunción son características propias del sistema internacional actual. El choque de valores, principios y maneras diferentes de hacer política erosiona la estructura y potencia una heterogeneidad que origina conflictos. La diferencia en comparación con otras épocas reside en la búsqueda de un quiebre del sistema y la instauración de algo distinto con reglas nuevas. Sin embargo, un orden internacional, como decía Henry Kissinger en *Orden Mundial*, debe ser cultivado y no impuesto. ¿Cómo se puede alcanzar el consenso necesario a nivel mundial para que ello suceda? Respuestas simples a problemas complejos distinguen a los letrados de las relaciones internacionales de los charlatanes, nos decía Hans Morgenthau. El trabajo es arduo, y el camino, de ripio. El centro de la cuestión será cómo trazar puentes en la heterogeneidad. Sin embargo, hay cuestiones que no pueden esperar. La comunidad internacional continúa acarreando problemáticas comunes para los Estados, no resueltas y que requieren de acciones consensuadas.

En síntesis, la diplomacia parlamentaria puede ser esa instancia de diálogo previo al abordaje por el Poder Ejecutivo, en la cual se exponga una agenda con problemáticas comunes que provean de ayuda a la diplomacia tradicional. Para ello se requiere de la formación de un cuerpo personal altamente profesionalizado que sepa hablar idiomas, que conozca de cultura y relaciones internacionales, y que aporte a los legisladores un conocimiento técnico especializado en áreas indispensables. Debería ser un cuerpo permanente de asesoramiento y, si se pudiera, apolítico, ya que el interés nacional trasciende a las facciones políticas y le pertenece a la patria, y esta debe estar ante todo. Así lo decían los grandes fundadores de esta querida tierra y de los valores que nos definen como sociedad.

Pensar las relaciones internacionales desde la diplomacia parlamentaria[1]

Introducción

En la actualidad, la incorporación del vocablo "diplomacia parlamentaria" al mundo académico y a las relaciones internacionales parece transitar un camino sólido y constante. Reflejo de ello puede notarse no solo a través de un crecimiento en las actividades académicas y en los programas de estudios que incorporan este eje temático, sino en la multiplicidad de actividades que llevan a cabo los parlamentos con relación a las relaciones internacionales, siendo algunas de ellas establecidas constitucionalmente. El crecimiento de la diplomacia parlamentaria y de sus técnicas o formas nos invita a reflexionar sobre la trascendencia que esta actividad puede tener en la inserción internacional de los Estados realizada por el Poder Ejecutivo y la complementación de tareas entre ambos actores, aportando una herramienta útil en un actual sistema internacional caracterizado por la incertidumbre y la volatilidad. Un correcto abordaje de la problemática nos plantea comenzar por una definición del concepto de "diplomacia parlamentaria", para luego describir y explicar el complejo entramado de tareas que realiza el Parlamento (el Senado de la Nación) en materia de relaciones internacionales y sus características principales, para

1 El presente capítulo de este libro constituye algunas ideas expuestas en mi tesis doctoral en Relaciones Internacionales titulada "La diplomacia parlamentaria de Malvinas en el Senado de la Nación: de los Acuerdos de Madrid hasta el 2016", defendida en marzo de 2018, en mis publicaciones en el diario El Economista del día 18 de junio de 2019 y en el Boletín n.º 30 del Departamento de Seguridad y Defensa del Instituto de Relaciones Internacionales (IRI) de la Universidad Nacional de La Plata en mayo/junio de 2019.

finalmente ver una breve evolución histórica de la inserción internacional y del rol del Parlamento. En este marco, algunas preguntas a las que intentaremos dar respuesta en el presente artículo son las siguientes: ¿cuál ha sido, si es que la ha tenido, la participación de la diplomacia parlamentaria en las cosmovisiones históricas de política exterior?; ¿qué puede aportar la diplomacia parlamentaria a la inserción internacional en un sistema político presidencialista donde la política exterior parece ser un ámbito casi exclusivo del Poder Ejecutivo? Pensar las relaciones internacionales desde una visión de la diplomacia parlamentaria no significa una mirada antagónica al Poder Ejecutivo, sino una perspectiva complementaria que puede coadyuvar a la consecución de objetivos políticos y económicos esenciales para el interés nacional de los Estados.

Definición conceptual, técnicas o formas y características de la diplomacia parlamentaria

Comenzar por una definición del término "diplomacia parlamentaria" nos permite clarificar el camino para luego poder profundizar sobre la temática en cuestión. Existen numerosas connotaciones del término; sin embargo, es posible observar que en la tradición latinoamericana hay una cierta influencia de corte español que se observa en general cuando algunos parlamentos se remiten a definiciones de autores españoles en la materia. La primera de ellas es la que nos brinda Piedad García Escudero Márquez (2008) en su artículo titulado "Diplomacia y cooperación parlamentarias: las cortes generales". Allí se define a la diplomacia parlamentaria como "toda actuación desarrollada por los parlamentos en materia de política exterior y en su relación con otras cámaras extranjeras" (Marín, 2002: 47), lo que comprende tanto la intervención del Parlamento y de sus órganos en la definición, el control y la ejecución de la política exterior del Estado, como la intensa actividad internacional de las cámaras (Trillo Figueroa, 1999: 18). La connotación del término dada por Escudero Márquez parece lo suficientemente abarcadora para incluir un amplio rango de actividades por parte del Parlamento. Pese a ello, no hace referencia a las competencias constitucionales del Poder Legislativo, a la vez que parece que presenta a la definición y ejecución de la política exterior como competencias propias del Parlamento, cuando en realidad le pertenecen específicamente al Poder Ejecutivo.

Por esta razón, tomaremos como referencia para el presente artículo la definición de "diplomacia parlamentaria" que brindó Miguel Ángel Giménez Martínez en "Los inicios de la diplomacia parlamentaria en España durante la Legislatura Constituyente (1977-1979)". Allí, el autor la define como un complejo entramado de relaciones institucionales informales que vinculan a las cámaras legislativas y a sus miembros. En un sentido amplio, también abarca las competencias constitucionales propias del Legislativo en política exterior, así como la labor de control de la acción del Gobierno en este campo (Giménez Martínez, 2014: 406).

En el sistema presidencial argentino, la política exterior es planificada, dirigida y ejecutada por el Poder Ejecutivo nacional, que durante varias décadas monopolizó su manejo intentando el menor control posible por parte de otros poderes del Estado. Sin embargo, el proceso de creciente democratización y transparencia de la política doméstica incrementó la participación de otros actores, que reclamaron mayor participación e injerencia en política exterior. Ello no significa que el Poder Ejecutivo haya perdido gravitación en el tema, sino que dejó de ser un actor exclusivo. Esta merma se comenzó a evidenciar con la reforma constitucional de 1994, donde se le otorgó un nuevo rol al Congreso, encargado de "aprobar o desechar" tratados concluidos con otras naciones, y que los tratados internacionales y los concordatos (acuerdos que se firman entre un Estado sujeto de derecho y la Santa Sede) tienen jerarquía superior a las normas nacionales, lo cual los sitúa por encima de otras leyes (artículo 75 de la Constitución Nacional, inciso 22). La mayoría de estos tratados que adquirieron una jerarquía superior en la Constitución Nacional son aquellos relacionados con la protección de los derechos humanos. Complementariamente al inciso 22 del art. 75, el inciso 24 se refiere a la aprobación de tratados de integración de organizaciones supranacionales. De acuerdo con las prácticas constitucionales, la iniciativa y la tramitación de estos tratados internacionales le corresponderían al Poder Ejecutivo mediante la coordinación de las tramitaciones de los tratados con los representantes autorizados del Ministerio de Relaciones Exteriores y Culto. Luego del debate y del posible ajuste o no del texto, se pasa a su firma por los titulares del Poder Ejecutivo. Por lo tanto, volviendo sobre la definición de "diplomacia parlamentaria" dada por Giménez Martínez y tomada por nosotros para el presente artículo, las competencias constitucionales del Congreso definidas en el artículo 75 inciso 22 y 24 deberían ser consideradas parte de la diplomacia parlamentaria argentina, y correspondería hacer mención de tales artículos con esa denominación.

Un último elemento que tenemos que operacionalizar en la definición está dado por lo que se conoce como "labor de control". Este tiene dos acepciones generalmente reconocidas. La primera de ellas se identifica con la posibilidad de interpelar funcionarios, que se encuentra regulada en el artículo 71 de la Constitución Nacional. Es un mecanismo de control que posee el Poder Legislativo para que el Poder Ejecutivo le brinde información que pueda ser necesaria por algún acontecimiento de trascendencia o para tomar alguna resolución en una materia determinada sobre la cual no posee datos suficientes. El reglamento de la Cámara de Senadores, en su artículo 89, nos dice que "las interpelaciones se realizarán en función de la temática; es decir que cada comisión podrá interpelar con base en su competencia" (Reglamento de la Cámara de Senadores de la Nación, 2016: 31).

La segunda acepción terminológica se vincula con un procedimiento parlamentario. Volviendo sobre la firma de tratados internacionales, puede suceder que el texto no haya sido sometido a un ajuste; de esta manera, se puede sostener que hasta ese momento no se había registrado la intervención o participación del Congreso o de algunos de sus órganos (comisiones parlamentarias), por lo que el Poder Legislativo se encontraría ante un hecho consumado; es decir, con el texto concluido y firmado por el Poder Ejecutivo, que es luego remitido al Congreso con un mensaje y un proyecto de ley para su aprobación (Castagno, 2008: 1633). Sin embargo, ¿qué puede suceder si hubiera alguna discrepancia en el texto al momento de aprobarlo por parte de los legisladores? El mecanismo de control del Legislativo no siempre se lleva adelante de manera tan simple como algunos podrían deducir. Para exponer la complejidad que muchas veces el Poder Legislativo enfrenta en su tarea de control, podemos recurrir a un caso que nos ayudará a clarificar la cuestión: nos referiremos al acuerdo entre el Gobierno de la República Argentina y el Gobierno de la República de Chile para precisar la zona limítrofe entre el monte Fitz Roy y el cerro Daudet. El Poder Ejecutivo envió el proyecto al Congreso para someter a consideración la firma del acuerdo. La comisión parlamentaria que intervino en Diputados fue la de Relaciones Exteriores y Defensa. En el seno de la Cámara, se planteó un debate que tomó estado público acerca de que el texto enviado por el Poder Ejecutivo cedía a Chile una zona rica en recursos naturales. El estado que tomó la cuestión en la opinión pública nacional obligó a emitir un dictamen que sostenía que el Poder Ejecutivo debía retirar el proyecto del acuerdo con Chile. El proyecto finalmente se retiró, y el Ejecutivo negoció un nuevo acuerdo limítrofe que finalmente se firmó en Buenos Aires. La situación nos inclina a reflexionar que podría aceptarse que habría existido, entre la conclusión y la firma, un eventual espacio procesal para el control previo, como si fuera un diagnóstico preventivo (Castagno, 2008: 1636). Este control previo favorece funciones de control parlamentario y el rol del Congreso en temas esenciales que hacen a las relaciones diplomáticas parlamentarias. Definida en estos términos, la diplomacia parlamentaria incluye las competencias constitucionales y las tareas de control parlamentario. Sin embargo, la diplomacia parlamentaria es más amplia que la descripta hasta el momento, ya que incluye técnicas y formas hacia el interior de cada una de las Cámaras que nutren a sus órganos de actividades con otros parlamentos y organismos internacionales. Por esta razón, si bien la definición conceptual planteada se ajustaría a las prácticas parlamentarias del Senado de la Nación, preferimos ganar en generalidad y no en precisión, modificaremos y ampliaremos la definición en el siguiente punto para incluir otras actividades internacionales.

Técnicas o formas de diplomacia parlamentaria

Como se planteó en el apartado anterior, la diplomacia parlamentaria es más compleja y extensa que las competencias constitucionales y las tareas de control. La diplomacia parlamentaria del siglo XXI se definirá no solo por su participación, representación plural y su misión de conservar la paz en el escenario internacional, sino por su complejidad creciente. En este sentido, la diplomacia parlamentaria debe ser redefinida como un complejo organizacional parlamentario formal e informal (en cuanto a su metodología) que incluye las competencias constitucionales y las tareas de control propias del Parlamento, como las relaciones entre parlamentos (relaciones de Estado a Estado) y la interacción de estos con foros parlamentarios formales e informales regionales e internacionales (relaciones entre Estados y organizaciones internacionales).

Dada la presente definición que incluye una mayor cantidad de técnicas o formas de diplomacia parlamentaria, pasaremos a enumerar la tipología existente en la tradición española y los casos de América Latina que se encuentran más desarrollados, para luego pasar al caso argentino. El trabajo de García Escudero Márquez realizado en España,

"La diplomacia y cooperación parlamentarias: las cortes generales", nos habla de que la diplomacia parlamentaria puede adquirir diversas formas (o técnicas, según su criterio), relacionadas con el grado de desarrollo en el cual se encuentre la organización. Siguiendo lo expuesto, establece la siguiente tipología:

- Apoyo a la política gubernamental.
- Relaciones pueblo a pueblo.
- Actividad institucional de los órganos del Parlamento. Bajo esta forma aparecen las tareas relacionadas con la Comisión de Asuntos Exteriores, que incluirían no solo las tareas parlamentarias o la tramitación de convenios internacionales, sino intercambios con comisiones homólogas de otros parlamentos, a la vez del frecuente contacto con embajadores de otros países (García Escudero Márquez, 2008: 8).
- Funciones del Parlamento en materia internacional.
- Misiones de observación electoral.
- Relaciones interparlamentarias bilaterales: los grupos de amistad.
- Otras actividades de cooperación con parlamentos (García Escudero Márquez, 2008: 7-10).

Continuando dentro de la tradición española, Giménez Martínez no hace referencia a técnicas o formas, sino que se limita a hacer mención a que las acciones de las cámaras se materializan a través de múltiples y variadas fórmulas, que para el autor son

- Relaciones interparlamentarias;
- Grupos de amistad;
- Actividades de los presidentes de Cámara (Giménez Martínez, 2014: 407).

En Latinoamérica, uno de los primeros Estados que desarrollaron la temática fue México. Allí puede verse un grado de avance notorio en relación con otros Estados de la región. En este sentido, el trabajo presentado por la Cámara de Diputados de México en 2011, titulado "Diplomacia parlamentaria: abordajes conceptuales y expresiones en el Reglamento de la Cámara de Diputados", presenta una serie de definiciones sobre el término "diplomacia parlamentaria" –donde se retoman definiciones de la diplomacia parlamentaria española ya citadas–, dejando ver una influencia española. En relación con las expresiones (en México se las denomina así, no "formas o técnicas", como las llaman los españoles), en su artículo 272 se citan las siguientes:

- "Las que realicen los presidentes de Cámara o, en su caso, algunos de los vicepresidentes en representación de la Cámara en el ámbito internacional;
- las que desempeñe la Comisión de Relaciones Exteriores;
- las que desempeñan las delegaciones permanentes de diputados y diputadas ante organismos parlamentarios multilaterales mundiales, regionales, temáticos y bilaterales; • las que consuetudinariamente se han puesto en práctica por las delegaciones de diputados y diputadas en reuniones interparlamentarias;
- grupos de amistad" (Muñoz y González Chávez, 2011: 28). Al igual que en el caso español, aquí aparecen la Comisión de Relaciones Exteriores, las actividades desarrolladas por los presidentes de Cámara y los grupos de amistad, como expresiones de diplomacia parlamentaria para la Cámara de Diputados de México. Sin embargo, emerge una diferenciación, sustentada en prácticas consuetudinarias mexicanas propias. Posteriormente, y como una forma de sistematizar todas las expresiones de la diplomacia parlamentaria, se enumeran las siguientes:
    - Grupos de amistad;
    - reuniones interparlamentarias;
    - organismos parlamentarios internacionales;
    - organismos regionales;
    - organismos multilaterales.

El Senado de Chile, en el año 2014, presentó un trabajo sobre la diplomacia parlamentaria de similares características al mexicano. Al principio de la obra, se retoma el concepto esbozado por García Escudero Márquez, lo que nos deja ver presente en este caso, nuevamente, la influencia española. Ya en el apartado específico denominado "La diplomacia parlamentaria: orígenes, contenido y evolución", se exponen las formas que adopta la diplomacia parlamentaria chilena, entre ellas:

- Visitas interparlamentarias;
- redes de parlamentarios;
- relaciones interparlamentarias bilaterales;
- encuentros interparlamentarios multilaterales de carácter temático;
- asambleas parlamentarias internacionales (Burgos Quezada y Riffo Muñoz, 2014: 60-64).

Llegados a este punto, debemos recapitular. Lo cierto es que –como ya señalamos– se puede notar una cierta influencia española en América Latina, tanto en la literatura como en la fisonomía que la diplomacia parlamentaria adquiere en la región, que es retomada, por ejemplo, en los casos de México y Chile, por nombrar algunos, aunque con ciertos matices que nos permiten diferenciarlos pese a encontrarnos con una cultura y experiencia común. A su vez, también podemos hablar de técnicas o interacciones comunes entre la experiencia española y la latinoamericana. La corriente española a nivel general habla de tres tipos de interacciones:

- Grupos parlamentarios de amistad;
- relaciones interparlamentarias;
- actividades de los presidentes de cámara. Esta última, en el caso de García Escudero Márquez, cae bajo la denominación de "apoyo a la política gubernamental" –en palabras de la autora–, pero engloba las mismas actividades.

En síntesis, Latinoamérica retoma esta misma clasificación, pero introduce algunas modificaciones propias de sus prácticas. Para el caso argentino, de todas las técnicas de diplomacia parlamentaria que se presentaron, la que se adapta mejor a las prácticas parlamentarias propias del Senado de la Nación es la que utiliza Giménez Martínez. Sin embargo, debemos introducir una modificación a fin de incluir el antecedente por excelencia en diplomacia parlamentaria, tanto por sus competencias constitucionales, como por sus tareas de control: la Comisión de Relaciones Exteriores y Culto del Senado de la Nación. De esta manera, con la introducción de la modificación señalada, el conjunto de expresiones de diplomacia parlamentaria sería el siguiente:

- Comisión de Relaciones Exteriores y Culto. Aquí se enfatizan las competencias constitucionales definidas en el artículo 75 inciso 22 y 24, tareas de control parlamentario, tratamiento de proyectos y los temas que se encuentran detallados en el artículo 62 del Reglamento de la Cámara de Senadores. La autoridad que se destaca en esta técnica de diplomacia parlamentaria es el presidente de la Comisión de Relaciones Exteriores y Culto, la máxima autoridad de la comisión y aquel encargado de llamar a reunión de comisión y constituir la agenda de temas.
- Relaciones interparlamentarias. Se refiere a relaciones con otros parlamentos regionales o internacionales. En el caso argentino, hacemos referencia a la Unión Interparlamentaria Mundial (UIP), el Parlamento Latinoamericano (PARLATINO) y la Asamblea Parlamentaria Euro-Latinoamericana (EUROLAT), entre los más destacados. En su organización y gestión, interviene la Dirección General de Diplomacia Parlamentaria del Senado de la Nación, dependiente de la Secretaría Parlamentaria del Senado.
- Grupos Parlamentarios de Amistad (GPA). Históricamente se conformaron como delegaciones bilaterales ocasionales

que visitaban los parlamentos, estableciendo vínculos e intentando desarrollar una agenda de trabajo en común. En los últimos años, la diplomacia parlamentaria mostró avances significativos en torno a los grupos de amistad. El resultado de ello fue la institucionalización de los encuentros parlamentarios bilaterales, que fueron dotados de una continuidad en el tiempo, de una periodicidad en sus reuniones y de un contenido de estudio e intercambio mutuo propio (Muñoz y González Chávez, 2011: 25). Al igual que en las relaciones interparlamentarias, la Dirección General de Diplomacia Parlamentaria es la encargada de llevar adelante esta tarea en el Senado de la Nación.

- Actividades de los presidentes de Cámara. Esta fisonomía se refiere a la actividad que puede desempeñar la máxima autoridad de la Cámara en materia de diplomacia parlamentaria –en el caso del Senado de la Nación la figura del/la vicepresidente/a–. Así, podría ser que este deba viajar en representación del país a diversos foros internacionales, organismos internacionales o Estados, como consecuencia de que el presidente de la Nación se encuentre impedido de asistir por diversas causas o de que se le encomiende –como una tarea complementaria a la realizada en el Parlamento– el fomento de vínculos con otros países. La encargada de llevar a cabo esta tarea es la Dirección General de Relaciones Internacionales de la Presidencia del Senado.

La idea de buscar una nueva definición conceptual de "diplomacia parlamentaria" desde una perspectiva del Parlamento argentino denota la existencia de una demanda histórica que busca comprender e interpretar adecuadamente las prácticas parlamentarias desde nuestra cultura política. Esto no implica tomar como referencia, como hacen otros parlamentos, definiciones y categorizaciones, sino todo lo contrario. Significa considerarlas, pero priorizando nuestras prácticas y pensando la diplomacia parlamentaria desde ellas. En relación con las formas de diplomacia parlamentaria, se nos presenta una estructura organizacional parlamentaria compleja y formal, con una multiplicidad de actividades que pueden extenderse aún más, en la medida que se fomente la participación en diversos organismos internacionales y que los intereses nacionales requieran una acción conjunta y coordinada entre el Poder Ejecutivo y el Parlamento. Por último, la informalidad a la que se hace mención en la definición no está vinculada a su estructura, sino a su metodología propia, que muchos autores académicos la relacionan a una de sus características principales, que detallaremos a continuación.

Características de la diplomacia parlamentaria

La mayoría de los autores concuerdan acerca de las características de la diplomacia parlamentaria. Para la tradición española nucleada en la figura de Escudero Márquez, las características son las siguientes:

- Informalidad;
- pluralismo representativo;
- permanencia;
- control sobre el Poder Ejecutivo;
- complementación de la diplomacia clásica del Ejecutivo;
- acceso a cuestiones que el gobierno no puede abordar en sus relaciones formales;
- compromiso con los ideales democráticos;
- no solo se tiene en cuenta el interés del propio Estado, sino el de la comunidad internacional (García Escudero Márquez, 2008: 5-6).

Dentro de América Latina, como se comentó anteriormente, México es uno de los países en donde se ha desarrollado y pensado la diplomacia parlamentaria. Producto de ello, han sido numerosos los informes de la Cámaras de Diputados y de Senadores donde se retoman definiciones y tipologías de "diplomacia parlamentaria", y donde se la ha llegado a tipificar con claridad en un artículo del

Reglamento de la Cámara con sus respectivas técnicas o formas. Uno de los académicos que destacó en la materia fue Calderón Patiño, en su obra *Los retos de la diplomacia clásica y la función de la diplomacia parlamentaria*, que nos aporta una serie de características bastante similares a las que plantea García Escudero Márquez en su trabajo:

- Pluralidad en la representación;
- complementación con la acción exterior del Estado, cuya dirección compete al Ejecutivo, y con quien se mantiene una estrecha colaboración;
- informalidad;
- llega allí donde en ocasiones no puede la diplomacia gubernamental;
- mayor control del Ejecutivo;
- especial compromiso con los principios democráticos;
- especial simbología (dado que sus miembros son elegidos democráticamente);
- permanencia (ante el cambio de gobiernos, el Parlamento, en un régimen democrático, conserva la pluralidad y diversidad política);
- significativa distribución a la causa de la paz y la estabilidad en el mundo (activa participación en foros y organizaciones multilaterales) (Calderón Patiño, 2005: 201).

Como puede verse, se presentan puntos en común entre los autores, pero solo pasaremos a detallar a continuación los que para el presente artículo son de relevancia. La primera característica distintiva es la pluralidad de la representación política. Mientras que en el Poder Ejecutivo la diplomacia tradicional se encuentra conducida y representada por el partido o la coalición que obtuvo la victoria en las elecciones y de ahí emana su legitimidad, la diplomacia parlamentaria ofrece una representación de todos los partidos políticos. Todas las técnicas se caracterizan por una pluralidad, como el caso de la Comisión de Relaciones Exteriores y Culto, los GPA, y las representaciones ante los organismos regionales o internacionales. En todas ellas los porcentajes suelen modificarse en torno al coeficiente de representación política hacia el interior de la Cámara. Sin embargo, de todas las formas, hay una que es la que ofrece menor pluralidad. Nos referimos a aquellas actividades que desarrollan los presidentes de Cámara, y esto es así porque, al ser los vicepresidentes electos parte de un mismo partido político (en general), están alineados a la política del Poder Ejecutivo, por eso es oficialista y no necesariamente deben convocar a la oposición en las reuniones o en las visitas protocolares, aunque pueden hacerlo circunstancialmente. La complementación de tareas se refiere no solo a un acompañamiento de las actividades y los lineamientos de política exterior del Poder Ejecutivo, sino lo que sostuve en el marco de mi tesis doctoral, como en el artículo del diario *El Economista*, que se refiere a que la diplomacia parlamentaria pueda actuar en temas trascendentales para el interés nacional estratégicamente en forma previa al Poder Ejecutivo nacional, es decir, que haya una instancia en la cual se pueda iniciar un diálogo constructivo con otros Estados u organismos, el cual luego podría ser continuado y concluido por el Ejecutivo. Para ello, es fundamental la construcción de un plan de acción y de consensos transversales sobre temas de interés nacional. La tercera característica que debemos enfatizar es la metodología informal, que profesa el intercambio de experiencias y el diálogo informal y distendido.

> Es una metodología novedosa y en muchos casos efectiva, que permite un primer acercamiento informal entre los parlamentos para buscar un canal de diálogo común, que se asiente sobre el intercambio de experiencias, de ideas y la búsqueda de soluciones a los eventuales conflictos de intereses que se puedan suscitar (Giménez Martínez, 2014: 406).

Ese acercamiento muchas veces puede servir como un canal de diálogo en el cual, frente a una posible tensión o controversia, pueda ser utilizado como medio para la solución de ella. Cabe aclarar que "las actividades de diplomacia parlamentaria propiamente dichas tienen un carácter oficial o institucional, con mandato o autorización de las cámaras parlamentarias, y debe mantener coherencia y coordinación respecto de la diplomacia tradicional" (Burgos Quezada y Riffo Muñoz, 2014: 54).

Por último, aparece el control parlamentario, que ya se describió en el apartado anterior, y que incluye la aprobación o no de tratados concluidos con otras naciones y la posibilidad de interpelar funcionarios del Poder Ejecutivo.

La diplomacia parlamentaria y la inserción internacional

El actual contexto de volatilidad e incertidumbre del sistema internacional nos obliga a repensar escenarios y sumergirnos en nuevas estrategias de inserción internacional que contengan no solo al Poder Ejecutivo, sino a otros actores domésticos que están reclamando mayores grados de gravitación política. En concreto nos referimos al Poder Legislativo. Así es como la diplomacia parlamentaria podría ocupar un destacado y proactivo rol aportando vínculos y nuevas estrategias para la inserción internacional de Argentina. Volviendo sobre los planteos iniciales, ¿cuál ha sido, si es que la ha tenido, la participación de la diplomacia parlamentaria en las cosmovisiones históricas de política exterior? ¿Qué puede aportar la diplomacia parlamentaria a la inserción internacional en un sistema político presidencialista donde la política exterior parece ser un ámbito casi exclusivo del Poder Ejecutivo?

Para responder estas preguntas, comenzaremos por desarrollar brevemente los diversos modelos históricos de inserción internacional tomando como esquema conceptual el planteado por Roberto Russell y Juan Gabriel Tokatlian en su obra *El lugar de Brasil en la política exterior argentina.* El primer modelo de inserción se lo conoce comúnmente con el nombre "la relación especial con Gran Bretaña". Se desarrolló entre la década de 1860-1930 y supo sustentarse en los vínculos privilegiados con la potencia dominante de la época, el Reino Unido y Europa.

Durante este período, Argentina pudo integrarse exitosamente a la economía mundial en calidad de productor y exportador de materias primas (Russell y Tokatlian, 2003: 17) sustentado en una complementación económica entre ambas economías. La política exterior siguió la línea tradicional de la cancillería, apoyada en Gran Bretaña, reacia a aceptar exigencias de Estados Unidos y con cierto liderazgo sudamericano (Saénz Quesada, 2006: 508). Este último punto no ocupaba un lugar destacado en la agenda, y la integración regional mostró claras limitaciones producto de una tendencia a la lucha por el poder y la supremacía entre Brasil y Argentina. En este sentido, se destacan dos acontecimientos de relevancia para el período: la sanción de la Ley de Armamentos Navales de Brasil (1904) y el desplazamiento del eje económico de Londres a Estados Unidos (Paradiso, 1993: 40). El alejamiento del centro de poder económico y político implicaba una transformación profunda en el orden internacional vigente, que obligaba a la dirigencia política argentina a una relectura del sistema internacional, que no supo brindar apropiadamente. El resultado se reflejó en una pérdida de identidad (Russell y Tokatlian, 2003: 26) que se manifestó en un alineamiento automático con los intereses del hegemón, que perdía recursos y capacidades económicas, acentuando la dependencia estructural que encontraría su máxima expresión en el pacto Roca-Runciman. En este período, la diplomacia parlamentaria no constituía un actor de relevancia en la política doméstica (pese a que había figuras de trayectoria política en el Congreso), y la impronta de la política exterior era conducida por el Poder Ejecutivo nacional, en una época signada por una nítida separación entre los asuntos internos y externos. El segundo paradigma, denominado por Russell y Tokatlian como "globalista", aparece con la finalización de la Segunda

Guerra Mundial y la nueva configuración de poder internacional. La necesidad de pensar el nuevo contexto internacional que posicionaba a Estados Unidos como la nueva superpotencia hegemónica y la búsqueda de una identidad perdida a raíz de la crisis del treinta llevaron a la elaboración de una serie de preceptos que podemos resumir en los siguientes puntos:

- No alineamiento con los Estados Unidos.
- Ejecución de un modelo de desarrollo sustentado sobre la base de la sustitución de importaciones.
- Impulso a la integración latinoamericana asentada sobre una perspectiva gradualista y sobre el reconocimiento de una gran diversidad de situaciones económicas nacionales.
- Diversificación de los principales socios comerciales externos sin barreras ideológicas.
- Rechazo a los organismos o regímenes internacionales que procuran congelar la distribución de poder mundial en materia de desarrollo tecnológico (Russell y Tokatlian, 2003: 31).

Como en todo esquema conceptual, los preceptos que los integraban no fueron estáticos o rígidos, sino que estuvieron sujetos a modificaciones por los diversos Gobiernos democráticos y autoritarios desde la finalización de la Segunda Guerra Mundial hasta el proceso de democratización de América Latina a comienzos de la década del ochenta. Sin lugar a dudas, uno de los puntos que no permaneció inmutable fueron las relaciones con Estados Unidos, las cuales oscilaron entre la normalidad, la equidistancia y los alineamientos automáticos, como en el caso de la Revolución Libertadora. El impulso al desarrollo y la integración regional ocupó un lugar destacado en la agenda latinoamericana a través del nuevo flujo de ideas provistas desde la Cepal con el enfoque centro-periferia y la implementación de un modelo de desarrollo industrial hacia adentro. Sin embargo, pese a un ambiente signado por la cooperación y la necesidad del desarrollo económico, las rivalidades geopolíticas no estuvieron ausentes, y se barajaron varias hipótesis de conflicto con países limítrofes. La rivalidad con Brasil supo incrementarse con el desarrollo de un parque industrial armamentístico hacia mediados de la década del setenta. A comienzos de los ochenta, la hipótesis de conflicto entre ambos se redujo notablemente con la firma de un acuerdo sobre el uso pacífico de energía nuclear. Es notable que las tensiones por aquel momento se desplazaran hacia Gran Bretaña por Malvinas y Chile, en relación con cuestiones limítrofes. Durante este período, la diplomacia parlamentaria no se destacó en todo su potencial, al igual que en el período 1860-1930.

Entre las razones que pueden analizarse brevemente, encontramos las siguientes: el Congreso, en gran parte del período, se encontró cerrado por la alternancia en el poder de Gobiernos de facto y democráticos y por su falta de competencias en materia de política exterior, ya que estas recién formarían parte de la Constitución Nacional y de las prácticas parlamentarias con la reforma constitucional de 1994. Pese a estos factores enunciados, la oleada democrática a comienzos de la década del ochenta posicionó nuevamente al Parlamento como centro del debate político. Consecuencia de ello fue el surgimiento de la primera técnica o forma de diplomacia parlamentaria conocida con el nombre de "organismos parlamentarios internacionales", en el marco de la Comisión de Relaciones Exteriores y Culto del Senado de la Nación. La resolución fue aprobada el 15 de diciembre de 1983 y modificó el texto de 1961 de la siguiente manera: "Artículo 61 bis– Corresponde a la Comisión de Relaciones Internacionales Parlamentarias dictaminar sobre lo relativo a las relaciones del Senado de la Nación con los organismos parlamentarios internacionales y con los parlamentos de los demás países" (Pitt Villegas, 2007: 206). A pesar de este notorio avance en materia, no había un Parlamento que participara activamente en política exterior más allá de los debates que pudiesen darse en la Comisión de Relaciones Exteriores y Culto o en el ámbito del recinto. La política exterior y la inserción internacional continuaban siendo cuestiones que, en su elaboración y ejecución, correspondían al Poder Ejecutivo. La nueva coyuntura internacional generada a partir de la caída de la Unión Soviética, del muro de Berlín, del triunfo del liberalismo económico, y de la consolidación del proceso democrático en América Latina trajo aparejada la necesidad de repensar la inserción internacional y la identidad del país. El resultado fue el surgimiento del tercer paradigma denominado "aquiescencia pragmática", que tenía entre sus principales postulados los siguientes:

- Plegamiento a los intereses estratégicos de Estados Unidos.
- Definición de interés en términos económicos.
- Participación activa en la creación y fortalecimiento de regímenes internacionales.
- Lineamiento al Consenso de Washington.
- Aceptación de reglas básicas del orden económico y financiero internacional.
- Apoyo a la integración económica regional (Russell y Tokatlian, 2003: 46-47).

Desde el prisma de la diplomacia parlamentaria, aquí sí podemos sostener que son notorias las transformaciones producidas en relación con los períodos anteriores. La reforma constitucional proveyó de una herramienta o potestad adicional al Congreso: controlar en materia de política exterior mediante el artículo 75, incisos 22 y 24, la firma de tratados internacionales. Allí se sostiene que el Legislativo "es el encargado de 'aprobar o desechar' tratados concluidos con otras naciones", y que los tratados internacionales y los concordatos (acuerdos que se firman entre un Estado sujeto de derecho y la Santa Sede) tienen jerarquía superior a las normas nacionales, lo cual los sitúa por encima de otras leyes. Simultáneamente, aparece la segunda forma o técnica de la diplomacia parlamentaria hacia 1995, conocida con el nombre de "grupos parlamentarios de amistad" (GPA), en el marco de la Comisión de Relaciones Exteriores y Culto.

> Artículo 69– Corresponde a la Comisión de Relaciones Internacionales Parlamentarias dictaminar sobre lo relativo a las relaciones del Senado de la Nación con los organismos parlamentarios internacionales y con los parlamentos de los demás países. Podrá también constituir "Agrupaciones de Parlamentarios Argentinos de Amistad", con parlamentarios de otros países (Pitt Villegas, 2007: 206).

Si bien no era nueva esta forma de interacción de la diplomacia parlamentaria en el mundo, para Argentina significaba un salto cualitativo de trascendencia, ya que los GPA aportan tres elementos vitales: estructura permanente, periodicidad de dichos encuentros y formación de una agenda común de intercambios multisectoriales que no se circunscriba solamente a un área temática (García Escudero Márquez, 2008: 10). La consecuencia de la reforma constitucional y de la consolidación de la primera y segunda técnica de la diplomacia parlamentaria fue una participación cada vez más proactiva del Parlamento en política exterior, potenciando un entramado de relaciones institucionales con otros actores internacionales promoviendo actividades y nexos entre Estados. Por la crisis institucional, política y económica del 2001, se volvió a cuestionar la inserción internacional y por ende la identidad del país, asemejando la una con la otra. La etapa que siguió al proceso de reinserción internacional que abarcó desde el gobierno de Néstor Kirchner hasta el de Cristina Fernández de Kirchner mostró un Parlamento activo en materia de relaciones internacionales, teniendo como uno de los epicentros más destacados a la Comisión de Relaciones Exteriores y Culto y a los organismos internacionales y regionales, donde se expusieron y debatieron varias problemáticas y proyectos de ley, entre los que se destacó Malvinas.

En referencia a esta problemática, en el Senado de la Nación, las tareas realizadas fueron arduas e incluyeron desde la posibilidad de la constitución de una comisión de Malvinas, hasta la Declaración de Ushuaia, lo que marcó el punto más alto en materia de participación del Parlamento. Lo más paradójico que presenta la diplomacia parlamentaria en los últimos años es el período 2010-2015, en el que es posible observar un relativo liderazgo que tuvo el Poder Legislativo del Senado de la Nación frente al Poder Ejecutivo con relación al tratamiento de esta cuestión (Salimena, 2017: 235). Las acciones llevadas a cabo no solo por el Senado de la Nación, sino por el Parlamento en su conjunto fueron conducidas desde dicho poder, que era el que desarrollaba la agenda sobre el tema, pese a la fuerte influencia en la conducción de la política exterior llevada a cabo por el Poder Ejecutivo (Salimena, 2017: 235). En este período descripto con anterioridad, la forma de diplomacia parlamentaria que más se destacó fue la Comisión de Relaciones Exteriores y Culto, junto con la constitución de delegaciones parlamentarias que visitaron organismos internacionales y regionales para exponer problemáticas que hacen a las relaciones internacionales. Hacia el año 2016, la diplomacia parlamentaria fomentó la constitución del GPA argentino-británico, que pretendió, mediante una serie de encuentros que nacieron en la UIP, encauzar una agenda de temas en común entre ambos Estados, entre los que se destacaron la educación, la cultura, la ciencia, la tecnología, la seguridad y la lucha contra el terrorismo, OCDE y asuntos del Atlántico Sur, donde figuraba el tema Malvinas.

Conclusiones generales

En líneas generales, la diplomacia parlamentaria se mostró como una actividad novedosa, relativamente nueva (en cuanto a su nombre) y en expansión, que no se limita solamente a las tareas de control parlamentario o las competencias constitucionales otorgadas por la reforma constitucional de 1994. A lo largo de la historia, nos encontramos con modelos de inserción internacional, donde la conducción de la política exterior recayó en el Poder Ejecutivo, producto de la constitución de un sistema presidencial y de una cultura política que en sus prácticas concentró fuertemente el poder en sus órganos, prestando poco espacio para la participación política del Poder Legislativo. El proceso de democratización de América Latina, el creciente rol de las nuevas tecnologías y la globalización e interdependencia ampliaron la participación de otros actores al interior del Estado que reclamaban mayor gravitación política. A la vez que hay evidencia empírica que confirma que los parlamentarios son conscientes de sus nuevos roles en la política internacional (Malamud y Stavridis, 2011: 102). La confluencia de estos factores a partir de la década de los ochenta comenzó a brindar un rol mayor al Parlamento y consecuentemente a la diplomacia parlamentaria. En el caso argentino, se manifestó mediante el surgimiento de la primera técnica o forma de diplomacia parlamentaria, que se creó en el marco del Reglamento de la Cámara de Senadores de la Nación en la Comisión de Relaciones Exteriores y Culto con el nombre de relaciones con organismos parlamentarios internacionales y parlamentos de los demás países. Las transformaciones en el orden internacional a principios de la década del noventa no solo significaron cambios profundos en la inserción internacional, sino el paso de un dualismo a un monismo internacional moderado que se plasmó en una reforma constitucional. El Congreso adquiría nuevas potestades en materia de política exterior en el artículo 75 inciso 22 y 24. Complementariamente al control sobre los acuerdos internacionales, aparecía hacia 1995 la segunda técnica de diplomacia parlamentaria: los grupos parlamentarios de amistad (GPA). La nueva inserción internacional y apertura económica y política permitía una participación activa del país en el concierto del mundo que se manifestaba en una diplomacia parlamentaria más activa. Durante los gobiernos de Néstor Kirchner y Cristina Fernández de Kirchner en el Senado de la Nación, la diplomacia parlamentaria volvió a tener un protagonismo a través de la Comisión de Relaciones Exteriores y Culto y la participación en organismos internacionales.

En la comisión se debatieron proyectos, se disertó sobre cuestiones de interés nacional, como el caso Malvinas, y se dispuso la conformación de varios GPA. El punto más alto de la diplomacia parlamentaria en este período lo constituyó la Declaración de Ushuaia y su presentación en diversos foros internacionales, lo que llevó la conducción de la agenda Malvinas desde la comisión y un trabajo cercano con el Poder Ejecutivo. En los últimos años, la diplomacia parlamentaria apareció en el Parlamento definida por su nombre, a través de la creación de direcciones generales y de un crecimiento de los formatos de GPA. Entre ellos se destacó la creación del grupo bilateral argentino-británico, que abrió un canal de diálogo más entre ambos Gobiernos, de forma que amplió la agenda de temas bilaterales. Como puede observarse, la diplomacia parlamentaria fue de menor a mayor, logrando un crecimiento paulatino pero constante, que encontró su punto más destacado en la Declaración de Ushuaia. Lo visto hasta aquí nos deja ver el crecimiento de la diplomacia parlamentaria como fenómeno relativamente nuevo, desde su nombre, que ha venido para quedarse y seguir creciendo. Lo cierto es que, si bien su participación es cada vez más destacable en la inserción internacional, no es utilizada conscientemente como una herramienta potencialmente estratégica y se encuentra subordinada al Poder Ejecutivo. Ello no implica que la diplomacia parlamentaria no pueda ser una herramienta útil para lograr consensos que permitan mostrar verdaderas políticas de Estado, en la medida que pueda actuar como una instancia previa al Ejecutivo para poder abordar ciertas problemáticas de política exterior y clarificar el camino y las ideas para su posterior resolución. Pensar las relaciones internacionales desde la diplomacia parlamentaria en temas trascendentales para el interés nacional requiere de un pensamiento estratégico que se plasme en un plan de acción y en consensos transversales concretos entre todas las fuerzas políticas, que definitivamente pueden ayudar a la construcción de una imagen más positiva del país en el exterior.

Referencias bibliográficas

Burgos Quezada, Mauricio y Riffo Muñoz, José (2014). *Diplomacia parlamentaria*. Senado de Chile, Valparaíso.

Calderón Patiño, Juan Pablo (2005). *Los retos de la diplomacia clásica y la función de la diplomacia parlamentaria*. Editorial Universidad Iberoamericana, México.

García Escudero Márquez, Piedad (2008). Diplomacia y cooperación parlamentarias: las cortes generales. *Revista Parlamentaria de la Asamblea de Madrid*, n.º 19, Editorial Asamblea de Madrid, Madrid.

Giménez Martínez, Miguel Ángel (2014). Los inicios de la diplomacia parlamentaria en España durante la Legislatura Constituyente (1977-1979). *Revista de la Facultad de Geografía e Historia*, Serie V Historia Contemporánea.

Linares Quintana, Segundo V. (2008). *Tratado de Interpretación Constitucional. Homenaje a Karl Loewenstein*. Colaboración de Antonio Castagno, Editorial Abeledo Perrot, Buenos Aires.

Malamud, Andrés y Stavridis, Stelios (2011). Parliaments and parlamentarians as international actors. En Bob Reinalda. *The Ashgate Research Companion to Non-State Actors*. Ashgate, Surrey, Reino Unido.

Marín, Guillermo (2002). Diplomacia nueva, diplomacia vieja. *Gestión y Análisis de Políticas Públicas*, n.º 23.

Muñoz, María Paz Richard y González Chávez, Jorge (2011). *Diplomacia Parlamentaria: Abordajes conceptuales y expresio-*

nes en el Reglamento de la Cámara de Diputados. Dirección de Servicios de Investigación y Análisis, México.

Paradiso, José (1993). *Debates y trayectoria de la política exterior argentina*. Editorial Grupo Editor Latinoamericano, Buenos Aires.

Pitt Villegas, Julio (2007). *Aportes para una mejora en la calidad institucional. Historia del reglamento del Honorable Senado de la Nación*, Instituto Federal de Estudios Parlamentarios (IFEP). Ciudad de Buenos Aires, Argentina. Reglamento de la Cámara de Senadores de la Nación. Secretaría Parlamentaria, Dirección General de Publicaciones.

Russell, Roberto y Tokatlian, Gabriel (2003). *El lugar de Brasil en la política exterior argentina*. Fondo de Cultura Económica, Argentina.

Sáenz Quesada, María (2006). *La Argentina. Historia de su país y su gente*. Editorial Sudamericana, Buenos Aires.

Salimena, Gonzalo (2017). *La Diplomacia Parlamentaria de Malvinas en el Senado de la Nación, desde los Acuerdos de Madrid hasta el 2016. Una herramienta estratégica para el Poder Ejecutivo*. Tesis doctoral. Doctorado en Relaciones Internacionales. Universidad del Salvador (USAL).

Trillo Figueroa, Federico (1999). Parlamento y política exterior. *Política Exterior*, vol. XIII, p. 18.

La contribución de la diplomacia parlamentaria al derecho internacional humanitario[1]

El caso de Malvinas y el ADN de los caídos

Resumen

Es bien conocido el crecimiento que la diplomacia parlamentaria viene desarrollando en los últimos años en América Latina. En el plano académico, nos encontramos con significativos avances en los programas de estudios que van desde diplomaturas internacionales y seminarios hasta materias específicas. En un ángulo más político, el crecimiento se vincula con progresivos lazos de las actividades de las Cámaras en relación con otros parlamentos nacionales y con su interacción con organismos internacionales

1 Parte del material que presento aquí es inédito y fue utilizado como hilo conductor para la presente investigación correspondiente a mi tesis doctoral "La diplomacia parlamentaria de Malvinas en el Senado de la Nación" (USAL). También recurrí a algunas ideas más nuevas vertidas en publicaciones recientes tanto de la columna de Todo Noticias (TN), como en la entrevista que me hicieron en Escenario Mundial n.º 3 sobre Malvinas y en la disertación realizada en febrero de este año en el ámbito de la Universidad de Reggio Calabria Italia en el marco de mi investigación posdoctoral. Durante la estadía reforcé los supuestos teóricos que vengo desarrollando en relación con que la diplomacia parlamentaria es un instrumento útil de política exterior en la medida que puede abordar cuestiones previas al Poder Ejecutivo, a la vez que la pluralidad de la representación política es una virtud para la formación de grandes acuerdos en los que prevalezca el interés nacional. También elaboré una nueva definición conceptual del término "diplomacia parlamentaria" adaptada a las prácticas del Congreso y proyecté nuevas características que pueden potenciar las actividades de política exterior del Parlamento.

y regionales de diversa índole. Sin lugar a dudas, entre las variables a las cuales podemos recurrir para explicar esta expansión, nos encontramos con un impacto cada vez mayor de la globalización, la interdependencia y la trans-gubernamentalización de las interacciones que afectan los vínculos entre las diferentes elites políticas con sus respectivos intereses buscando incidir en la política exterior, y el creciente rol de las comunicaciones. Estos factores proyectaron nuevos actores internos y externos que demandaban injerencia en la participación de la política exterior. Esto no implica quitar del centro del espectro político al Poder Ejecutivo, sino ampliar la coexistencia entre diversos actores que buscan compartir espacios de poder y confeccionar cierta autonomía en sus agendas políticas internacionales en un contexto más volátil e incierto. Es así como en los últimos años la diplomacia parlamentaria mostró en algunos casos constituirse en una herramienta útil y "una perspectiva complementaria que puede coadyuvar a la consecución de objetivos políticos económicos esenciales para el interés nacional de los Estados" (Salimena, 2020, p. 266). A continuación, buscaremos realizar un aporte al campo de estudio mediante la construcción de un estado del arte y marco teórico de la cuestión que exige nuevas definiciones conceptuales del término diplomacia parlamentaria, así como nuevas características, finalizando con la elaboración de un estudio de caso: la diplomacia parlamentaria de Malvinas y el rol del Derecho Internacional Humanitario (DIH) en el proceso de identificación del ADN durante el conflicto del Atlántico Sur.

Cómo citar este artículo: Salimena, G. (2022). La contribución de la diplomacia parlamentaria al Derecho Internacional Humanitario. El caso de Malvinas y el ADN de los caídos. *Relaciones Internacionales*, 31(63), 153, en doi.org/10.24215/23142766e153.

Hacia una definición de "diplomacia parlamentaria" desde el sistema presidencial

Antes de sumergirnos en el eje temático propuesto, quisiera aclarar que no es mi intención en el presente trabajo hacer una revisión del origen de la configuración de las unidades políticas como medio de explicar la génesis de la diplomacia parlamentaria asociando esta con el rol del Parlamento, aportando datos históricos de poca relevancia que no ayudan a la comprensión del crecimiento actual del fenómeno. Sin detrimento de ellos, quizás vale la pena aclarar que la configuración de un sistema político de gobierno (presidencial o parlamentario) está vinculada a la interacción entre el Poder Ejecutivo y el Poder Legislativo, lo cual determina quién prevalece en esa confrontación de poder y conduce el gobierno, a la vez que se le asigna la representación de la unidad política frente a otros Estados y organismos internacionales.

Continuando sobre esta línea argumentativa, el presidencialismo está constituido por dos elementos según Giovanni Sartori: "… la elección popular directa o casi directa del jefe de Estado por un período de tiempo determinado, aduciendo que esta es una condición necesaria pero no suficiente" (Sartori, 1994: 97). Ello le permite introducir un segundo elemento: en el sistema presidencial, "el gobierno o el Ejecutivo no son designados o desbancados por un voto parlamentario del Legislativo" (Sartori, 1994: 98). La falta de suficiencia de los primeros dos criterios adoptados por el reconocido escritor lo lleva a proyectar un tercer elemento. Lijphart hizo mención del Ejecutivo de una persona, pero para Sartori eso equivale a referirse a que el jefe de Estado es también jefe de Gobierno y "es necesaria" una mayor flexibilidad, según el teórico italiano. Por lo tanto, el tercer criterio se refiere a una "clara línea de autoridad del presidente hacia abajo; es decir, el presidente es el que conduce el Poder Ejecutivo" (Sartori, 1994: 99).

Arend Lijphart en su obra *Las democracias contemporáneas* establece dos modelos de análisis: el modelo mayoritario y el de consenso. En ese esquema se intenta integrar los sistemas presidenciales y parlamentarios y definirlos por las características opuestas que presentan entre sí. Es así como el autor nos aporta dos elementos constitutivos del presidencialismo que son de vital importancia para el análisis. "El primero es que el presidente es elegido por un período constitucionalmente prescrito y no puede ser obligado a dimitir por un voto parlamentario de censura" (Lijphart, 1984: 82). "El segundo es que los presidentes son elegidos por votación popular, ya sea directamente o vía colegio electoral, mientras que los primeros ministros son elegidos por el Legislativo" (Lijphart, 1984: 82).

Si bien ambas características parecieran describir con bastante claridad el presidencialismo, parecen no ser suficientes. El mismo Lijphart, en un trabajo posterior a *Las democracias*, titulado "Presidencialismo y democracia mayoritaria: Observaciones teóricas", deja en claro que las primeras dos características debieron ser complementadas con base en un factor adicional: "… el presidente resulta ser un Ejecutivo de una sola persona, mientras que el ministro y el gobierno forman un cuerpo colectivo ejecutivo" (Lijphart, 1994: 150).

Otros autores que nos dejan una línea similar provienen del libro *Presidencialismo y democracia en América Latina*. Allí, los compiladores Scott Mainwaring y Soberg Shugart exponen sobre qué se entiende por "democracia presidencialista". Las dos características que toman como punto de partida de su planteo son que el jefe del Ejecutivo es popularmente electo y que los mandatos -tanto los del presidente como los del Legislativo- son fijos. De esta manera, "los rasgos fundamentales del presidencialismo son el origen independiente y la supervivencia separada" (Mainwaring y Shugart, 2002: 22). El último de los aportes se realiza en la obra "Presidencialismo y parlamentarismo en perspectiva comparada", de Alfred Stepan y Cindy Skach (1994). Allí, la connotación del término se reduce a un sistema de independencia mutua: "El Poder Legislativo tiene un mandato electoral fijo que es su propia fuente de legitimidad electoral; y el poder del jefe del Ejecutivo tiene un mandato electoral fijo que es su propia fuente de legitimidad" (Stepan y Skach, 1994: 188). La elección popular directa del primer mandatario le permite al Poder Ejecutivo una determinada

> estabilidad en términos de duración (este punto varía en función de lo que establezca cada constitución) y reforzar su posición relativa frente al Poder Legislativo con cierta independencia, a la vez que al votante le permite identificar claramente a quién está eligiendo (Linz, 1994: 41),

lo cual establece una línea de responsabilidad de mayor claridad con respecto a un sistema parlamentario. El presidente es, a la vez, el jefe de Estado y el jefe de Gobierno, y la responsabilidad establecida por el cargo que ocupa es clara: es quien conduce el Poder Ejecutivo, y como tal reclama el poder para sí tanto en la conformación de su gabinete y de sus ministros, como en la conducción política que le otorgó el electorado.

La descripción del punto anterior nos conduce a volver sobre la segunda característica del sistema presidencial: la separación del Poder Ejecutivo del Poder Legislativo hace que el presidente no necesite de un voto de confianza del Parlamento para permanecer en el cargo y, simultáneamente, que el presidente no pueda disolver el Parlamento; es decir, ambos poderes muestran una independencia mutua. Cada cual tiene su autonomía y monopolio de acción, y su ámbito no puede ser violado por el otro. Sin embargo, "como era posible un aislamiento rígido que conduciría a bloqueos permanentes se establecieron ciertos 'puntos de contacto' determinados mediante la cooperación" (Loewenstein, 1986: 43-44) entre los distintos poderes. Esto significa para Karl Loewenstein que dentro del sistema presidencial existe la posibilidad de "desarrollar una interdependencia por coordinación; es decir que cada detentador de poder tiene su autonomía y puede cooperar en determinados puntos de contacto" (Loewenstein, 1986: 44).

En síntesis, con un sistema presidencial donde el Ejecutivo y el Legislativo están sometidos a períodos electorales fijos, a la vez que el Poder Ejecutivo no está sujeto a un voto de confianza del Legislativo y viceversa, puede darse potenciar cierta rigidez en el sistema. Aunque parece a simple vista ser una ventaja para el presidencialismo la configuración de un poder fuerte y la reducción de la impredecibilidad (Linz, 1994), también puede generar ciertos obstruccionismos en la relación entre ambos poderes, si la mayoría que conduce el Ejecutivo no es la misma del Legislativo. Por esta razón, como bien propone Loewenstein, se puede desarrollar cierta autonomía de las unidades interactuantes, pero debe haber puntos de cooperación en áreas sensibles puntuales, donde una de ellas podría ser la esfera de la política exterior, aunque puede ser una tarea por demás compleja en un sistema presidencial con una fuerte concentración del poder en un Ejecutivo unipersonal.

Llegados a este punto, tenemos que observar el lugar que ocupa el Ejecutivo en la conducción, planificación y ejecución de la política exterior. "Los presidentes son en esencia, las unidades últimas de decisión. En Argentina, el régimen político hace del presidente un actor fundamental en el proceso de formulación de políticas y la política exterior no es una excepción" (Tokatlian y Merke, 2014: 253-254). El manejo de la política exterior fue una facultad delegada por las provincias al Gobierno federal, que tiene como antecedente histórico trascendente la Confederación de las Provincias Unidas del Río de la Plata durante el período 1829-1852, en el que delegaron en la figura del gobernador de Buenos Aires la representación y el manejo de las relaciones internacionales, factor que fue determinante en el denominado "pronunciamiento de Urquiza" de 1851. En otras palabras, el federalismo concentró en una única figura el manejo de la política exterior, y eso se vio reflejado en ciertos personalismos en el manejo de esta. Relacionado con este punto, América Latina y Argentina no fueron una excepción, los presidentes tendieron a articular el desarrollo y la estabilización económicos con la política exterior, incidiendo también en la integración. Es así como

> las nuevas estrategias de desarrollo y de estabilización económica en Argentina han llevado a un cambio muy claro en sus prioridades externas, pese a la resistencia de gran parte de la oposición y no pocos seguidores del partido en el poder (Van Kleveren, 1992: 197).

Un elemento adicional que no puede estar ausente se vincula con la capacidad del Poder Ejecutivo de confeccionar la agenda de política exterior. La constitución argentina faculta al presidente para firmar acuerdos internacionales (art. 11), comandar las FF. AA. (art. 12), declarar la guerra con aprobación del Congreso (art 15), declarar el estado de sitio si hay un ataque externo (art. 16) y nombrar o remover embajadores o ministros plenipotenciarios (art. 99 inciso 7). Esto nos conduce a sostener, y el caso argentino no es una excepción, que

> las constituciones asignan un rol primario y único al Ejecutivo en el manejo de la política exterior. Esta concentración tiende a reducir el rango de actores y organizaciones domésticas en la identificación de problemas (de política exterior) y la selección de cursos de acción (Tokatlian y Merke, 2014: 259-260).

La concentración del proceso de toma de decisiones en política exterior no implica que no haya otros actores que tengan intereses y busquen tener cierta proyección. Así nos encontramos con "actores gubernamentales externos y los no gubernamentales tanto del país como del exterior participan en el proceso decisorio ejerciendo influencia a través de distintos mecanismos, aunque no actúan como decisores" (Russell, 1990: 256).

De lo expuesto brevemente hasta aquí, se observa una fuerte concentración del dominio en el ámbito del Ejecutivo dado por una conjunción de variables que le otorgan un poder constitucional y una vigorosa dinámica en la confección de la agenda de política exterior, que se traduce en un número reducido de actores y decisores. En un esquema tan acotado donde los espacios de poder se encuentran reducidos, con un proceso que dinamiza la estructura y en la cual aparecen actores que buscan tener influencia, pero no son decisores, ¿qué lugar puede ocupar la diplomacia parlamentaria en un sistema presidencial con una fuerte cultura política tendiente a la centralización de la política exterior? ¿Cuál es la contribución que puede aportar la diplomacia parlamentaria en el siglo XXI en un mundo cada vez más conflictivo e incierto que muestra conductas hobbesianas en un entorno caracterizado por la anarquía?

Hace un tiempo atrás, comencé frecuentemente a escribir sobre la potencialidad de la diplomacia parlamentaria y del valor de la pluralidad, a la vez que asocié esta actividad a la complementación de tareas con el Poder Ejecutivo, donde sostuve que "la diplomacia parlamentaria no implica una mirada antagónica del Poder Ejecutivo sino que es una perspectiva complementaria que puede coadyuvar a la consecución de objetivos políticos y económicos esenciales para el interés del Estado" (Salimena, 2020: 266). Esta idea de complementariedad parte de una tesis que planteé en algunos escritos académicos y en algunas notas de opinión en diversos medios de comunicación relacionada con la idea de que

> la diplomacia parlamentaria pueda actuar en temas trascendentales para el interés nacional estratégicamente en forma previa al Poder Ejecutivo nacional, es decir, que haya una instancia en la que se pueda iniciar un diálogo constructivo con otros Estados u organismos, el cual podría ser continuado y concluido por el Ejecutivo (Salimena, 2020: 279).

En síntesis, en el apartado siguiente, realizaré una construcción del estado del arte de este subcampo de las relaciones internacionales y del marco teórico en torno a él, a la vez que profundizaré sobre estas ideas y propondré una nueva definición más matizada del concepto y de sus características.

Una mirada de la diplomacia parlamentaria desde la teoría de las relaciones internacionales

El término "diplomacia parlamentaria" sufrió variaciones a lo largo del tiempo. Una primera acepción que comenzó a circular en la década del cuarenta estaba asociada con el valor de las organizaciones internacionales, entendidas como

> asociación de voluntarias de Estados, establecidas por un acuerdo internacional, dotadas de órganos permanentes, propios o independientes, encargados de gestionar intereses colectivos y capaces de expresar una voluntad jurídicamente distinta de la de sus miembros (Diez de Velasco Vallejo, 2010: 41).

Esta definición nos hace pensar, como bien sostiene el autor, que las organizaciones internacionales están compuestas esencialmente por Estados y que "deben su existencia a un acto jurídico previo y exterior a la Organización" (Diez de Velasco Vallejo, 2010: 41).

El reconocido Hans Morgenthau, en su obra *Política entre Naciones. La lucha por el poder y la paz* (1986), define a la diplomacia parlamentaria como "organizaciones que se caracterizan por tener en su seno una nueva forma de relaciones diplomáticas: la diplomacia mediante procedimientos parlamentarios, que puso los problemas internacionales más inmediatos en su agenda deliberativa" (Morgenthau,

1986: 622-623). Claramente aquí el autor tiene en su cabeza la configuración de un orden internacional de posguerra, donde los organismos internacionales como Naciones Unidas cumplirían un rol central en la política internacional promoviendo la paz y la seguridad internacional. Sin embargo, el estallido de la Guerra Fría puso fin a cierto idealismo enmascarado en optimismo liberal que suponía que el entorno político podría ser transformado por las instituciones internacionales y que así se podría moldear mediante la configuración de normas la conducta de los Estados. Basta aclarar en este punto que lo que Morgenthau denomina "nueva forma de relaciones diplomáticas" tampoco era plenamente nuevo en la connotación del término, ya que previo a Naciones Unidas existió un formato de organización internacional similar con Sociedad de Naciones, así como también podemos hacer referencia a la Unión Interparlamentaria Mundial (UIP), que data de 1889, aunque esta última, a diferencia de las anteriores, solo nuclea al Poder Legislativo de los Estados.

La concepción realista de la teoría de Morgenthau se basa en el sustento de que las organizaciones, si bien pueden tener un rol central en la política internacional (aunque se vio reducida por lo comentado anteriormente), no tienen una existencia propia más allá de los Estados, es decir, que no son más que meras instancias de instrumentación o resultantes de la configuración de poder de los Estados. La concepción que pregona el realismo político en el marco de la teoría de las relaciones internacionales sufrió modificaciones a partir de las transformaciones en la política internacional de fines de los sesenta y principios de los setenta.

La visión pluralista de las relaciones internacionales que toma auge en el momento de crisis del realismo crítica no solo que el Estado no es el único actor en política internacional, sino que ya no es un "actor unitario, está compuesto por varias burocracias, grupos de intereses e individuos que intentan influir en la política exterior" (Kauppi y Viotti, 2020: 7). De aquí se derivan dos cuestiones que se vinculan profundamente y que veremos a continuación. La primera de ellas nos dice que, si el Estado ya no es un actor unitario, no solo debemos centrarnos en los vínculos interestatales e intraestatales, sino en las relaciones transgubernamentales y transnacionales. El segundo punto hace mención de que, si el Estado ya no es unitario, "tampoco actuaría racionalmente debido a su disgregación interna y a la influencia de diversos actores" (Kauppi y Viotti, 2020: 8). Esta complejidad creciente nos hace pensar en una mayor cantidad de actores (elites políticas) que tienen un impacto sobre la incertidumbre e impredecibilidad del proceso político, cuestión que veremos más adelante. Lo cierto es que la puerta que abrió el pluralismo posibilita el surgimiento de nuevos actores que plantean una participación más activa en política exterior, con intereses más plurales y diversos, a la vez que se esbozan nuevos canales de conexión en múltiples niveles hacia el interior del Estado y por fuera de él. En síntesis, la diplomacia parlamentaria obtuvo una revalorización del término, que comienza a ganar en extensión, ampliando la connotación y la denotación proyectando una revisión del término que proponía el realismo político.

Robert Keohane y Joseph Nye, en su trabajo *Poder e Interdependencia, la política mundial en transición* (1977), profundizan la idea cuando hacen referencia a los canales múltiples que conectan las sociedades, y sostienen que estos "incluyen tanto nexos informales entre elites gubernamentales, como acuerdos formales entre agencias del servicio exterior, nexos informales entre elites no gubernamentales (cara a cara mediante telecomunicaciones) y organizaciones transnacionales (bancos o corporaciones multinacionales)" (Keohane y Nye, 1977: 41). Aquí el valor reside en la existencia de varias elites gubernamentales que poseen una multiplicidad de intereses y que interactúan hacia el interior de la unidad política con otras elites, tanto como en la dimensión transnacional y transgubernamental con otros grupos fuera de las fronteras del Estado. La trascendencia de los organismos internacionales se deja en evidencia cuando se hace mención al papel de estos hacia el final del capítulo, donde sostienen que se espera "que la existencia de canales múltiples lleva a predecir un diferente y significativo papel para los Organismos Internacionales en la política mundial" (Keohane y Nye, 1977: 54), dado por la valorización del proceso político internacional "entendido como un mecanismo capaz de transformar los recursos de poder en resultados" (Salimena, 2021: 141); por lo tanto, no habría solo un proceso político al interior de la unidad, sino uno internacional donde el Estado puede alcanzar los resultados planteados.

La diferencia que se plantea con relación al realismo es más profunda de lo que a simple vista parece ser. Los organismos internacionales tendrían una existencia propia más allá del poder de los Estados, lo que implica un cuestionamiento de la visión tradicional y la potencialización del rol de las normas y los regímenes internacionales como modeladores de la conducta de los actores. De esta manera, primero con la corriente pluralista de las relaciones internacionales y luego con la interdependencia, la diplomacia pasó de tener una dimensión restringida a una ampliación mayor en términos generales que incluyen a nuevas elites políticas (podría entrar aquí el Parlamento) y organismos internacionales vistos como entes con autonomía más allá de los Estados.

En búsqueda de una nueva definición de "diplomacia parlamentaria" y características distintivas

En los últimos años, el interés por la diplomacia parlamentaria se incrementó sensiblemente. Tal es el caso de las casas de altos estudios, que han incorporado materias curriculares con ese nombre y posgrados tales como diplomaturas nacionales e internacionales, entre otras. Sin embargo, el crecimiento no se detiene allí. Los congresos nacionales han diversificado y multiplicado la confección de sus agendas políticas internacionales cada vez más heterodoxas y potenciado sus recursos y actividades con otros congresos y organismos internacionales y regionales. El mundo de hoy es cada vez más interdependiente con una falta de jerarquía clara, "muchos temas surgen de lo que se acostumbraba a considerar política interna, con lo que la diferenciación entre temas internos y externos se vuelve borrosa" (Keohane y Nye, 1977: 41), lo que equivale a decir que hay un flujo constante de temas domésticos e internacionales que entran en la agenda y salen de ella constantemente. La falta de una bisagra que determine qué es lo interno y lo internacional, sumada a la incertidumbre, la falta de previsibilidad en la conducta de los actores más importantes y las turbulencias que impactan en lo económico, social y político, nos brinda como resultado que la inserción del Estado ya no puede abarcar solamente las acciones del Poder Ejecutivo en materia de política exterior. En concreto nos referimos a repensar los escenarios internacionales volátiles e inciertos mediante "nuevas estrategias de inserción internacional que contenga no sólo al Poder Ejecutivo sino a otros actores domésticos" (Salimena, 2020: 280), esto nos redirecciona hacia una diplomacia parlamentaria que aporte interacciones en múltiples niveles y que busque una inserción internacional que acompañe las tareas del Ejecutivo construyéndose sobre la base de la concertación política. El embajador Lascano y Vedia así lo sostiene cuando dice que, en "el diseño de la política exterior, existe fuerte influencia de varios tipos de diplomacia" (Lascano y Vedia, 2020: 257), destacando, según su experiencia en el campo, que una de esas influencias definitivamente la configura la diplomacia parlamentaria.

No es mi intención aquí realizar un relevamiento extenso del término "diplomacia parlamentaria". En contraposición presentaré algunas definiciones que se vinieron planteando en América Latina por algunos congresos latinoamericanos y autores de corte español que son retomados por estos y otros intelectuales en la materia. Incluiré entre las connotaciones la que pude brindar hace poco más de dos años, intentando mejorarla y adaptarla al nuevo contexto, a la vez que proyectaré algunas "nuevas" características intentando una aproximación más profunda al fenómeno en cuestión.

Una primera definición que aparece en la década del noventa es la que nos presenta Fernando Solana, la cual es retomada por la Cámara de Diputados de México (2011), titulada "Diplomacia Parlamentaria: abordajes conceptuales y expresiones en el Reglamento de la Cámara de Diputados", quien define a la diplomacia parlamentaria como la "intervención o participación del Congreso y sus órganos en la definición, control y ejecución de la política exterior del Estado, así como para designar el principio de las relaciones institucionales informales, que vinculan a los Congresos y a sus miembros" (Solana, 2000: 27). El error a simple vista que puede notarse en el autor es considerar que la diplomacia parlamentaria tiene un rol en la definición y ejecución de la política exterior, siendo estas potestades exclusivas del Poder Ejecutivo en un sistema presidencial. Otro punto que considero que puede estar sujeto a controversia es cuando hace referencia a "relaciones institucionales informales", ya que, si bien es innegable que la informalidad se encuentra presente en la diplomacia parlamentaria y que para muchos es una ventaja, "se debe recordar que las actividades de diplomacia parlamentaria propiamente dichas tienen un carácter oficial o institucional, con mandato o autorización de las cámaras parlamentarias, y debe mantener coherencia y coordinación respecto de la diplomacia tradicional" (Burgos Quezada y Riffo Muñoz, 2014: 54).

Otra definición que es frecuentemente citada es la que nos brinda Piedad García Escudero Márquez (2008) en su artículo titulado "Diplomacia y cooperación parlamentarias: las cortes generales", donde se define a la diplomacia parlamentaria como

> toda actuación desarrollada por los parlamentos en materia de política exterior en su relación con otras cámaras extranjeras (Marín, 2002: 47), lo que comprende tanto la intervención del Parlamento y de sus órganos en la definición, control y ejecución de la política exterior del Estado, como la intensa actividad internacional de las cámaras (Trillo Figueroa, 1999: 18).

Un punto al cual debemos recurrir para aclarar es aquel que habla de "definición, control y ejecución de la política exterior". En América Latina en general se tomaba esta definición como un elemento del cual se partía para hacer referencia a la diplomacia parlamentaria. Sin embargo, en una región donde predomina en la mayoría de los Estados un sistema presidencial con una fuerte concentración de poder en la confección de la agenda de política exterior, la definición y la ejecución son prácticamente áreas de exclusividad del Poder Ejecutivo. Es decir, presenta a "la definición y ejecución como propias del Parlamento" (Salimena, 2020: 267). Pese a ello, en algunos casos puntuales, puede darse que el Poder Legislativo tenga una mayor autonomía e injerencia en la confección de un tema de agenda, como fue en el caso de Malvinas. Pero esto no suele ser frecuente. En síntesis, la definición presenta anomalías conceptuales, amén de que su adaptación y su funcionamiento en el marco de un sistema presidencial son dudosos, ya que tampoco referencia competencias constitucionales del Legislativo.

Por último, Miguel Ángel Giménez Martínez, en "Los inicios de la diplomacia parlamentaria en España durante la Legislatura Constituyente (1977-1979)", la define como

> un complejo entramado de relaciones institucionales informales que vinculan a las cámaras legislativas y a sus miembros. En un sentido amplio, también abarca las competencias constitucionales propias del legislativo en política exterior, así como la labor de control de la acción del Gobierno en este campo (Giménez Martínez, 2014: 406).

A simple vista, esta definición parece más completa en términos de tomar en consideración la labor de control y las tareas constitucionales. Sin embargo, nada nos dice de la manera en la cual se vinculan las cámaras en relación con las técnicas o formas de diplomacia parlamentaria.

Recientemente, uno de los referentes en el campo de la diplomacia parlamentaria, Stelios Stavridis, publicó un trabajo titulado "La diplomacia parlamentaria: el papel de los parlamentos en el mundo", donde cita algunas definiciones meramente descriptivas que creo que no aportan mucho al estado del arte y al marco teórico del campo.

Me propongo redefinir el concepto de "diplomacia parlamentaria" que desarrollé hace poco más de dos años y enriquecerlo con otros componentes, tratando de lograr mayor especificidad para el caso que presentamos a continuación relacionado con Malvinas. La definición que propuse en el marco de Pensar las relaciones internacionales desde la diplomacia parlamentaria (2020) era la siguiente:

> Complejo organizacional parlamentario formal e informal (en cuanto a su metodología) que incluye las competencias constitucionales y las tareas de control propias del Parlamento, como las relaciones entre parlamentos (relaciones de Estado a Estado) y la interacción de estos con foros parlamentarios formales e informales, regionales e internacionales (relaciones entre Estados y organizaciones internacionales) (Salimena, 2020: 271).

Una definición un poco más matizada sobre la diplomacia parlamentaria debería incluir una serie de elementos, a saber: el formalismo de la estructura organizacional (si bien se alude a él, no está explícito en la definición), las técnicas o formas de diplomacia parlamentaria propias de cada Parlamento, así como el acompañamiento en la inserción internacional propuesta por el Poder Ejecutivo nacional, aunque también puede tener un margen en la confección de una agenda parlamentaria propia. De esta manera, podríamos hacer referencia a la diplomacia parlamentaria en los siguientes términos:

> Complejo organizacional parlamentario formal en cuanto a su estructura decisoria e informal en relación a su metodología de abordaje que comprende competencias constitucionales y tareas de control propias del Parlamento, que incluyen las tareas de la Comisión de Relaciones Exteriores y Culto, las actividades de los presidentes de cámara, los Grupos Parlamentarios de Amistad (GPA) y la interacción de los parlamentos nacionales con foros parlamentarios formales e informales regionales e internacionales confeccionando una agenda en materia de diplomacia parlamentaria propia pero acompañando y complementando la inserción internacional del Poder Ejecutivo.

La primera parte de la definición nos ayuda a comprender que la diplomacia parlamentaria es más compleja que las competencias constitucionales asignadas por el artículo 75, incisos 22 y 24. "El complejo organizacional parlamentario formal" supone una estructura decisoria burocrática, donde estas son tomadas por un pequeño grupo en detrimento de una estructura de tipo mecanicista. "La informalidad" en relación con su forma de abordaje nos referencia a una de sus características descriptivas, que permite un diálogo más ameno entre legisladores y un acercamiento mayor para la solución de problemáticas. "Las tareas de control" sobre el Poder Ejecutivo son una potestad propia del Congreso que le permite cierta intervención en materia de política exterior, en el sentido de que la diplomacia clásica debe rendir cuentas de su accionar ante el Legislativo, a la vez que dentro de este poder haya instancias de control en relación con los proyectos. Las tareas de la "Comisión de Relaciones Exteriores y Culto, las actividades de los presidentes de cámara, los Grupos Parlamentarios de Amistad (GPA) y la interacción de los parlamentos nacionales con foros parlamentarios formales e informales regionales e internacionales" se refieren a lo que se conoce con el nombre de "técnicas" o "formas" (bajo la visión española) y en América Latina expresiones de la diplomacia parlamentaria. Si bien en el caso argentino no hay denominación específica, la forma de interactuar del Congreso en materia de política exterior suele ser bajo estos formatos. Por último, confeccionando "una agenda en materia de diplomacia parlamentaria propia, pero acompañando y complementando la inserción internacional del Poder Ejecutivo" nos proyecta un Parlamento activo en materia de política exterior capaz de acompañar la inserción internacional del Poder Ejecutivo, pero teniendo una agenda con cierta autonomía en materia de relaciones internacionales, que incluyen aspectos de cooperación entre parlamentos y parlamentarios. La construcción de la agenda posibilita el trazado de relaciones virtuosas internacionales con una multiplicidad de actores domésticos e internacionales, pero que no pueden sustituir los lineamientos establecidos por la diplomacia clásica bajo una forma de gobierno presidencial o ir en contra de ellos.

Estos elementos que describí y que son parte de la definición conceptual contienen una ampliación de esta con elementos propios y esenciales de nuestras prácticas históricas parlamentarias en materia de política exterior. Ello significa que, por más que haya sustratos en común en América Latina respaldados sobre formas de gobierno presidenciales en donde el Ejecutivo prevalece sobre el Legislativo, en política exterior, suele haber matices, y el Congreso tiene potestades específicas en materia de relaciones internacionales, es decir, en este sentido, y siguiendo esta línea argumental, "existirían presidentes con gran influencia y parlamentos que actúen en cierto grado en el proceso de toma de decisión" (García Montero, 2009: 37), o quizás, como bien sostenía Loewenstein, desplieguen una interdependencia por coordinación, donde cada uno de los actores goza de autonomía, y busquen un acercamiento en cuestiones en común.

Características de la diplomacia parlamentaria

Cuando mencionamos las características de un fenómeno, nos estamos sumergiendo en su plano meramente descriptivo, lo que equivale a decir que aún nos encontramos lejos de establecer un diseño correlacional o explicativo de la diplomacia parlamentaria, más allá de algún estudio de caso que pueda presentarse como extensión del conocimiento sobre este campo. A continuación, elaboro un cuadro con las características de algunos de los referentes más emblemáticos de la disciplina de los últimos años con el fin de ver similitudes y diferencias entre ellos, para luego plantear las que creo que pueden ser parte del caso de la diplomacia parlamentaria argentina y del caso Malvinas.

García Escudero Márquez	Calderón Patiño	Stelios Stavridis
Informalidad	Informalidad	Informalidad
Pluralismo representativo	Pluralidad en la representación	Flexibilidad
Permanencia	Permanencia	Complementariedad/ alternativa
Control sobre el Ejecutivo	Control sobre el Ejecutivo	Contribución a la resolución de conflictos
Complementación de la diplomacia clásica	Complementación con la acción exterior del Estado.	Tribunales morales
Acceso a cuestiones que el Ejecutivo no puede abordar.	Llega hasta donde la diplomacia gubernamental no llega	X
Ideales democráticos	Compromiso con ideales democráticos	X
Interés de la comunidad internacional	Especial simbología	X

Fuente: elaboración propia con base en los datos aportados por cada uno de los autores en sus respectivas obras.

Como se observa en la tabla, hay un consenso generalizado sobre las características de la diplomacia parlamentaria entre Calderón Patiño y García Escudero Márquez. Sin embargo, cabe resaltar que algunas de ellas están sometidas a un proceso crítico, ya que pueden no ser consideradas características distintivas y propias de la diplomacia parlamentaria en general y de la Argentina en particular, me refiero a la permanencia, los ideales democráticos y el interés de la comunidad internacional, es decir que ellas no son propiamente representativas del Poder Legislativo, sino también del Poder Ejecutivo. En el caso de los compromisos con los ideales democráticos, muchos organismos internacionales y regionales han puesto cláusulas según las cuales, para ser un Estado parte, se tiene que gozar de una forma democrática y representativa de gobierno. Así sucede también con la permanencia, ya que la legitimidad del Estado no está puesta en entredicho una vez que, en el marco del derecho internacional, se le otorga legitimidad a la unidad política, en todo caso se puede no reconocer al gobierno en el ejercicio del poder, si el proceso electoral no fue democrático o fue permeable a irregularidades y poco transparente. Finalmente aparece el interés de la comunidad internacional. Allí Escudero Márquez resalta en este punto citando a Orozco Deza que "la actividad exterior del Parlamento se caracteriza también porque no solo tiene en cuenta el interés del propio Estado, sino el de la comunidad internacional" (M. A. Orozco Deza, "Diplomacia parlamentaria", *Revista Mexicana de Política Exterior*, n.º 62-63, 2001, p. 95). Este punto tampoco es distintivo o exclusivo de la diplomacia parlamentaria, ya que cualquier actor que busque la cooperación en el sistema internacional busca no solo engrandecer su propio interés, sino también el de la comunidad, porque entiende y reflexiona que el todo es más que las partes y que una mayor cooperación entre las unidades políticas que se sustenta sobre valores e intereses compartidos contribuye a formar una verdadera sociedad internacional.

Por estas razones dadas, creo que debemos reformular las características de la diplomacia parlamentaria en general, teniendo en cuenta su adaptación al caso argentino. En este sentido, propongo las siguientes características distintivas.

Capacidad de adaptación a diversos entornos (contextos)

La diplomacia parlamentaria muestra una capacidad de permeabilidad a diversos contextos en sus vínculos con otros parlamentos, así como organismos regionales e internacionales, mediante la combinación con un entorno distendido que la mayoría de los autores en la disciplina vinculan con la informalidad. Pero no es la unión con esta última solamente, sino el vínculo con la pluralidad representativa, es decir, la interacción entre las tres variables, la que hace posible la configuración de un entorno más permeable y en todo caso más flexible. La potencialidad de esta característica ha sido poco explorada aún, pero, sin lugar a dudas, puede constituirse en un elemento significativo para este campo de investigación, que aún se encuentra en una etapa exploratorio-descriptiva.

Instancia previa de diálogo al Poder Ejecutivo

En este punto refuerzo la tesis que vengo sosteniendo en varios escritos relacionada a la idea de que

> la diplomacia parlamentaria pueda actuar en temas trascendentales para el interés nacional estratégicamente en forma previa al Poder Ejecutivo nacional, es decir, que haya una instancia en la cual se pueda iniciar un diálogo constructivo con otros Estados u organismos, el cual luego podría ser continuado y concluido por el Ejecutivo. Para ello, es fundamental la construcción de un plan de acción y de consensos transversales sobre temas de interés nacional (Salimena, 2020: 279).

En el caso de Malvinas, si bien aún permanece la controversia sin resolver con una hipótesis de conflicto latente, la diplomacia parlamentaria ayudó a potenciar el diálogo en momentos de tensión o conflictivos y promovió iniciativas propias como la "Declaración de Ushuaia" y la confección de una agenda con cierta autonomía en el tema en los últimos años.

Informalidad en su metodología

La informalidad y lo distendido del diálogo entre legisladores configuran una proximidad y cercanía que posibilita la construcción de confianza mediante el planteo de problemáticas e inquietudes. Esto no sería posible sino por una adaptación de los legisladores al entorno y la posibilidad de acercamiento a través de un diálogo informal constructivo que ayuda a una aproximación a las problemáticas.

> Es una metodología novedosa que permite un primer acercamiento informal entre los parlamentos para buscar un canal de diálogo común, que se asiente sobre el intercambio de experiencias, de ideas y la búsqueda de soluciones a los eventuales conflictos de intereses que se puedan suscitar (Giménez Martínez, 2014: 406).

Creo que en este caso la capacidad de adaptación potencia cierta informalidad que se manifiesta en la construcción de un diálogo diferente. Aquí debemos aclarar que la informalidad no hace mención de que los actos carezcan de un protocolo, no estén institucionalizados o no posean cierta oficialidad. "Las actividades de diplomacia parlamentaria propiamente dichas tienen un carácter oficial o institucional, con mandato o autorización de las cámaras parlamentarias, y debe mantener coherencia y coordinación respecto de la diplomacia tradicional" (Burgos Quezada y Riffo Muñoz, 2014: 54).

Complementación de tareas del Poder Ejecutivo

El último punto de la cita de Burgos y Riffo es clave para interpretar el accionar de la diplomacia parlamentaria en los últimos años. Como bien sostuve en la definición del término, las actividades y acciones del Legislativo en materia de política exterior no pueden sustituir o confrontar los lineamientos del Ejecutivo. Sin embargo, hay discrepancias en este punto. Están aquellos que sostienen que la diplomacia parlamentaria debe acompañar los lineamientos del Poder Ejecutivo y, por otro lado, los que afirman que el Legislativo no necesariamente debe ensamblarse en las políticas del Ejecutivo.

Por mi parte, pienso que la diplomacia parlamentaria debe complementar las acciones del Ejecutivo y no puede ir en contra de los lineamientos generales de política exterior, así como tampoco promover un accionar que se contraponga con este; sin embargo, en este marco puede confeccionar una agenda parlamentaria que incluya elementos de cooperación, así como cuestiones que hacen a las relaciones internacionales.

Control sobre el Poder Ejecutivo

Esta característica no solo alude a las tareas propias del Legislativo en materia parlamentaria relacionadas al control sobre los tratados internacionales, en cuanto a que es el encargado de "aprobar o desechar" acuerdos, sino a la potestad que tiene cada comisión (dada por áreas de temas) de citar funcionarios del Gobierno nacional para que puedan brindar información o dar cuenta de alguna situación problemática. En este sentido, la interpelación es un recurso del Legislativo frente al Ejecutivo.

Sin embargo, el control tiene otra connotación, además de las brindadas con anterioridad, y nos remite a un acuerdo entre el gobierno de la República Argentina y el Gobierno de la República de Chile para precisar la zona limítrofe entre el monte Fitz Roy y el cerro Daudet en la década del noventa. El Poder Ejecutivo envió el proyecto al Congreso para someter a consideración la firma del acuerdo con Chile. La comisión parlamentaria que intervino en Diputados fue la de Relaciones Exteriores y Defensa. En el seno de la Cámara, se planteó un debate que tomó estado público acerca de que el texto enviado por el Poder Ejecutivo cedía a Chile una zona rica en recursos naturales. El estado que tomó la cuestión en la opinión pública nacional obligó a emitir un dictamen que sostenía que el Poder Ejecutivo debía retirar el proyecto del acuerdo con Chile. El proyecto finalmente se retiró, y el Ejecutivo negoció un nuevo acuerdo limítrofe que finalmente se firmó en Buenos Aires. "La situación nos inclina a reflexionar que podría aceptarse que hubiera existido, entre la conclusión y la firma, un eventual espacio procesal para el control previo, como si fuera un diagnóstico preventivo" (Castañeda, 2008: 1636). Este control previo favorece funciones de control parlamentario y el rol del Congreso en temas esenciales que hacen a las relaciones diplomáticas parlamentarias.

Las características de un fenómeno determinado nos ayudan acercarnos a lo que pretendemos conocer, nos brindan categorías y variables para el análisis, pero no establecen correlaciones o explicación sobre el fenómeno. En este punto, estamos en una fase netamente descriptiva, y es por eso por lo que debemos "incentivar más investigación sobre la diplomacia parlamentaria" (Stavridis, 2019: 2069), y una manera de hacerlo es impulsando estudios de casos empíricos que nos proporcionen una extensión mayor de información mediante un enfoque cualitativo de investigación.

Diplomacia parlamentaria de Malvinas y el ADN de los caídos

La constitución del Grupo Parlamentario de Amistad (GPA) Argentino-Británico fue una trascendente decisión hacia el año 2016 en el Congreso de la Nación, si bien previamente hubo referencias recurrentes a la posibilidad de crear el GPA, las cuales se manifestaron en reticencias por parte de legisladores argentinos que no veían con buenos ojos la creación de un grupo parlamentario bilateral que tuviera el nombre de "amistad". De hecho, su intento de creación fue fomentado por el mismo Reino Unido allá por el año 2010 en momentos de tensión en que las relaciones bilaterales no pasaban por una normalidad. Así lo demuestra la versión taquigráfica de la Comisión de Relaciones Exteriores y Culto del Senado de la Nación del año 2010:

> Sr. Presidente (Filmus) — Lo más interesante de todo esto -quizás, lo podamos contar con más detalle en otra reuniones que hemos tenido, junto con el señor senador Giustiniani, una extensa e intensa reunión con legisladores del Reino Unido. Cinco legisladores del Reino Unido participaron de la reunión, que fue a pedido de ellos. Por supuesto, ellos comenzaron planteando temas vinculados al seguimiento de la Cumbre de Medio Ambiente; en segundo lugar, plantearon el tema de armamentismo atómico, el control y el papel de nuestro país. Charlamos sobre esos temas y, luego, fuimos muy duros en el planteo respecto de Malvinas, tema sobre el que haremos un pequeño informe para que se pueda distribuir también. Deseo señalar que no sólo se comprometieron en transmitir todo lo discutido, sino también nos pidieron que, si hubiera una comisión de amistad, enviemos una delegación para seguir dialogando sobre estos temas. Nosotros planteamos lo mismo. Ellos tienen movimiento en las cámaras hasta el mes de junio y nos pidieron que después de ese mes tratáramos de hacer alguna visita. Creo que cuando tengamos la reunión -que era para mañana y se levantó por la visita del presidente chileno- con el canciller Taiana deberíamos preguntarle qué espacio hay para un acercamiento parlamentario en este tema (Comisión de Relaciones Exteriores y Culto del Senado de la Nación, 2010: 2-3).

Aquí se pueden corroborar con claridad dos características de la diplomacia parlamentaria: la informalidad y la instancia previa de abordaje al Poder Ejecutivo. En el marco de la Unión Interparlamentaria Mundial (UIP), con un entorno más flexible y menos rígido, se produjo un acercamiento a través de un diálogo informal y constructivo, que comenzó sobre una agenda establecida (temas ambientales y armamentismo atómico), pero que derivó en otros temas que no estaban establecidos previamente en la agenda. Claramente, la diplomacia parlamentaria demostró ser un instrumento útil de política exterior en la medida que pudo abordar ciertas cuestiones previamente al Ejecutivo, e intentó un acercamiento sobre cuestiones de interés nacional.

Otro punto que refuerza lo que planteamos a lo largo del presente escrito asociada a la definición del término de "diplomacia parlamentaria", "política exterior" y "sistema presidencial" se vincula con el hecho de que el Legislativo tiene cierta confección de autonomía de su agenda parlamentaria de política exterior y que la diplomacia tradicional es la que define, conduce y ejecuta. Ello queda claro hacia el final de la versión taquigráfica cuando el exsenador mandato cumplido Daniel Filmus sostiene que debe consultar qué espacio hay para un acercamiento en el tema, lo cual nos permite refutar ese punto.

La trascendencia de la reunión llevada a cabo en la UIP también fue resaltada por otro exsenador mandato cumplido de la provincia de Santa Fe, Rubén Giustiniani, que además aporta otra característica de la diplomacia parlamentaria aunque sin aclarar explícitamente:

> Sr. Giustiniani. — Fue muy buena la reunión. Se comprobó la dureza del planteo británico. La reunión arrancó con ellos planteando la crítica a nuestro decreto por la cuestión del transporte dentro de las aguas. Es decir, ellos nos reclamaban a nosotros. Primero Daniel [Filmus] y, luego, quien les habla salimos con todo nuestro planteo. La reunión fue cerrada y había dos parlamentarios oficialistas que son de bastante peso político, uno es presidente de la Comisión de Relaciones Exteriores y el otro es un viejo parlamentario, yo lo conozco de todas las reuniones de la Internacional Socialista, del Partido Laborista. Son pesos pesados políticamente dentro de Gran Bretaña. Además, había dos liberales. Ellos quedaron en informar la reunión a su gobierno. Les manifestamos nuestra histórica postura, el cumplimiento de las resoluciones de las Naciones Unidas, la nueva situación existente, etcétera. Ellos siempre remiten a la determinación de los isleños y les dijimos que al haberles dado la ciudadanía plena se confirmaba la corrección de nuestra tesitura histórica de que las

> negociaciones siempre debían ser entre los dos estados y no entre tres partes como siempre plantearon ellos. No dijeron nada al respecto. Reitero, considero que fue una reunión muy positiva. Asimismo, fue muy positivo el discurso de la delegación argentina, que dio Daniel, en cuanto a hacer énfasis en la cuestión de Malvinas (Comisión de Relaciones Exteriores y Culto del Senado de la Nación, 2010: 3-4).

La característica a la que hace mención el senador es la pluralidad representativa, es decir, la capacidad que tiene la diplomacia parlamentaria de representar no solo a las mayorías, sino también a las minorías. Este es claramente un valor distintivo del Parlamento en materia de política exterior que el Poder Ejecutivo no posee y puede presentar una ventaja a la hora de aproximarse a una inserción internacional del Congreso en política exterior, así como la proyección en la construcción de una herramienta útil para el Ejecutivo en su vínculo con un ecosistema internacional donde la volatilidad y la incertidumbre creciente nos obligan a relacionarnos contemplando múltiples canales y actores desde una perspectiva más global. En la misma versión taquigráfica, se percibe la estrategia que se le puede asignar a la pluralidad, buscando posibles grietas en la representación del Reino Unido.

> Sr. Presidente. — Esto, a la inversa, nos viene bien, es decir que la delegación del Reino Unido sea plural. Uno lee muchos documentos donde no es homogénea la posición y quienes hoy están en la oposición, mañana pueden estar en el gobierno. Entonces, quizás haya fisuras que después nos permiten agarrarnos de algunos elementos para la discusión posterior. Creo que debemos avanzar en todas estas cuestiones y, como se dijo recién, en la discusión con Cancillería. Sabíamos que era posible este pedido de entrevista. En realidad, los ingleses no vinieron a pedir una entrevista por el tema de Malvinas, sino que venían por otros temas. Es más, el tema de Malvinas lo sacaron ellos criticando la decisión de la señora presidenta de controlar los barcos que vienen de las islas. La verdad es que cuando empezamos a discutir

> y apareció, incluso, el tema de los isleños, etcétera, pudimos observar las opiniones diferentes que ellos tenían al respecto. (Comisión de Relaciones Exteriores y Culto del Senado de la Nación, 2010: 3-4).

En este sentido, y retomando el punto inicial para acercarnos con más claridad al cambio en la diplomacia parlamentaria en materia del GPA, es de vital importancia observar el cambio de gobierno hacia finales de 2015, su percepción del entorno internacional y la inserción. Para ello, el discurso de asunción presidencial dado por el expresidente Mauricio Macri al Congreso de la Nación en diciembre de ese año nos puede aportar información trascendental.

> Estamos construyendo relaciones maduras y sensatas con todos los países del mundo. La globalización es una realidad. Y creemos que, además de las amenazas y desafíos que eso trae, nos brinda inmensas oportunidades que debemos aprovechar. Lo primero que hicimos es dar una señal clara de la importancia que tiene el Mercosur para nosotros, reimpulsando conversaciones con Brasil, Uruguay y Paraguay. Pudimos poner en marcha nuevamente las conversaciones con la Unión Europea, para que se inicie la negociación entre ambos bloques. Cerramos conflictos pendientes y deudas con Chile, Uruguay, Paraguay y Bolivia; y también reafirmamos nuestro compromiso con la democracia y los derechos humanos en la región. Conversé también con los presidentes de México, Perú, Ecuador y Colombia para impulsar una agenda de trabajo compartido. Además de esto, restablecimos relaciones con los Estados Unidos, Francia, Italia, Inglaterra, Alemania e Israel, luego de años de conflictos, diferencias o, a veces, simplemente negligencias. En el caso del Reino Unido, tal como conversamos con el primer ministro Cameron, dialogar no implica renunciar a nuestro reclamo sobre la soberanía de las Islas Malvinas. Al contrario: el aislamiento y la retórica vacía alejan cualquier posibilidad de encontrar una solución (Macri, 2016: 13-14).

El discurso nos brinda información precisa sobre la inserción internacional que pretendía ofrecer la nueva administración. Los lazos con el Mercosur y la Unión Europea se configuraban como los vínculos más destacados, proyectando la intención de firmar un acuerdo bilateral que *a posteriori* tendría un principio de acuerdo. Sin embargo, hay dos elementos en el discurso que se posicionan como relevantes para la presente investigación. El primero hace mención del compromiso con la democracia y los derechos humanos en la agenda del gobierno, y, en segundo lugar, está el replanteo de la relación con el Reino Unido que busca un cambio que signifique una agenda de política internacional bilateral plural que no esté circunscrita únicamente al tema Malvinas. Estas transformaciones tuvieron su correlato en el marco del parlamentario. La diplomacia parlamentaria comenzó a tener proactividad en relación con sus técnicas o formas. Se acentuaron las actividades de los presidentes de Cámara, aparecieron las direcciones generales de diplomacia parlamentaria y se multiplicaron los GPA, entre los que sobresalió el grupo parlamentario bilateral argentino-británico. Con esto, no se quiere manifestar que la cuestión de Malvinas no fue abordada por otras formas de interactuar de la diplomacia parlamentaria, pero, sin lugar a dudas, el GPA condujo una agenda de temas fructífera y plural, entre los que figuraron Malvinas, los vuelos a las islas y el ADN de los caídos.

Las modificaciones realizadas en la estructura del Congreso de la Nación en el año 2015 tuvieron como finalidad una transformación en el funcionamiento de las Cámaras, repercutiendo sobre la política exterior del Parlamento. En el ámbito del Senado de la Nación, por ejemplo, el DP-0263/16 modificó la fisonomía en relación con las técnicas o formas de diplomacia parlamentaria, quitándole capacidad organizacional a la Comisión de Relaciones Exteriores y Culto con respecto a la gestión de los GPA y la conformación de las delegaciones para los viajes a organismos internacionales y regionales. Estas tareas las asumió la Dirección General de Diplomacia Parlamentaria dependiente de la Secretaría Parlamentaria, apareciendo en el caso del Senado el término por primera vez y aglutinando tras de sí algunas tareas tales como “Asistir técnicamente a los miembros del

Honorable Senado de la Nación en su participación en las distintas unidades de diplomacia parlamentaria del cuerpo y en su efectiva vinculación con otros parlamentos, con las organizaciones y foros de la comunidad internacional" y "Recibir toda la documentación vinculada con la participación de los miembros del Senado de la Nación en dichas organizaciones y foros" (DP-0263/16, Anexo XII). Una de las primeras reuniones que mantuvo la diplomacia parlamentaria, una vez conformado el grupo de amistad, fue en Londres los días 6 y 8 de junio de 2016. Allí nuestra fuente de información fue un comunicado de prensa de la embajada, el cual publicó el Ministerio de Relaciones Exteriores y Culto. La reunión se destacó por la pluralidad de la representación política estando a cargo de la delegación parlamentaria el entonces presidente provisional del Senado, Federico Pinedo. La agenda bilateral plural incluyó una amplia variedad de ejes temáticos:

- Seguridad y lucha contra el terrorismo internacional.
- Ciencia y tecnología.
- Cultura y educación.
- Agenda global y cuestiones conjuntas entre América Latina y Europa.
- Inversión extranjera directa, marcos normativos, integración regional.
- Internacionalización de las medianas empresas y su incorporación a la cadena productiva (comunicado de prensa de la embajada argentina en el Reino Unido, 2016: 1).

En la visita de los legisladores argentinos al Parlamento Británico, fueron recibidos por Mark Menzies, que estaba a cargo del grupo parlamentario con Argentina y que también tendría un rol importante en la visita de los parlamentarios argentinos al Reino Unido en enero de 2017. Como herramienta estratégica y desde la pluralidad representativa, contribuyó a coadyuvar y complementar tareas del Poder Ejecutivo, y permitió rubricar un acercamiento en la relación con varios ejes temáticos con el Reino Unido. Con respecto a Malvinas, el entonces presidente provisional del Senado realizó una "declaración basada en la posición nacional sobre la cuestión de Malvinas. Agregó que el mantenimiento del reclamo de soberanía no impedirá que ambos países trabajen todo aquello donde existan intereses convergentes" (comunicado de prensa de la Embajada Argentina en el Reino Unido, 2016). La reciprocidad de las autoridades británicas no tardó en llegar. El vicecanciller Alan Duncan visitó nuestro país en el marco del Foro de Inversiones y Negocios organizado por el gobierno argentino. Si bien la diplomacia parlamentaria tenía acordada una nueva reunión con sus pares británicos en la UIP en noviembre de ese año, hubo una reunión entre el presidente provisional del Senado y Alan Duncan el 12 de septiembre en el Senado de la Nación, donde ambos manifestaron nuevamente reservar posiciones con relación al tema Malvinas (ya que hay posturas encontradas) y avanzar en "puntos de acuerdo" sobre otros temas. El dato relevante que viene a reforzar nuestro supuesto de que la diplomacia parlamentaria y su pluralidad fueron instrumento útil para la política exterior vino dado por el Comunicado Conjunto publicado por el Ministerio de Relaciones Exteriores y Culto del martes 13 de septiembre. En la información para prensa n.º 304/16, se estableció una serie de puntos que constituían una agenda "multidimensional y multisectorial", en la que se destacaban los siguientes ejes:

- Consultas políticas de alto nivel;
- Lucha contra la corrupción y el crimen organizado;
- Ciencia, tecnología, derechos humanos y cuestiones de género;
- Cultura y educación;
- Comercio e inversiones;
- G20;
- OCDE;

- Seguridad y defensa;
- Atlántico Sur;
- Refugiados (comunicado de prensa MRECIC, 2016).

En relación con la diplomacia parlamentaria, el presente comunicado entre ambas partes deja en evidencia el rol destacado y activo que se le pretendió brindar en el apartado "Consultas políticas de alto nivel", donde se proyecta la cooperación en una serie de temas entre los cuales "la labor parlamentaria bilateral a través de los grupos parlamentarios de amistad constituidos por ambos países y multilateral en el marco de la Unión Interparlamentaria Mundial" (comunicado de prensa MRECIC, 2016) se encontraba en el centro de la agenda bilateral. De esta manera, y mediante un Comunicado Conjunto emitido por el Ministerio de Relaciones Exteriores y Culto argentino, queda claro que la diplomacia parlamentaria se proyectaba en un rol protagónico en relación con una agenda bilateral plural, donde Malvinas, los vuelos a las islas y el ADN de los caídos ocupaban un lugar destacado.

Volviendo sobre ellos, hay que mencionar que no se encontraban en la agenda con el nombre de Malvinas, sino bajo el tópico "Atlántico Sur". En este apartado desarrollaron las conversaciones el restablecimiento de las conexiones entre las islas y el continente, donde, de

> conformidad con los principios establecidos en la Declaración Conjunta de 1999 y el Acuerdo por Canje de Notas, ambas partes acordaron que serían establecidas conexiones aéreas adicionales entre las Islas Malvinas y terceros países. En este contexto acordaron el establecimiento de dos escalas adicionales mensuales en territorio argentino, uno en cada dirección. Los detalles específicos serán definidos (comunicado de prensa MRECIC, 2016: 6).

Otro punto sensible que se conversó en la reunión bilateral fue el proceso de identificación del ADN de los caídos sepultados en el cementerio de Darwin. A diferencia de los vuelos, donde la problemática estaba prácticamente resuelta, el diálogo "sobre esta delicada cuestión humanitaria" será llevado a cabo "en Ginebra sobre la base de una evaluación del Comité de la Cruz Roja (CRI), complementada con negociaciones bilaterales que sean necesarias" (comunicado de prensa MRECIC, 2016: 6). Al respecto, desde el Foreign Office británico se publicó la Declaración Conjunta mediante una noticia que resaltaba los puntos positivos del encuentro en materia de cooperación conjunta, la pluralidad de temas, y las oportunidades de inversión, aunque ponía en evidencia la intransigencia británica con relación al tema Malvinas, donde sostenía que "las discusiones o declaraciones no afectan la soberanía de las Islas y el Reino Unido continúa absolutamente claro en su apoyo al derecho de los isleños"[2].

El salto cualitativo que permitió el surgimiento de un nuevo canal de comunicación y diálogo constructivo modificó la técnica o forma de la diplomacia parlamentaria que solía abordar las temáticas de Malvinas en el ámbito del Congreso. Por ejemplo, en los años previos, las Comisiones de Relaciones Exteriores fue la encargada de centralizar la actividad parlamentaria en política internacional de Malvinas, así como también las actividades que los legisladores realizaban en los organismos internacionales destacados como la UIP. La aparición del GPA potenció la posibilidad de armado de una agenda parlamentaria plural y el aprovechamiento de una nueva técnica o forma de diplomacia parlamentaria más flexible mediante una dada por una permeabilidad a los entornos, juntamente con la informalidad potenciaron canales que ampliaron la actuación hacia elites políticas que no se encontraban representadas en la diplomacia tradicional. La reciprocidad y el intercambio de vínculos asiduos de cooperación fueron en aumento durante esos meses del 2016 y se potenciaron con la visita

---

2 Para más información ver www.gov.uk/government/news/uk-and-argentina-agree-joint-statement-on-areas-of-mutual-cooperation.es-419.

de parlamentarios argentinos al Reino Unido en enero de 2017 en el marco de la Unión Interparlamentaria Mundial. Se mantuvieron una serie de reuniones entre las que se destacó la establecida con el vicecanciller Alan Duncan y Mark Menzies, entre otras.

En el marco de la reunión con Alan Duncan, se alzó el tema Malvinas. Se partió de un punto de acuerdo sustentado en la visión de que una normalización del vínculo bilateral conduciría a facilitar un diálogo en el largo plazo sobre varios ejes de la cuestión Malvinas, planteando una generación de confianza mutua y lazos entre el continente y las islas, siempre que se tenga en cuenta el modo de vida de los habitantes. Se sostuvo que la construcción de una confianza mutua puede proyectar beneficios para las partes, pero cada una de ellas hizo reservas en relación con la cuestión de la soberanía.

Apareció nuevamente el deseo de concretar vuelos entre el continente y las islas, pero las autoridades argentinas manifestaron que el procedimiento debe discutirse en el marco del Congreso Nacional. También apareció en la misma reunión el monitoreo conjunto de *stocks* de pesca como tema de beneficio mutuo. La segunda reunión clave fue con los miembros de ambas cámaras del Parlamento británico. La delegación argentina le ofreció una invitación al presidente del Grupo Parlamentario de Amistad, Mark Menzies, que tenía como objetivo la participación en la reunión de la UIP que se llevaría a cabo en nuestro país durante el 2017. En ese ecosistema de cordialidad, fue abordada la cuestión de los caídos en Malvinas, ya que, durante enero de ese año, se había perpetrado una serie de episodios de violencia en el cementerio de Darwin[3] donde se encontraban los soldados argentinos caídos durante el conflicto. En el contexto en que ambos gobiernos habían firmado instrumentos para el

---

3 Que valió una nota de la Cancillería Argentina a la embajada británica mediante el comunicado de prensa n.º 014/17 en que se presentaba un repudio por parte del gobierno argentino ante tales hechos.

avance en la identificación de los NN, con estrecha colaboración de la Cruz Roja Internacional, Menzies consideró de gravedad la situación y ratificó el compromiso del Ejecutivo británico para dar con la verdad. La intervención de la Cruz Roja Internacional en el proceso de identificación nos insta a distinguir entre el ámbito del derecho internacional humanitario (DIH) y los derechos humanos (DD. HH.).

La cercanía de ambos nos lleva a una complementariedad proyectada en la protección humana; ambas lo realizan en diversas circunstancias y modalidades que deben ser resaltadas. Para el Comité Internacional de la Cruz Roja (CICR), la distinción entre los dos primeros se remite a los siguientes puntos:

> El derecho humanitario se aplica en situaciones de conflicto armado, mientras que los derechos humanos o, al menos, algunos de ellos protegen a la persona humana en todo tiempo, haya guerra o paz. Si el derecho humanitario tiene por objeto proteger a las víctimas procurando limitar los sufrimientos provocados por la guerra, los derechos humanos protegen a la persona humana y favorecen su completo desarrollo. Al derecho humanitario competen, principalmente, el trato debido a las personas que están en poder de la parte adversaria y la conducción de las hostilidades. La principal finalidad de los derechos humanos es impedir la arbitrariedad, limitando el dominio del Estado sobre los individuos; no es su objeto regular la conducción de las operaciones militares (Cruz Roja Internacional, 2004)[4].

Por su parte, Remiro Brotóns, en su libro *Derecho Internacional,* también asocia el derecho internacional humanitario con los derechos humanos, aunque lo vincula también con el derecho internacional bélico:

> Resulta indudable, por otro lado, que el DI Humanitario y, en particular, el Derecho Humanitario Bélico guarda una

---

4 En https://tinyurl.com/3fm9d79z.

> especial relación con el Derecho de los Derechos Humanos (v. Cap. XXIX). Sirvan como ejemplo los principios y normas para la prevención y represión del genocidio, aplicables en cualquier circunstancia, como ha recordado la CIJ últimamente (Aplicación de la Convención para la prevención y represión del crimen de genocidio, 1996). Sin entrar ahora en un análisis detallado sobra las diferentes formas de entender esta relación, a nadie escapa la finalidad común de todas estas normas: la protección de la persona y, en su caso, los grupos humanos. El Derecho de los Derechos Humanos establece el estándar de protección de la persona (y los grupos humanos) perseguido por el DI en condiciones de paz (o, mejor, ausencia de guerra); el Derecho Humanitario Bélico en situaciones de conflicto armado (Remiro Brotóns, 2007: 1222).

Una vez finalizado el conflicto en el Atlántico Sur, intervino el DIH por intermedio del Convenio de Ginebra de 1949, que en su artículo 17 establece:

> Las Partes en conflicto velarán por que la inhumación o la incineración de los cadáveres, hecha individualmente en la medida en que las circunstancias lo permitan, vaya precedida de un atento examen y, si es posible, médico de los cuerpos, a fin de comprobar la muerte, determinar la identidad y poder dar cuenta al respecto. La mitad de la doble placa de identidad o la placa misma, si se trata de una placa sencilla, quedará sobre el cadáver. Los cuerpos no podrán ser incinerados más que por imperiosas razones de higiene o por motivos basados en la religión de los fallecidos. En caso de incineración, se hará la correspondiente mención detallada indicando los motivos en el acta de defunción o en la lista autenticada de fallecimientos.
>
> Además, las partes en conflicto velarán por que se entierre a los muertos honrosamente, si es posible según los ritos de la religión a la que pertenecían, por que sus sepulturas sean respetadas, agrupadas, si es posible, de conformidad con la nacionalidad de los fallecidos, convenientemente atendidas y marcadas de modo que siempre puedan ser encontradas. Para ello, organizarán, al comienzo de las hostilidades, un servicio oficial de tumbas, a fin de permitir exhumaciones eventuales,

> garantizar la identificación de los cadáveres, sea cual fuere el lugar de las sepulturas, y su eventual traslado al respectivo país de origen. Estas disposiciones son igualmente aplicables a las cenizas, que serán conservadas por el servicio de tumbas, hasta que el país de origen comunique las medidas que desea tomar a este respecto.
> En cuanto las circunstancias lo permitan y, a más tardar, al fin de las hostilidades, estos servicios se intercambiarán, por mediación de la oficina de información mencionada en el párrafo segundo del artículo 16, listas en las que se indiquen exactamente el lugar y la designación de las tumbas, así como los datos relativos a los muertos en ellas sepultados" (Artículo 17 del I protocolo de Ginebra de 1949).

El artículo es claro en cuanto al tratamiento que se debe brindar tanto a los muertos como a los familiares en cuanto a la información fidedigna de manera que prevalezca la certidumbre en el procedimiento, respetando las creencias religiosas y detallando, en caso de incineración, los motivos en el acta de defunción. Muchos de los fallecidos no pudieron ser debidamente identificados debido a

> las condiciones climáticas sumamente adversas, se los enterró con todas las precauciones y el respeto que las circunstancias permitían, los más, en tumbas colectivas provisionales. En 1983, se inhumaron de nuevo 218 restos humanos de soldados argentinos en tumbas individuales del cementerio militar de Darwin. Se pudo identificar el nombre de 78 personas, otras 26 llevan el número de matrícula que puede servir para que la Potencia de origen la identifique. Desafortunadamente y a pesar de haberse efectuado análisis técnicos de los más mínimos indicios a disposición (efectos personales) no se pudo identificar a 114 cadáveres que no tenían placa de identidad (CICR, 1982: 32).

Hacia finales de 2016, en un nuevo contexto de inserción internacional que trajo un vínculo multidimensional y multisectorial en las relaciones entre Argentina y el Reino Unido que tuvo como protagonistas al Ministerio de Relaciones Exteriores y Culto y la diplomacia parlamentaria a través de reuniones parlamentarias bilaterales y en el contexto de la UIP, se potenció la posibilidad de avanzar sobre temas pendientes, entre los cuales sobresalía el ADN de los caídos. Se conformó un grupo plural e interdisciplinario de profesionales, que recolectó juntamente con la Cruz Roja los elementos necesarios para realizar la identificación. Hacia finales de 2017, la CICR entregó los perfiles genéticos.

Reflexiones finales

A lo largo de la presente investigación, abordamos el creciente interés en la diplomacia parlamentaria en sus múltiples facetas, en el ámbito académico y como herramienta de política pública. Su crecimiento no puede disociarse del impacto de las comunicaciones y la consecuente ampliación de los canales de comunicación del Estado. Este ya no es unitario en los términos que plantean los realistas, sino que nos encontramos con nuevas burocracias que tienen diversas concepciones del Estado y de la política exterior, pero por sobre todo poseen diferentes intereses en los procesos políticos y las ideologías. La globalización y la interdependencia hacen que esas burocracias no solo miren las acciones hacia el interior del Estado, sino la transgubernamentalidad de los vínculos con otros actores más allá de las fronteras del Estado. El resultado son crecientes redes de actores que complejizan los procesos políticos y una agenda de política internacional multifacética y diversa, donde no se puede diferenciar con precisión cuáles temas corresponden a lo interno o lo externo. En este ecosistema político, los actores reclaman mayor injerencia y participación en la política exterior, lo que no implica quitar del centro de la arena política al Poder Ejecutivo en un sistema presidencial con una fuerte conducción, planificación y ejecución de esta, como es el argentino.

La incorporación del Congreso en materia de política exterior se produjo con la reforma constitucional de 1994, que le otorgó el control sobre la "aprobación o no" de los tratados internacionales. Si bien estas competencias constitucionales y las tareas de control caen bajo la denominación de "diplomacia parlamentaria", en el caso argentino sus técnicas y formas (pese a no estar definidas en el reglamento de las Cámaras aún) se ampliaron hasta considerar parte a las actividades de los presidentes de cámara, los grupos parlamentarios de amistad con otros parlamentos y las actividades que desarrollan parlamentarios en organismos internacionales y regionales. Por lo tanto, la definición de lo que entendemos por diplomacia parlamentaria debe ser mucho más amplia, como se planteó tomando en consideración la estructura formal y la informalidad de metodología de abordaje, las competencias constitucionales y las tareas de control, sin olvidarnos de un punto clave: la confección de una agenda en materia de diplomacia parlamentaria propia pero acompañada y complementada con la inserción internacional del Poder Ejecutivo, ya que, de no ser así y de ir contra los lineamientos de la diplomacia tradicional, podríamos estar frente a una paradiplomacia en cuanto accionar paralelo al Ejecutivo, no entendida como las actividades u acciones que llevan a cabo las provincias en materia de política exterior contempladas en el artículo 124 de la Constitución Nacional.

La caracterización de la diplomacia parlamentaria nos da herramientas para pensar y sumergirnos en el campo de estudio. Sin lugar a dudas, la permeabilidad y cercanía en determinados contextos producen acercamientos en detrimento de la rigidez de la diplomacia tradicional. No ha sido muy explorada aún, pero la capacidad de adaptación a diversos entornos es un punto que demuestra la potencialidad de la diplomacia parlamentaria. La informalidad ayuda mucho a cumplir este punto. La capacidad de plantear inquietudes o problemáticas no a través de una agenda como si fuese un mero punteo de temas, sino desde lo personal y su cercanía a él, lo que conlleva un acercamiento diverso a la cuestión que tiene un impacto directo sobre el entorno de distensión y la informalidad de la metodología. La pluralidad es definitivamente un valor que contribuye a la cohesión y concertación política en temas de interés nacional. Que exista unanimidad sobre el tema Malvinas en lo que respecta a la postura (no necesariamente el accionar) y que se manifieste frente a diferentes ámbitos ayuda a brindar certidumbre y mayor previsibilidad, que se traduce en una visión positiva para el país en momentos de creciente conflictividad. Para ello también se hace indispensable "la construcción de un plan de acción y de consensos transversales sobre temas de interés nacional" (Salimena, 2020: 279).

Otro punto que puede ser de interés para continuar investigando es la diplomacia parlamentaria como instancia previa de diálogo al Poder Ejecutivo. En el caso de Malvinas, se pudo reforzar en momentos este punto en la reciprocidad entre los poderes y el abordaje previo de la diplomacia parlamentaria en la reunión de parlamentarios en el marco de la UIP, en la que luego el presidente de la Comisión de Relaciones Exteriores y Culto debía consultar al ministro al respecto. La proactividad de la diplomacia parlamentaria en relación con la identificación de los caídos en el conflicto del Atlántico Sur significó una reafirmación de su utilidad y de lo que puede otorgar al proceso político. Sin embargo, aún debemos aceptar que, como todo campo que se constituye recientemente, se encuentra en una fase exploratoria descriptiva. Necesitamos más investigaciones y publicaciones científicas que aporten datos e información nueva que contribuya al avance en el campo. Quizás los estudios de casos puedan aportar una ayuda en esa dirección. La diplomacia parlamentaria puede ser la herramienta que aporte un desarrollo cualitativo y cuantitativo a la política exterior si estamos dispuestos a basarnos en la idea de que la consecución de los grandes intereses nacionales se materializa sobre el valor de la pluralidad y en un mediano y largo plazo.

Referencias bibliográficas

Burgos Quezada, M. y Riffo Muñoz, J. (2014). *Diplomacia Parlamentaria*. Senado de Chile.

Calderón Patiño, J. P. (2005). *Los retos de la Diplomacia Clásica y la función de la Diplomacia Parlamentaria.* Editorial Universidad Iberoamericana.

Comunicado de la Embajada Argentina en Londres, 6 y 8 de julio de 2016.

Comunicado de prensa del Ministerio de Relaciones Exteriores y Culto de la Nación (MRECIC) del 13 de septiembre n.º 304/16.

Comunicado de prensa del Ministerio de Relaciones Exteriores y Culto de la Nación (MRECIC) 014/17.

Comité Internacional de la Cruz Roja (CICR) (1982). Protección de las víctimas del Conflicto Falklands Malvinas de 1982. Constitución Nacional, Artículos 11, 12, 15, 16 y 99, inciso 7.

Decreto DP-0263/16 del Honorable Senado de la Nación, Anexo XII.

Diez de Velasco Vallejo, M. (1999). *Instituciones de Derecho Internacional Público*. Editorial Tecnos.

García Escudero Márquez, P. (2008). Diplomacia y Cooperación Parlamentarias: Las Cortes Generales. *Revista Parlamentaria de la Asamblea de Madrid*, n.º 19, Editorial Asamblea de Madrid.

García Montero, M. (2009). *Presidentes y Parlamentos: ¿quién controla la actividad legislativa en América Latina?* Editorial Centro de Investigaciones Sociológicas.

Giménez Martínez, M. A. (2014). *Los inicios de la diplomacia parlamentaria en España durante la Legislatura Constituyente (1977-1979)*. Serie V Historia Contemporánea.

Kauppi, M. y Viotti, P. (2020). *Theory of International Relationship*. Rowman & Littlefield, 6.º edición.

Keohane, R. y Nye, J. (1988). *Poder e interdependencia. La política mundial en transición.* Editorial Grupo Editor Latinoamericano.

Lascano y Vedia, J. (2020). *Hacia una nueva diplomacia. Ideas para el diseño de una política exterior*. Editorial Biblios Politeia.

Lijphart, A. (1984). *Las democracias contemporáneas*. Editorial Ariel, 1984.

Linares Quintana, S. V. (2008). *Tratado de Interpretación Constitucional: Homenaje a Karl Loewenstein*. Colaboración de Antonio Castagno, Editorial Abeledo Perrot.

Linz, J. y Valenzuela, A. (1994). *Las crisis del presidencialismo, perspectivas comparadas*. Editorial Alianza.

Loewenstein, K. (1986). *Teoría de la Constitución*. Editorial Ariel.

Mainwaring, S. y Soberg Shugar, M. (2002). *Presidencialismo y democracia en América Latina*. Editorial Paidós.

Marín, G. (2002). Diplomacia nueva, diplomacia vieja. *Gestión y Análisis de Políticas Públicas*, n.º 23.

Morgenthau, H. (1986). *Política entre las naciones, la lucha por el poder y la paz*. Editorial Grupo de Editor Latinoamericano, 3.º edición. Protocolo I de la Convención de Ginebra de 1949. Artículo 17.

Remiro Brotóns, A. (2007). *Derecho Internacional*. Editorial Tirant lo Blanch.

Russell, R. (1988). *Política exterior y toma de decisiones en América Latina*. Grupo Editor Latinoamericano (GEL).

Salimena, G. (2020). Pensar las relaciones internacionales desde la diplomacia parlamentaria. En Colotta, M. y Lascano y Vedia, J. (Comps.). *Contrapuntos para comprender las relaciones internacionales*. Editorial Teseo.

Sartori, G. (1994). *Ingeniería Constitucional comparada*. Editorial Fondo de Cultura Económico (FCE).

Stavridis, S. (2019). La diplomacia parlamentaria, el papel de los parlamentos en el mundo. *Revista Española de Derecho Internacional*, vol. 71, n.º 1.

Stepan, A. y Skach, C. (1994). Presidencialismo y parlamentarismo en perspectiva comparada. En Linz, J. y Valenzuela, A. (Comps.). *La crisis del presidencialismo*. Editorial Alianza.

Solana, F. (2000). Seis años de Diplomacia Parlamentaria 1994-2000: Actividades de la Comisión de Relaciones Exteriores del Senado de la República. Legislatura LVII.

Tokatlian, J. G. y Merke, F. (2014). Instituciones y actores de la política exterior como política pública. En Acuña, C. (Comp.). *Dilemas del Estado argentino*. Editorial Siglo XXI.

Van Kleveren, A. (1992). Entendiendo las políticas exteriores latinoamericanas: modelos para armar. *Revista de Estudios Internacionales*, n.º 98, Instituto de Estudios Internacionales de Chile.

Versión taquigráfica de la Comisión de Relaciones Exteriores y Culto del Senado de la Nación. 7 de abril de 2010.

La diplomacia parlamentaria en América Latina[1]

Una herramienta estratégica para el Poder Ejecutivo

Resumen

La diplomacia parlamentaria está sujeta a constantes transformaciones en un ecosistema mundial caracterizado por la anarquía e incertidumbre, y la existencia de instituciones internacionales, regionales políticas y económicas que buscan mayores grados de cooperación entre las unidades interactuantes en pos de alcanzar niveles de integración que traigan acuerdos mutuamente beneficiosos.

En un contexto latinoamericano que se caracteriza históricamente por ser una "zona de paz" y de "resolución pacífica de controversias", no por ella exenta de conflictividad y amenazas, la diplomacia parlamentaria aparece como una herramienta estratégica que puede acompañar y complementar tareas del Poder Ejecutivo en materia de política exterior, abordando cuestiones que quizás a este se le dificultan por tener una agenda más rígida y una centralización de la política exterior.

¿Qué aportes puede efectuar la diplomacia parlamentaria a los vínculos del Poder Ejecutivo con otros Estados en un contexto internacional signado por la conectividad y la competitividad de intereses nacionales?

---

1 El título del presente artículo académico llevado a cabo para el Honorable Congreso de Perú fue extraído de mi tesis doctoral, investigaciones posdoctorales y publicaciones académicas y en medios periodísticos argentinos.

América del Sur como una zona de paz y de centralización de la política exterior

A partir del proceso democratizador de la década de los ochenta y del renacer de un nuevo proceso integrador en los años noventa, no fueron pocos los académicos que tendieron a caracterizar a la región como una zona de paz. La resolución pacífica de la mayoría de los conflictos geopolíticos regionales se había canalizado por medio de negociaciones, mediaciones, buenos oficios, recurriendo al derecho internacional. Durante el siglo XX, la cantidad de guerras y disputas disminuyó considerablemente, siendo las únicas dos guerras interestatales aquellas ocurridas entre Bolivia y Paraguay durante 1932-1935, y entre Perú y Ecuador en 1941[2]. Ello no exime a la región de conflictividades, como bien señala Holsti en su trabajo *The State, War and the State of War* (1996); de hecho, hubo varias controversias geopolíticas en las cuales no se descartó el uso de la fuerza, pero esto no logró efectivizarse, lo cual demostró cierta renuncia de los Estados a recurrir a la guerra como resolución de disputas.

Cabe resaltar, y no es un dato menor, como señalaba otro especialista, Arie Kacowicz, en su escrito *Zones of Peace in the Third World: South America and West Africa in Comparative Perspective*, que la paz predominó en América del Sur durante gran parte del siglo XX, a pesar de la ausencia de gobiernos democráticos y de los escasos vínculos económicos[3].

Los procesos de integración políticos y económicos regionales a partir de los años noventa jugaron un rol destacado en el apaciguamiento de las controversias y la potencialización de la cooperación intrarregional. Los

---

2 Holsti, Kalevi J. (1996). *The State, War and the State of War*. Cambridge: Cambridge University Press, p. 154.

3 Kacowicz, Arie M. (1998). *Zones of Peace in the Third World: South America and West Africa in Comparative Perspective*. Albany: State of New York Press.

intercambios se acrecentaron, y la zona mostró un potencial que disminuyó notablemente la conflictividad interestatal. El nuevo orden internacional signado por el fin de la confrontación entre las superpotencias y la división del mundo en esferas de influencia llegaba a su finalización, y tuvo un impacto asimétrico en varias regiones. En algunas, disminuyeron los conflictos interestatales, pero estallaron otros de índole religiosa y cultural. En América Latina, se potenció definitivamente la unión regional, fortaleciendo la cooperación en pos de mayores niveles de integración y de institucionalización que se plasmaron en nuevos regímenes económicos. La conflictividad entre unidades políticas disminuyó, pero aumentaron otras vinculadas a las amenazas transnacionales[4], tales como el crimen organizado, el lavado de activos, el terrorismo, y el narcotráfico, entre otros.

En este contexto regional de creciente integración, de resolución pacífica de controversias y de frecuente consulta al derecho internacional, ¿qué papel desempeña la diplomacia parlamentaria en América del Sur, donde el Poder Ejecutivo históricamente concentra en gran medida su manejo y ejecución? ¿Qué puede aportar la diplomacia parlamentaria a una región caracterizada por ser una zona de paz y a un mundo cada vez más conflictivo e incierto? Un primer punto que debemos desentrañar nos conduce a explicar el surgimiento de una diplomacia parlamentaria en una región distinguida por tener la mayor cantidad de sistemas presidencialistas. En la obra *Presidencialismo y parlamentarismo en perspectiva comparada, de Alfred Stepan y Cindy Skach* (1994), los autores sostienen la tesis de que la relación entre Poder Ejecutivo y Poder Legislativo se reduce a un sistema de independencia mutua: el Poder Legislativo tiene un mandato electoral fijo que es su propia fuente de legitimidad electoral, y el poder del jefe del Ejecutivo tiene un mandato

---

4 Adquirieron esta denominación a partir de la década del noventa por parte de Naciones Unidas.

electoral fijo que es su propia fuente de legitimidad[5]. La elección popular directa del primer mandatario le permite al Poder Ejecutivo una determinada estabilidad en términos de duración (este punto varía en función de lo que establezca cada constitución) y reforzar su posición relativa frente al Poder Legislativo con cierta independencia, a la vez que al votante le permite identificar claramente a quién está eligiendo[6], lo cual establece una línea de responsabilidad de mayor claridad con respecto a un sistema parlamentario. El presidente es, a la vez, el jefe de Estado y el jefe de Gobierno, y la responsabilidad establecida por el cargo que ocupa es clara: es quien conduce el Poder Ejecutivo, y como tal reclama el poder para sí tanto en la conformación de su gabinete y de sus ministros, como en la conducción política que le otorgó el electorado. La descripción del punto anterior nos conduce a volver sobre la segunda característica del sistema presidencial: la separación del Poder Ejecutivo del Poder Legislativo hace que el presidente no necesite de un voto de confianza del Parlamento para permanecer en el cargo y, simultáneamente, que el presidente no pueda disolver el Parlamento; es decir, ambos poderes muestran una independencia mutua. Cada cual tiene su autonomía y monopolio de acción, y su ámbito no puede ser violado por el otro. Sin embargo, como era posible un aislamiento rígido que conduciría a bloqueos permanentes, se establecieron ciertos "puntos de contacto" determinados mediante la cooperación[7] entre los distintos poderes.

Esto significa para Karl Loewenstein que dentro del sistema presidencial existe la posibilidad de desarrollar una interdependencia por coordinación; es decir, que cada

---

5 Stepan, Skach C. (1994). "Presidencialismo y parlamentarismo en perspectiva comparada". En Linz, J. y Valenzuela, A. (Comps.). *Las crisis del presidencialismo, perspectivas comparadas*. Alianza Editorial, p. 188.

6 Linz, J. y Valenzuela, A. (1994). *Las crisis del presidencialismo, perspectivas comparadas*. Alianza Editorial, p. 41.

7 Loewenstein, Karl (1986). *Teoría de la Constitución*. Barcelona: Ariel, pp. 43-44.

detentador de poder tiene su autonomía y puede cooperar en determinados puntos de contacto[8].

En síntesis, con un sistema presidencial donde el Ejecutivo y el Legislativo están sometidos a períodos electorales fijos, a la vez que el Poder Ejecutivo no está sujeto a un voto de confianza del Legislativo y viceversa, puede potenciarse cierta rigidez en el sistema. Aunque parece a simple vista ser una ventaja para el presidencialismo, la configuración de un poder fuerte y la reducción de la impredecibilidad también pueden generar ciertos obstruccionismos en la relación entre ambos poderes, si la mayoría que conduce el Ejecutivo no es la misma del Legislativo. Por esta razón, como bien propone Loewenstein, se puede desarrollar cierta autonomía de las unidades interactuantes, pero debe haber puntos de cooperación en áreas sensibles puntuales, donde una de ellas podría ser la esfera de la política exterior, aunque puede ser una tarea por demás compleja en un sistema presidencial con una fuerte concentración del poder en un Ejecutivo unipersonal. Aquí entran en juego dos factores. Por un lado, los presidentes son, en esencia, las unidades últimas de decisión[9], y, por otro lado, en función del factor anterior, tienen un poder de confección de la agenda de política exterior. La concentración del proceso de toma de decisiones en política exterior no implica que no haya otros actores que tengan intereses y busquen tener cierta proyección. Así nos encontramos con actores gubernamentales externos, y los no gubernamentales tanto del país como del exterior, quienes participan en el proceso decisorio ejerciendo influencia a través de distintos mecanismos, aunque no actúan como decisores[10]. De lo expuesto

---

8 Loewenstein, Karl (1986). *Op. cit.*, p. 44.

9 Tokatlian, J. G. y Merke, F. (2014). "Instituciones y actores de la política exterior como política pública". En Acuña, C. (Comp.). *Dilemas del Estado argentino. Política exterior, económica y de infraestructura en el siglo XXI*. Editorial Siglo XXI, pp. 253-254.

10 Russell, R. (1988). *Política exterior y toma de decisiones en América Latina*. Grupo Editor Latinoamericano (GEL), p. 256.

brevemente hasta aquí, se observa una fuerte concentración del dominio en el ámbito del Ejecutivo, dada por una conjunción de variables que le otorgan un poder constitucional y una vigorosa dinámica en la confección de la agenda de política exterior, que se traduce en un número reducido de actores y decisores. Es un esquema acotado, donde los espacios de poder se encuentran reducidos, con un proceso que dinamiza la estructura y en la cual aparecen actores que buscan tener influencia, pero no son decisores.

Hace un tiempo atrás, comencé frecuentemente a escribir sobre la potencialidad de la diplomacia parlamentaria como herramienta estratégica y el valor de la pluralidad representativa, a la vez que asocié esta actividad a la complementación y cercanía de tareas con el Poder Ejecutivo, donde sostuve que la diplomacia parlamentaria no implica una mirada antagónica del Poder Ejecutivo, sino que es una perspectiva complementaria que puede coadyuvar a la consecución de objetivos políticos y económicos esenciales para el interés del Estado[11]. Esta idea de complementariedad parte de una tesis que planteé en algunos escritos académicos y en algunas notas de opinión en diversos medios de comunicación, relacionada a la idea de que la diplomacia parlamentaria pueda actuar en temas trascendentales para el interés nacional estratégicamente en forma previa al Poder Ejecutivo nacional, es decir, que haya una instancia en la que se pueda iniciar un diálogo constructivo con otros Estados u organismos, el cual podría ser continuado y concluido por el Ejecutivo[12]. Paso a continuación a delinear una definición conceptual del término "diplomacia parlamentaria" y sus características generales, a la vez que expongo los constructos teóricos anteriores en un estudio de caso que

---

11 Salimena, G. (2020). "Pensar las relaciones internacionales desde la diplomacia parlamentaria". En Colotta, M. y Lascano y Vedia, J. (Comps.). *Contrapuntos para comprender las relaciones internacionales*. Buenos Aires: Teseo, p. 266.

12 Salimena, G. (2020). *Op. cit.*, p. 279.

hace mención del litigio que tiene Argentina con el Reino Unido por las Islas Malvinas.

La diplomacia parlamentaria y sus características

Hace unos años, varios Congresos sudamericanos publicaron algunas definiciones sobre diplomacia parlamentaria, retomando dos trabajos de las Corte españolas. El primero nos remite a Piedad García Escudero Márquez (2008), en su artículo titulado "Diplomacia y cooperación parlamentarias: las cortes generales". Y también encontramos la obra de Miguel Ángel Giménez Martínez (2014), *Los inicios de la diplomacia parlamentaria en España durante la Legislatura Constituyente (1977-1979)*. Desde mi perspectiva, nos equivocamos al citar ambos trabajos como referentes de diplomacia parlamentaria, ya que, en el caso de Escudero Márquez, la definición está pensada para un sistema parlamentario y no presidencial, a la vez que se refiere en su connotación a palabras tales como "definición" y "ejecución", que son prácticamente áreas de exclusividad del Poder Ejecutivo. En el caso de Giménez Martínez, si bien la definición parece más completa, aún persiste la falencia de no aclarar el alcance de la diplomacia parlamentaria en cuanto a sus técnicas o formas.

Creo que una definición un poco más matizada sobre la diplomacia parlamentaria debería incluir una serie de elementos, a saber: el formalismo de la estructura organizacional (que si bien se alude a él no está explícito en la definición), las técnicas o formas de diplomacia parlamentaria propias de cada Parlamento, así como el acompañamiento en la inserción internacional propuesta por el Poder Ejecutivo nacional, aunque también puede tener un margen en la confección de una agenda parlamentaria propia. De esta manera, podríamos definir a la diplomacia parlamentaria en los siguientes términos:

> Complejo organizacional parlamentario formal en cuanto a su estructura decisoria e informal en relación a su metodología de abordaje que comprende competencias constitucionales y tareas de control propias del par-lamento, que incluyen las tareas de la Comisión de Relaciones Exteriores y Culto, las actividades de los presidentes de cámara, los Grupos Parlamentarios de Amistad (GPA) y la interacción de los parlamentos nacionales con foros parlamentarios formales e informales regionales e internacionales confeccionando una agenda en materia de diplomacia parlamentaria propia pero acompañando y complementando la inserción internacional del Poder Ejecutivo[13]

La primera parte de la definición nos ayuda a comprender que la diplomacia parlamentaria es más compleja que las competencias constitucionales que en el caso argentino están asignadas por el artículo 75, incisos 22 y 24. "El complejo organizacional parlamentario" formal supone una estructura decisoria burocrática, donde las decisiones son tomadas por un pequeño grupo en detrimento de una estructura de tipo mecanicista. "La informalidad", en relación con su forma de abordaje, remite a una de sus características descriptivas, que permite un diálogo más ameno entre legisladores y un acercamiento mayor para la solución de problemáticas. "Las tareas de control" sobre el Poder Ejecutivo se refieren a una potestad propia del Congreso que le permite cierta intervención en materia de política exterior, en el sentido de que la diplomacia clásica debe rendir cuentas de su accionar ante el Legislativo, a la vez que dentro de este poder haya instancias de control en relación con los proyectos que pueda enviar el Ejecutivo.

---

13 Salimena, G. (2022). "La contribución de la diplomacia parlamentaria al Derecho Internacional Humanitario. El caso de Malvinas y el ADN de los caídos". *Revista de Relaciones Internacionales de la Universidad Nacional de La Plata*, Vol. 31, N.° 63, p. 11.

Las tareas de la "Comisión de Relaciones Exteriores y Culto, las actividades de los presidentes de cámara, los Grupos Parlamentarios de Amistad (GPA) y la interacción de los parlamentos nacionales con foros parlamentarios formales e informales regionales e internacionales" se refieren a lo que se conoce con el nombre de técnicas o formas (bajo la visión española), y en América Latina en general como expresiones de la diplomacia parlamentaria. Si bien en el caso argentino no hay denominación específica detallada hasta el momento, la forma de interactuar del Congreso en materia de política exterior suele hacerlo bajo estos formatos. Por último, confeccionando "una agenda en materia de diplomacia parlamentaria propia, pero acompañando y complementando la inserción internacional del Poder Ejecutivo", nos proyecta un Parlamento activo en materia de política exterior capaz de acompañar la inserción internacional del Poder Ejecutivo, pero teniendo una agenda con cierta autonomía en materia de relaciones internacionales, que incluyen aspectos de cooperación entre parlamentos y parlamentarios. La construcción de la agenda posibilita el trazado de relaciones virtuosas internacionales con una multiplicidad de actores domésticos e internacionales, pero que no pueden sustituir o ir en contra de los lineamientos establecidos por la diplomacia clásica bajo una forma de gobierno presidencial.

Estos elementos que describí, y que son parte de la definición conceptual, implican que esta se amplíe con elementos propios y esenciales de nuestras prácticas históricas parlamentarias en materia de política exterior. Ello significa que, por más que haya sustratos en común en América Latina respaldados sobre formas de gobierno presidenciales, en donde el Ejecutivo prevalece sobre el Legislativo, en política exterior suele haber matices, y el Congreso tiene potestades específicas en materia de relaciones internacionales, es decir, en este sentido, y siguiendo esta línea argumental, "existirían presidentes con gran influencia y parlamentos que actúen en cierto grado en el proceso de toma de decisión"[14], o quizás, como bien sostenía Loewenstein, se puede desplegar una interdependencia por coordinación, donde cada uno de los actores goza de autonomía, y buscar un acercamiento en cuestiones en común.

Capacidad de adaptación a diversos entornos (contexto)

La diplomacia parlamentaria muestra una capacidad de permeabilidad a diversos contextos en sus vínculos con otros parlamentos, así como organismos regionales e internacionales, mediante la combinación con un entorno distendido que la mayoría de los autores en la disciplina vinculan con la informalidad. Pero no es la unión con esta última solamente, sino el vínculo con la pluralidad representativa, es decir, la interacción entre las tres variables la que hace posible la configuración de un entorno más permeable y, en todo caso, más flexible. La potencialidad de esta característica ha sido poco explorada aún, pero sin lugar a duda puede constituirse en un elemento significativo para este campo de investigación, que todavía se encuentra en una etapa exploratorio-descriptiva.

Instancia previa de diálogo al Poder Ejecutivo

En este punto, refuerzo la tesis que vengo sosteniendo en varios escritos relacionada con la idea de que la diplomacia parlamentaria pueda actuar en temas trascendentales para el interés nacional estratégicamente en forma previa al Poder Ejecutivo Nacional, es decir, que haya una instancia en la cual se pueda iniciar un diálogo constructivo con otros

---

14 García Montero, M. (2009). *Presidentes y Parlamentos: ¿quién controla la actividad legislativa en América Latina?* Madrid: Centro de Investigaciones Sociológicas, p. 37.

Estados u organismos, el cual luego podría ser continuado y concluido por el Ejecutivo[15].

Para ello, es fundamental la construcción de un plan de acción y de consensos transversales sobre temas de interés nacional. En el caso de Malvinas, si bien aún permanece la controversia sin resolver con una hipótesis de conflicto latente, la diplomacia parlamentaria ayudó a potenciar el diálogo en momentos de tensión o conflictivos, y promovió iniciativas propias como la "Declaración de Ushuaia" y la confección de una agenda con cierta autonomía en el tema en los últimos años.

Informalidad en su metodología

La informalidad y lo distendido del diálogo entre legisladores configuran una proximidad y cercanía que posibilita la construcción de confianza mediante el planteo de problemáticas e inquietudes. Esto no sería posible sino por una adaptación de los legisladores al entorno y la posibilidad de acercamiento a través de un diálogo informal constructivo que ayuda a una aproximación a las problemáticas. Es una metodología novedosa que permite un primer acercamiento informal entre los parlamentos para buscar un canal de diálogo común, que se asienta sobre el intercambio de experiencias, de ideas y la búsqueda de soluciones a los eventuales conflictos de intereses que se puedan suscitar[16].

Creo que en este caso la capacidad de adaptación potencia cierta informalidad que se manifiesta en la construcción de un diálogo diferente. Aquí debemos aclarar que la informalidad no hace mención de que los actos carezcan de un protocolo, no estén institucionalizados o no posean cierta oficialidad. Las actividades de diplomacia parlamentaria propiamente dichas tienen un carácter oficial

15 Salimena, G. (2020). *Op. cit.*, p. 279.

16 Giménez Martínez, M. A. (2014). "Los inicios de la diplomacia parlamentaria en España durante la Legislatura Constituyente (1977-1979)". *Serie V. Historia Contemporánea*, p. 406.

o institucional, con mandato o autorización de las cámaras parlamentarias, y deben mantener coherencia y coordinación respecto de la diplomacia tradicional[17].

Complementación de tareas del Poder Ejecutivo

El último punto de la cita de Burgos y Riffo es clave para interpretar el accionar de la diplomacia parlamentaria en los últimos años. Como bien sostuve en la definición del término, las actividades y acciones del Legislativo en materia de política exterior no pueden sustituir los lineamientos del Ejecutivo ni confrontar con ellos. Sin embargo, hay discrepancias en este punto. Están aquellos que sostienen que la diplomacia parlamentaria debe acompañar los lineamientos del Poder Ejecutivo y, por otro lado, los que sostienen que el Legislativo no necesariamente debe ensamblarse en las políticas del Ejecutivo.

Por mi parte, pienso que la diplomacia parlamentaria debe complementar las acciones del Ejecutivo y no puede ir en contra de los lineamientos generales de política exterior, así como tampoco promover un accionar que se contraponga con este; sin embargo, en este marco puede confeccionar una agenda parlamentaria que incluya elementos de cooperación, así como cuestiones que hacen a las relaciones internacionales.

Control sobre el Poder Ejecutivo

Esta característica no solo alude a las tareas propias del Legislativo en materia parlamentaria relacionadas con el control sobre los tratados internacionales; en el caso argentino, el Congreso es el encargado de aprobar o desechar acuerdos, y cada comisión tiene la potestad (dada por áreas de temas) de citar funcionarios del gobierno nacional para

17 Burgos, Quezada, M. y Riffo Muñoz, J. (2014). *Diplomacia parlamentaria. Senado de Chile*, p. 54.

que puedan brindar información o dar cuenta de alguna situación problemática.

En este sentido, la interpelación es un recurso del Legislativo frente al Ejecutivo. Sin embargo, el control tiene otra connotación, además de las brindadas con anterioridad. La jurisprudencia nos remite a un acuerdo entre el gobierno de la República Argentina y el gobierno de la República de Chile para precisar la zona limítrofe entre el monte Fitz Roy y el cerro Daudet en la década del noventa.

El Poder Ejecutivo envió el proyecto al Congreso para someter a consideración la firma del acuerdo con Chile. La comisión parlamentaria que intervino en la Cámara de Diputados fue la de Relaciones Exteriores y Defensa. En el seno se planteó un debate que se tornó público acerca de un texto enviado por el Poder Ejecutivo que cedía a Chile una zona rica en recursos naturales. El estado que tomó la cuestión en la opinión pública nacional obligó a emitir un dictamen que sostenía que el Poder Ejecutivo debía retirar el proyecto del acuerdo con Chile. Finalmente se retiró y el Ejecutivo negoció un nuevo acuerdo limítrofe que se firmó en Buenos Aires. La situación nos inclina a reflexionar que podría aceptarse que hubiera existido, entre la conclusión y la firma, un eventual espacio procesal para control previo, como si fuera un diagnóstico preventivo[18].

Este control previo favorece funciones de control parlamentario, y el rol del Congreso en temas esenciales que hacen a las relaciones diplomáticas parlamentarias.

En el caso argentino, debe decirse que el crecimiento de la diplomacia parlamentaria no solo está asociado a transformaciones hacia el interior de la unidad política por parte de actores con diversos intereses que buscan incrementar su participación. Los canales múltiples que conectan a las sociedades en un mundo interdependiente y transnacional

---

[18] Linares Quintana, S. V. (2008). *Tratado de Interpretación Constitucional Homenaje a Karl Loewenstein*. Colaboración de Antonio Castagno. Editorial Abeledo Perrot, p. 1636.

llevan al Estado a vincularse en diversos niveles con una agenda amplia, que incluye desde temas de la alta política (diplomático-estratégicos) hasta lo que se considera la baja política (cuestiones políticas, económicas, sociales, tecnológicas o medioambientales).

En el caso argentino, la diplomacia parlamentaria institucionalizó su participación en política exterior a partir de la reforma constitucional de 1994, a través de su artículo 75, incisos 22 y 24, que incorporan la potestad del Congreso de "aprobar o desechar" tratados concluidos con otras naciones, a la vez que permiten al Parlamento controlar los tratados de integración. Cabe aclarar en este punto que, en el caso de la Honorable Cámara de Senadores, constan dos resoluciones. La primera data del 15/12/1983 – (DR-8/83), y hace referencia a la incorporación al reglamento de la Comisión de Relaciones Exteriores y Culto de "Relaciones Internacionales Parlamentarias" mediante el artículo 61 bis[19]. La otra resolución fue aprobada el 2/2/1995 – (DR-21/95), allí se incorpora al reglamento "agrupaciones de parlamentarios argentinos de amistad" con parlamentos de otros países[20]. Ambas incorporaciones, hoy conocidas como técnicas, formas o expresiones de diplomacia parlamentaria, fueron realizadas con anterioridad a su institucionalización. Por ejemplo, la visita de una delegación de parlamentarios argentinos al Reino Unido en el año 1986. Es claro, por lo tanto, que en el caso de la Cámara de Senadores hizo diplomacia parlamentaria a través de diversas técnicas o formas pero que en ese momento no caían bajo esta denominación que hoy conocemos.

Volviendo sobre lo planteado al inicio, la diplomacia parlamentaria en relación con el tema Malvinas mostró algunas singularidades. La más notable es aquella que nos

---

19 Pitt Villegas, J. (2008). *Aportes para una mejora en la calidad institucional. Historia del Reglamento del Honorable Senado de la Nación*. Buenos Aires: Instituto Federal de Estudios Parlamentarios (IFEP), p. 206.

20 Pitt Villegas, Julio. *Op. cit.*, p. 206.

habla en el año 2012 –en pleno pico de tensión con el Reino Unido por el envío de un submarino nuclear a las Islas y una retórica agresiva que tilda, según el exprimer ministro David Cameron, de "colonialistas" a los argentinos– de una iniciativa que emana del Congreso conocida como la "Declaración de Ushuaia", un proyecto de declaración conjunto entre el Senado de la Nación y la Honorable Cámara de Diputados a través de sus respectivas comisiones, donde se reivindica la resolución pacífica de la disputa, la soberanía sobre las Islas Malvinas y su constante militarización, que gozó de una fuerte representación política y la comunión fraternal en pos de la defensa del interés nacional[21]. Aquí el elemento que se destaca es la concentración de la agenda de Malvinas en el Poder Legislativo, que de manera activa se comprometió en la divulgación de la problemática, tanto en foros internacionales como regionales, donde los legisladores, fueran de la representación política que fueran, realizaban sus visitas con dos herramientas: la Constitución nacional y la declaración de Ushuaia.

Otro elemento innovador, a partir del año 2016, es la creación del GPA argentino-británico, que concentró una agenda activa en materia de Malvinas complementando tareas del Poder Ejecutivo, llevando cierta reciprocidad en el vínculo bilateral y una agenda amplia y plural, que significó no solo la visita de parlamentarios argentinos al Reino Unido, sino de funcionarios de diversos niveles y una agenda signada por temas de cooperación en materia de seguridad y defensa, sobre el G20, acerca de cultura y educación, respecto de la OCDE y asuntos del Atlántico Sur, entre otros.

21 https://www.zona-militar.com/2021/07/25/la-diplomacia-parlamentaria-como-herramienta-estrategica-para-el-poder-ejecutivo-el-caso-malvinas-y-la-defesa-nacional/.

Reflexiones finales

La diplomacia parlamentaria se nos presenta como una herramienta útil que puede ayudarnos a complementar tareas del Poder Ejecutivo, en una región que se presenta históricamente como una zona de paz y que ha resuelto gran parte de sus disputas recurriendo al derecho internacional. Ahora bien, que la región se presente en estos términos no quiere decir que no estemos exentos de conflictividad o de amenazas transnacionales.

En un contexto que se caracteriza por la incertidumbre, es decir, por la falta de previsibilidad e indeterminación, por la falta de capacidad para determinar *a priori* el resultado de los procesos políticos internacionales, por la interdependencia, donde los efectos y acontecimientos que parecen lejanos y con poca incidencia en nuestros procesos políticos se hacen sentir cada vez más cercanos y familiares, que potencia un mundo donde los conflictos interestatales y no tradicionales proliferan cada vez más, necesitamos de nuevas herramientas y enfoques que nos ayuden a matizar esta conflictividad y a alcanzar los intereses nacionales. Desde este punto de vista, la diplomacia parlamentaria puede ser una herramienta en la medida en que muestre un diálogo informal constructivo entre los actores involucrados en los múltiples canales que conectan las sociedades. Hoy en día la complejidad que nos atañe en un mundo cada vez más globalizado pero inseguro nos obliga a pensar nuevas estrategias de relacionamiento entre los actores que permitan cierta flexibilidad en los procesos de negociación, permeabilidad a diversos contextos en sus vínculos con otros parlamentos y poderes, y eso no puede lograrse en un entorno rígido o con una agenda de temas cerrada, sino en un contexto distendido que la mayoría de los autores en la disciplina vinculan con la informalidad. Por supuesto que esto no puede pensarse sin un Poder Ejecutivo, ya que la política exterior regional está caracterizada por un sistema presidencial que concentra su elaboración, conducción y ejecución, además de variables de índole histórica, como fuerte personalismo en la conducción y una sólida capacidad de confección de agenda de política exterior.

Todas estas variables deben ser contempladas a la hora de analizar la política exterior de cada país, con su respectiva historia que los une. Una de las estrategias a implementar, que desarrollamos en algunas investigaciones, se refiere a que la diplomacia parlamentaria pudiera participar del proceso negociador, teniendo contactos en multiniveles con diversos actores previamente a la negociación que lleve a cabo la política exterior del Ejecutivo. Ello podría aportar un diálogo informal pero constructivo y necesario donde se comience a construir lo esencial en todo vínculo de reciprocidad: la confianza. Lleva mucho tiempo poder construirla, y muy poco tiempo y malas decisiones destruirla.

Repensemos las relaciones internacionales desde una diplomacia parlamentaria que nos aporte algo distinto e innovador que permita vincularnos desde otra perspectiva.

Referencias

Burgos, M. y Riffo, J. (2014). *Diplomacia Parlamentaria*. Senado de Chile.

García, M. (2009). *Presidentes y Parlamentos: ¿quién controla la actividad legislativa en América Latina?* Madrid: Centro de Investigaciones Sociológicas.

Giménez, M. (2014). *Los inicios de la diplomacia parlamentaria en España durante la Legislatura Constituyente (1977-1979)*. En Serie V. Historia Contemporánea. Madrid UNED.

Holsti, H. (1996). *The State, War and the State of War*. Cambridge: Cambridge University Press.

Kacowicz, A. (1998). *Zones of Peace in the Third World: South America and West Africa in Comparative Perspective*. Albany: State University of New York Press.

Linares, S. (2008). *Tratado de Interpretación Constitucional: Homenaje a Karl Loewenstein*. Colaboración de Antonio Castagno. Editorial Abeledo Perrot.

Loewenstein, K. (1986). *Teoría de la Constitución*. Barcelona: Ariel.

Russell, R. (1988). *Política exterior y toma de decisiones en América Latina*. Grupo Editor Latinoamericano (GEL).

Salimena, G. (2020). Pensar las relaciones internacionales desde la diplomacia parlamentaria. En Colotta, M. y Lascano y Vedia, J. (Comps.). *Contrapuntos para comprender las relaciones internacionales*. Buenos Aires: Teseo.

Salimena, G. (2022). La contribución de la diplomacia parlamentaria al Derecho Internacional Humanitario. El caso de Malvinas y el ADN de los caídos. *Revista de Relaciones Internacionales de la Universidad Nacional de La Plata*, vol. 31, n.º 63.

Stepan, A. (1994). Presidencialismo y parlamentarismo en perspectiva comparada. En Linz, J. y Valenzuela, A. (Comps.). *La crisis del presidencialismo*. Madrid: Alianza Editorial.

Tokatlian, J. G. y Merke, F. (2014). Instituciones y actores de la política exterior como política pública. En Acuña, C. (Comp.). *Dilemas del Estado argentino*. Editorial Siglo XXI.

Villegas, J. (2008). *Aportes para una mejora en la calidad institucional. Historia del Reglamento del Honorable Senado de la Nación*. Buenos Aires: Instituto Federal de Estudios Parlamentarios (IFEP).

Páginas web

Zona Militar, en https://tinyurl.com/yuvvdtea.

Este libro se terminó de imprimir en octubre de 2025 en Imprenta Dorrego (Dorrego 1102, CABA).

Made in the USA
Monee, IL
11 November 2026

68341131R00233